国有企业蓝皮书

BLUE BOOK OF
STATE-OWNED ENTERPRISES

国有上市公司股权激励实践报告
（2018）

ANNUAL REPORT ON THE EQUITY INCENTIVE PRACTICE OF
STATE-OWNED LISTED ENTERPRISES IN CHINA (2018)

主编／时旸　仲崇斌　　副主编／常峰　於亮
执行主编／丁磊　　执行副主编／吴晶

社会科学文献出版社
SOCIAL SCIENCES ACADEMIC PRESS (CHINA)

图书在版编目（CIP）数据

国有上市公司股权激励实践报告. 2018／时旸，仲
崇斌主编. ——北京：社会科学文献出版社，2018.12
（国有企业蓝皮书）
ISBN 978-7-5097-5983-7

Ⅰ.①国…　Ⅱ.①时…　②仲…　Ⅲ.①国有企业-上
市公司-股权激励-研究报告-中国-2018　Ⅳ.
①F279.241

中国版本图书馆 CIP 数据核字（2018）第 273830 号

国有企业蓝皮书

国有上市公司股权激励实践报告（2018）

主　　编／时　旸　仲崇斌
副 主 编／常　峰　於　亮

出 版 人／谢寿光
项目统筹／陈凤玲
责任编辑／田　康　张萌萌

出　　　版／社会科学文献出版社·经济与管理分社（010）59367226
　　　　　　地址：北京市北三环中路甲 29 号院华龙大厦　邮编：100029
　　　　　　网址：www.ssap.com.cn
发　　　行／市场营销中心（010）59367081　59367083
印　　　装／三河市龙林印务有限公司

规　　　格／开　本：787mm×1092mm　1/16
　　　　　　印　张：21.75　字　数：330 千字
版　　　次／2018 年 12 月第 1 版　2018 年 12 月第 1 次印刷
书　　　号／ISBN 978-7-5097-5983-7
定　　　价／99.00 元

皮书序列号／PSN B-2018-785-1/1

国有企业蓝皮书
编 委 会

皮书研创支撑单位和部门

南京航天管理干部学院智库建设中心

南京航天管理干部学院

航天信息股份有限公司

中国航天科工集团有限公司

国务院国资委经济研究中心

国务院国有资产监督管理委员会

国家人力资源和社会保障部

中智人力资源管理咨询有限公司

序　言

　　新时代、新气象、新征程、新希望，每一个人都是新时代的见证者、奋斗者、开创者、建设者，只要精诚团结、共同奋进，就能够加快实现民族复兴中国梦的步伐。新时代是中国特色社会主义新时代、是奋斗者的时代、是梦想成真的时代、是实现中华民族伟大复兴中国梦的时代，在新时代只有把个人梦汇入实现中国梦的洪流中，才能在实现中国梦的进程中更好地成就个人梦想，终必如习近平总书记所言，"有梦想，有机会，有奋斗，一切美好的东西都能够创造出来"，"山再高，往上攀，总能登顶；路再长，走下去，定能到达"。新时代赋予国有企业深化改革与转型升级的重大使命，必须始终确保国有企业在事关国家经济命脉的领域始终发挥中流砥柱的作用。国有企业改革任重道远，必须把握时代发展趋势，以壮士断腕的决心将改革进行到底，打赢国有企业的转型升级攻坚战，迎来创新发展新蓝图。

　　恰逢改革开放四十周年，中国已进入对外开放新时代，进一步扩大对外开放、合作共赢、构建人类命运共同体是大势所趋。中国国有企业始终坚持与世界先进企业合作共赢、互利发展，国有企业积极参与国际市场竞争、参与"一带一路"建设、参与全球一体化合作，进一步激发、激活国内、国际市场活力，给全球经济发展提供更好机遇。从国有企业自身发展条件与环境来说，中国国有企业在资金、人力、技术、规模、产业链和国内外市场等方面具有明显优势，要坚持技术领先、创新驱动战略，持续增强高质量发展能力，做强主业、做精专业、做优做大产业体系。新时代国有企业正在通过海外并购获取新的技术和市场，并加强核心技术与研发能力建设，大力重塑中国企业在全球产业价值链中的地位。

　　中国的创新发展，包括一些高新技术企业的发展，正在推动企业按照市

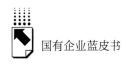

场化要求进行商业化运作。国有企业通过一系列的深化改革调整，正逐步健全市场经营体制、营造市场化营商环境，以经济结构调整为主线，着力打造一个统一开放、主体平等、竞争有序的市场环境，促进各类市场主体在公开、公平、开放、透明的市场规则下，按照统一市场准入制度，依法平等地进入法律法规未明确禁止进入的行业和领域，优化资源配置、合理开发市场、合规经营产品，公开公平竞争，实现优胜劣汰，发挥市场在资源配置中的决定性作用，共同促进经济健康可持续发展。譬如，在《中国制造2025》中的航空航天装备产业就已经出现民营经济的身影，2018年4月5日，民营航天企业研制的"双曲线一号S运载火箭"（代号Hyperbola-1S）首次飞行试验成功，颠覆了航天产业的传统发展理念和商业模式，在传统国资领域革新突破，将商业航天产业推向了新的高度。

国家发改委和国务院国资委已陆续推出三批混合所有制改革试点示范项目，不仅涵盖军工、石油、天然气、电力、电信、铁路、民航七大重点领域，还延伸到国有经济较为集中的一些重要行业和关键领域。此外，部分中央企业和国有企业主动作为，积极探索、精心谋划，有计划、有步骤地引入具有战略协同性和优势互补性的民营资本和外资，优化产权和股权结构，完善经营管理运营模式，提高企业综合治理能力。通过各种不同所有制资本的实质性混合，非公有资本在混合所有制改革企业中的"催化剂"作用得以充分发挥，产生了体制机制融合互促的"化学反应"，增强了国有企业的控制力与影响力，实现了资本"形混"和制度"神混"的统一。

混合所有制改革是国有企业改革的重要突破口，混改有利于进一步完善企业法人治理和现代企业制度，有利于进一步优化企业股权结构和产权结构。认真贯彻党中央、国务院关于深化国企国资改革的决策部署，按照完善治理、强化激励、突出主业、提高效率的工作要求，明晰产权、科学管理，稳步推进国有企业混合所有制改革，推动国有企业积极引入民营资本、外资等非公有资本，实现产权主体多元化与股权结构优化等的突破。

国有资本、集体资本、非公有资本等交叉持股、相互融合的混合所有制经济，是基本经济制度的重要实现形式。通过产权结构调整、股权转让、增资扩股、上市公司增发、投资组建新公司等多种方式，民营资本、外资等作为战略投资和产业投资进入国有企业，有效解决了国有股"一股独大"的问题。股权结构调整带动治理结构更加有效制衡、规范运转，进而带动企业管理理念、运营机制、企业文化等各领域深刻转变，为公司科学治理、高效决策创造了条件。比如，作为第一批混合所有制改革试点企业的东航物流，成功引入普洛斯、德邦快递等外资和民营资本，迅速完成授权管理、行政议事、分类考核等内部机制改革，实现了战略资源的有效链接，通过整合利用资源、创新合作模式等方式，实现了业务转型及高效协作，打通了航空物流全产业链，提升了企业的产业整合能力、经营能力和可持续发展能力。

通过"引资本"促进"转机制"，使得现代化管理治理手段快速应用于国有企业改革。市场化选人用人制度日趋完善，混合所有制企业在完善市场化激励约束机制方面进行了富有成效的多样化探索，积累了丰富的实践经验。职业经理人制度、因职设岗用人制度、高级管理人员社会化选聘制度等为企业源源不断输送高质量人力资本。按劳分配、按要素分配、按贡献分配相结合，员工能进能出、管理人员能上能下、薪酬能增能减的目标得以实现，公开透明的员工晋升、流动和退出机制等充分调动了员工的积极性与创造力，企业激励约束机制进一步健全。混合所有制企业还通过绩效薪酬、弹性薪酬、员工持股、模拟股份制等激励约束机制，最大限度地唤醒沉睡的人才智力资源和人力资本，实现激励相容互促，打造资本所有者与劳动者利益共享、风险共担的责任共同体，激发企业内生活力与动力。比如第二批混合所有制试点企业中国联通，引入包括腾讯、百度、阿里、京东等民资在内的14家战略投资者，实现了组织的扁平高效和核心骨干人员的稳定，调动了最核心要素的积极性。

通过撬动数量可观的优质非公有资本参与国企混改，引入产业链、价值链的战略协同力量和升级要素，有机融合国有资本的规模、人力、技术优势，以及民资和外资的创新能力、技术、管理优势，混合所有制改革实

现了企业资产效益和劳动生产率的大幅提升，增强了企业的核心竞争力与创造力，为打造具有全球竞争力的世界一流企业探索出成功的路径。比如，分步骤推进混合所有制改革的中信集团就是国有企业混合所有制改革成功的典范。

国有企业发展将继续落实党中央、国务院决策部署，按照《中共中央国务院关于深化国有企业改革的指导意见》和《国务院关于国有企业发展混合所有制经济的意见》要求，本着国有企业做优做大做强的现代化发展理念，支持民资和外资通过出资入股、收购股权、认购可转债、股权置换等多种方式，参与中央、地方各级国有企业改制重组或国有控股上市公司增资扩股以及企业经营管理，进一步健全规范各类资本的进入与退出机制，完善改革配套政策，确保各类资本自由进入、无障碍退出，更大规模、更强力度、更深层次推进混合所有制改革，实现各类所有制资本共赢发展。深化国有企业改革重点在于国资国企改革、混合所有制改革、国有资本投资与运营平台公司的组建优化，通过资产证券化、现代企业制度建设、国资监管、股权改革和公司治理来实现国有企业改革与健康可持续发展。

党的十九大明确指出要加快完善社会主义市场经济体制，"经济体制改革必须以完善产权制度和要素市场化配置为重点，实现产权有效激励、要素自由流动、价格反应灵活、竞争公平有序、企业优胜劣汰。要完善各类国有资产管理体制，改革国有资本授权经营体制，加快国有经济布局优化、结构调整、战略性重组，促进国有资产保值增值，推动国有资本做强做优做大，有效防止国有资产流失。深化国有企业改革，发展混合所有制经济，培育具有全球竞争力的世界一流企业。全面实施市场准入负面清单制度，清理废除妨碍统一市场和公平竞争的各种规定和做法，支持民营企业发展"，① 等等。通过国资体制改革、国有经济结构改革、

---

① 习近平在中国共产党第十九次全国代表大会上的报告《决胜全面建成小康社会 夺取新时代中国特色社会主义伟大胜利》。

产权制度改革、主业核心竞争力优化与国企混改，尤其是授权放权、优化重组、主业核心竞争力打造，力争在基础性关键领域取得突破。新时代深化国有企业改革，建立健全法人治理、股权激励、现代管理制度，产权管理体制和混合所有制改革处在关键节点，创新引领国企转型升级和一流企业建设步入新征程。

股权激励是当前优秀上市企业吸引和留住高端人才的重要手段，经过数十年的发展，在欧美国家已经日趋成熟，在我国则正处于试点推广的关键时期，其具有激励时效长、激励对象相对核心、业绩与对象绑定等特点，既可倒逼上市公司不断完善治理结构，优化管理制度，也可对激励核心人才起到十分有益的作用。对处于当前形势下的国有上市公司，股权激励更有助于经营管理者和高端人才关注公司长期发展和战略举措，有助于进一步统一思想、凝心聚力，有助于进一步稳定核心人才队伍和激发人才活力，有助于公司整体企业形象的提高。国有上市公司面对当前更加激烈的市场竞争形势，面对快速发展迭代的技术、管理与商业模式创新，面对更为激烈的人才争夺，十分有必要基于公司发展实际，积极探索股权激励模式。"分股同权，合伙同心"，企业的"火车头"也需要转型升级为每个轮子都可以助力的"动车"，这就需要不断深化以战略为中心、体系化协同发展为支撑的转型升级发展思路，做好企业的延长线和变轨，使企业能够跟得上时代的步伐，迎接得起各种威胁与挑战。因此，不应该拘泥于人力资源管理的范畴去看股权激励，应该站在企业战略的角度看，站在组织与人才增值的角度看，从促进经营管理、科研生产、资本运作、市场开拓等方面来看，我们会认识到股权激励更深刻的意义，并且认识到股权激励需要管理机制与管理体系的支持，需要企业文化的支撑。

"日月之行，若出其中。星汉灿烂，若出其里。"新时代新希望，新时代的气象更加恢宏，新时代的使命更加坚定，新时代的梦想更加绚烂，新时代的征程更加壮阔。"国有企业蓝皮书"系列报告，致力于服务国有企业改革与转型升级，为国企改革建言献策、贡献力量。新时代新方向，全党全国人民紧密团结在以习近平同志为核心的党中央周围，加快国有企业改革创新

步伐，弘扬中华民族的伟大创造精神、伟大奋斗精神、伟大团结精神、伟大梦想精神，不忘初心、牢记使命，坚定信念、满怀豪情，扎实工作、锐意进取，把人民对美好生活的向往不断变为现实，决胜全面建成小康社会，让中华民族的未来更加灿烂辉煌。

2018 年 9 月

编写组

目 录

Ⅳ　附录

皮书数据库阅读**使用指南**

总　论　篇

　　党的十八届三中全会以来，全面深化改革成为时代的主旋律；党的十九大报告强调要加快完善社会主义市场经济体制，贯彻新发展理念，建设现代化经济体系[①]；党的十九届三中全会开启加快推进国家治理体系和治理能力现代化建设新征程。新时代新征程，经济体制改革事关全局，必须坚定不移地坚持社会主义市场经济改革方向，全面深化改革和加速治理能力现代化建设是经济体制改革的重头戏，转型升级是社会主义市场经济体制改革的关键一招。国有企业是社会主义经济和社会主义市场经济的核心基础，事关经济民生和发展全局，国企改革是经济体制改革的中心环节和关键突破口，深化国有企业改革是全面深化改革的重中之重，以习近平新时代中国特色社会主义思想为指导，统筹规划、全面布局，打好打赢深化国企改革攻坚战。

[①]　习近平在中国共产党第十九次全国代表大会上的报告《决胜全面建成小康社会 夺取新时代中国特色社会主义伟大胜利》。

B.1
新时代国有企业深化改革总论

彭建国*

摘　要：　国有企业是社会主义制度的物质基础和中国共产党执政的政治基础，是推进社会主义经济建设、现代化建设、改革开放与保障人民共同利益的重要力量。在发展社会主义市场经济、推进国家现代化、建设中国特色社会主义伟大事业中，国有企业具有举足轻重的地位和不可替代的作用。本文从国有企业的地位与功能来阐释深化改革的必要性，系统梳理国企改革的历史进程，把握国企深化改革的方向目标，分析新时代深化改革的关键路径与举措，坚持新时代深化改革基本方向和整体思路，以壮士断腕的决心和勇气推进改革向纵深发展，落实国企改革路径策略与战略布局，进一步巩固夯实社会主义经济基础。

关键词：　国有企业　公有制经济　市场化改革

一　国有企业的地位与功能

（一）国有企业的地位作用

1. 国有企业是社会主义制度和共产党执政的重要基础

国有企业是社会主义制度的物质基础，也是中国共产党执政的政治基

---

* 彭建国，国务院国资委研究中心副主任，国务院国资委中央企业智库联盟副理事长兼秘书长，博士后导师，研究方向为国企改革等。

础。社会主义是生产资料公有制占主体的社会，这保证了每个公民在生产资料占有上的平等地位和全体公民在根本利益上的一致性，从而保证每个公民的基本经济社会权利的平等性。经济基础决定上层建筑，这决定了社会主义制度必须以公有制经济为主体。国有企业是公有制经济的重要载体，国有企业在关系国民经济命脉的战略性资源和生产资料中占主导地位，是社会主义制度的经济基础。国有企业通过服从国家战略，成为我国参与全球经济治理的重要载体，有利于推动中华民族伟大复兴、工业化实现及全球战略的实现。中国共产党是马克思主义政党，其远大理想是实现共产主义，当前的奋斗目标是建设中国特色社会主义。因此，国有企业也是共产党执政的强大支撑。

2. 国有企业是国家安全的重要保障

国民经济中，国防军工、能源、信息、金融、粮食储备等领域，属于风险高、作用广、影响深的经济部门，一旦出现问题可能给社会带来非常严重的损失，甚至危及国家安全。由于私人资本的逐利天性，在社会利益和个体利益发生冲突时，其往往不会顾及社会利益，而选择个体利益，甚至出现"道德风险"问题，从而将危机传导并放大到整个社会经济。而且，作为后发国家，在技术、生产规模、管理水平等方面普遍落后于发达国家的国情下，若任由自由市场竞争，势必导致我国的国家安全难以获得有效保障。对我国而言，由于市场发育还不成熟，国内市场主体、产业等在全球范围内与发达国家相比还普遍缺乏竞争力，这些领域一旦为外资控制，必然使我国的国家安全置于外资和他国的控制之下，我国社会主义的发展也将受制于人。因此，这就需要国有企业在关系国家经济命脉的关键行业和重要领域起主导作用，以保障国家安全。从国际经验看，很多国家（甚至发达国家）在这些领域也曾普遍采用国有企业经营的方式。

3. 国有企业是国家宏观调控的重要手段

国有企业要成为治理市场失灵的有效手段，发挥"稳定器"的作用，保障国家经济平稳增长。市场经济中，市场机制这只"无形的手"是以追求个体利润最大化为动力的，所以市场调节因其盲目性和自发性也有它的局限性，也有失灵的区域，现代市场经济需要有效的宏观调控和国家干预。在

社会主义市场经济条件下，由于国有企业实现了生产资料公有制与生产社会化的统一，能够使国家的宏观调控更有效、更自觉、更及时，以减少市场调节的盲目性和自发性，保障我国国民经济平稳增长。国有企业作为政府实施产业政策的中介，作为实施产业干预的重要工具，是社会主义市场经济体制中一种有效的制度设计。通过国有企业，可以有效克服市场在公共产品、自然垄断、信息不对称、外部性等领域中存在的市场失灵现象。

我国通过国有企业稳定宏观经济的一个重要方式，是通过在关键行业实行国有企业经营或政府供应的方式来实现的，如金融、电力、铁路、土地供应等。近年来，我国的国有企业在一系列对国民经济具有重大影响的自然灾害或经济危机中发挥了重要作用，保障了国民经济的平稳运行。

4. 国有企业是创新发展的推动力量

当前，我国仍处于社会主义初级阶段，工业化尚未完成，经济发展水平与美国、日本等发达国家相比还存在很大差距。实践表明，仅仅通过这种自由的、市场自发的发展方式根本难以实现核心技术的掌握、关键领域的引领，难以实现我国的赶超目标。国有企业作为社会主义市场经济中生产关系的一种重要形式，始终把解放和发展生产力作为经营的最终目标。国有企业需要发挥赶超作用，克服自由市场经济的弊端，推动我国工业化过程中实现核心技术的掌握、关键领域的引领。国有企业是后发工业国家突破资源要素市场化配置约束、推动产业发展、实现经济增长的有效手段。通过技术创新、结构升级，努力攻克重大的关键性核心技术和前瞻性技术，引领我国产业转型升级和经济结构优化，推动我国工业化的实现和"中等收入陷阱"的成功跨越。

5. 国有企业是参与全球经济治理的重要载体

全球经济一体化促进了技术进步和各国经济发展，任何一国脱离全球化都难以获得可持续发展。一个良好市场的健康发展和有效运作需要一套稳定的制度支撑。然而，在国际上由于缺乏主权主体，全球国际治理规则只能依赖全球各国协商的方式来制定，例如 IMF、WTO、世界银行、区域贸易协定等各种多边或双边组织和协议，其本质上便是全球治理规则的体现。全球治理体系对跨国企业具有深刻影响，而后者对全球治理体系的制定同样具有重要影响。美国之所以能够在全球治理体系中发挥主导作用，与其拥有一大批极具国际竞争力的跨国企业（如微软、苹果、谷歌、IBM、波音、埃克森美孚、通用等）息息相关。目前来看，我国私有部门在规模、技术、人力资本等各方面与发达国家跨国企业都存在很大差距，很长一段时期内难以与之抗衡；而国有企业在规模、技术等方面存在的差距相对较小，也已经积累起较为丰富的跨国经营经验，从现实可行性看是我国最有可能与发达国家大型跨国企业相抗衡的力量。因此，在全球经济一体化深化发展的大趋势下，为保障我国企业、产业、国民经济的利益，我国需要主动参与全球治理规则的制定，而这种参与需要借助国有企业这一重要载体。可见，国有企业是推动国家全球战略的重要手段。

（二）国有企业的功能定位

1. 发展基础设施和公用事业，提供公共产品

在市场中，如邮政、铁路、机场、港口、桥梁、国防、市政等基础设施和公用事业领域，普遍具有三个重要特征：第一，投资规模大、回收期长、盈利性低，私人资本往往无力进入或不愿意进入；第二，具有公共产品属性，因而社会效益远大于私人经济效益，若由私人部门来供应往往导致供应不足；第三，具备垄断特性，若由私人部门来运营，其将攫取高额垄断收益，从而损害社会公众利益。因此，这些领域需由国有企业主导，以推动基础设施的完善和公用事业发展，保障公共产品和服务达到一个最优供应水平。从国际经验来看，西方发达国家的这些领域也往往由国有企业来承担。即使是自由化思想非常浓厚、国有经济占比很低的美国，其国内的邮政、铁路、客运、水利工程等领域也仍然由联邦政府设立国有企业或类似国有企业的机构来经营和管理。

2. 经营自然垄断属性的业务，在保障产品和服务供给水平时，提高行业经营效率

自然垄断性业务主要包括铁路、输配电网、石油天然气管网、自来水管网等，这些业务存在巨大的规模经济效应，市场由一家企业来供应效率最

高，由政府施加必要的监管。同时，这些业务往往具有投资规模巨大、投资回报周期长、承担的社会普遍性服务多、社会效益高而企业收益率低等特点，私人资本往往没有能力也不愿意进入，同时又属于关系国民经济命脉的重要领域和关键行业，因而需要国有企业来承担相应责任。如果由私人资本来负责这些领域产品的供应，一旦出现供应不足现象，势必严重损害整个国民经济增长的基础。政府可以通过对自然垄断领域内的国有企业实施严格监管，在保障产品供应水平的同时，进一步确保企业处于有效经营状态。

3. 集中生产资源攻克关键性的核心技术领域，实现技术赶超

当前，我国已成为工业大国，但并非工业强国，在众多的产业部门中，我国基本处在产业链的低技术含量、低附加值环节，一些核心技术和关键零部件普遍被发达国家控制。在这样的发展阶段，依照国际经验，在技术赶超中的"天花板效应"开始非常显著，再沿用传统的依赖各市场主体自发进行的技术引进、吸收和模仿的技术赶超方式必然难以为继。这些核心技术是发达国家上百年技术经验积累的成果，不是简单模仿就能掌握；另外，出于保持全球核心竞争优势的战略考虑，发达国家对发展中国家普遍设置了"高技术禁区"。因此，我国要掌握核心技术，只能依赖独立自主研发和技术创新攻关。但这些技术突破需要聘用大量的科研人员进行大规模的研发投入，需要花费大量时间成本，结果往往还面临非常高的不确定性。即便取得了重大突破，而发达国家已存在同类技术，后来者在产品性能和价格上也基本不具备竞争优势。这就导致在技术密集型、资本密集型的产业领域，明显存在资本市场失灵现象。因此，突破并掌握航空发动机、大飞机集成技术、高性能芯片、复合材料、精细化工、精密仪器、操作系统、生物新药等核心技术，要求政府建立国有企业平台，以集中人力物力财力努力攻克，推动我国下一步的技术赶超。例如，二战后，法国在先进的军事装备等领域与美国、英国、德国相比存在很大差距，为实现核心技术追赶，法国政府扶持和兴办了一批资金和技术密集型的国有企业。

4. 引领发展战略性新兴产业，推动国家产业转型升级

目前，美国、西欧、日本等世界主要发达国家和地区都在加紧布局战略性

新兴产业，以抢占下一轮技术发展的先机，把争夺经济科技制高点作为战略重点。从战略性产业自身特性来看，其对资本、技术、知识要求很高，而且存在巨大的不确定性，风险级别比较高，预计很长一段时期内可能都难以实现盈利。在我国目前非公有制经济力量还比较弱小的情况下，私人资本难以承担投资战略性新兴产业的重任。而且，如果任由市场以自发成长的方式来发展战略性新兴产业，很可能会贻误发展机会，最终再一次落后于发达国家。这就要求国有企业主导战略性新兴产业的发展，以推动我国产业转型升级。从历史经验看，改革开放以后，我国发展的一些新兴产业，如移动通信、高端装备制造、轨道交通制造、卫星及其运用等，也都是以国有企业为主导力量发展起来的。

5. 带动非公有制经济共同发展

国有企业与非公有制企业并非天然对立的。从现实看，正是国有企业和非公有制企业在各个产业链上密切分工合作，共同构筑了我国完善的工业体系，才促使我国众多产业在国际上具备相当的国际竞争力。在对生产资源的竞争中，由于国有企业的特殊产权属性，其往往处于优势地位。因而国有企业和非公有制企业的矛盾突出，并不代表这种矛盾是两者的天然本性。由于都具备企业追求利润的属性，国有企业和非公有制企业仍然存在合作发展的利益基础。从现实来看，两者存在很大的互补性。从国有企业方面来看，国有企业由政府出资设立，降低了国有企业的经营风险，使其能够在生产经营中更关注长期利益，而且国有企业在资金、人才等方面也有优势。从非公有制企业来看，其在两个方面存在明显优势：一是快速扩散的产业领域，如产品销售；二是高新技术领域，尤其是需要具备一定规模经济，同时又需要保持灵活性的高新技术领域，例如当前的互联网领域。因此，国有企业在实现做强做优做大的同时，通过不断按照市场经济要求转换经营机制，与其他企业通过共同投资、交叉持股、参股控股、混合经营等方式，带动非公有制经济的健康可持续发展。

二　国有企业的改革历程

由于国有企业长期存在政企不分、体制机制僵化、权责不明、利益不

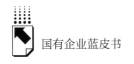

清、分配上吃大锅饭现象，缺乏动力（激励）机制和压力（约束）机制，传统国有企业普遍存在效率低下、亏损严重、市场反应较慢、竞争力不强等问题。在解决国有企业问题上，世界各国都进行了深入探索。有采取私有化改革"一私了之"的；有采取"休克疗法"，一步到位的；也有采取股份制改造，缓慢市场化的。中国采取的是先尝试再推广，由试点到全面、由局部到整体、由外及内、由表及里、由易到难的渐进式改革路线，从放权让利到两权分离，从股份制试点到建立现代企业制度，从微观的制度创新到国有经济布局的调整，一步一步地不断在探索中向前推进。经过40年的艰难探索，中国国有企业市场化改革取得巨大成功和突破，探索出一条中国特色的国有企业改革之路，这是中国共产党人在发展中国特色社会主义事业中的伟大创举。

（一）中国国有企业改革面临更大困难

中国国有企业量大面广，钱少人多，普遍存在计划经济思维，存在市场脱节情况，情况千差万别，改革难度大、困难多，国有企业改革任重道远。改革难点与困难主要从主、客观两个方面来看。

1. 客观上需要考虑的硬制约

客观上需要考虑的硬制约主要包括市场化用工 VS 以人为本（见表1），利润最大化 VS 国企社会责任（见表2），改革成本支付 VS 经济下行压力（见表3），利益格局调整 VS 冲破利益藩篱（见表4）。

表 1　市场化用工 VS 以人为本

市场化用工	以人为本
国有企业要成为真正的市场主体，就必须放下历史包袱，包括人员包袱，轻装前进，与其他经济主体平等竞争。市场化程度较低	传统国有企业，特别是历史长的老国企，普遍存在大量冗员情况。国企职工普遍存在"铁饭碗"情况，缺少市场竞争压力
难点：我国是社会主义国家，人民当家做主，工人阶级是领导阶级，对企业富余人员不能简单解雇裁人，一裁了之	

表2　利润最大化 VS 国企社会责任

利润最大化	国企社会责任
企业作为真正的市场主体,其基本目标是追求利润最大化。企业经营以股东权益最大化为宗旨,对投资人和股东负责。国企利润率普遍较市场主体低	国有企业承担着更多的社会责任,对国家和人民负责。在安排就业、稳定物价、保障国家安全和国计民生、维护社会稳定、提供公共服务等方面承担了更多办社会的职能
难点:中国的社会性质决定着国有企业必须承担更多的国企社会责任,发挥国企应有的社会影响力与感召力,展现社会主义经济的优越性。国企需脱离不必要的办社会职能	

表3　改革成本支付 VS 经济下行压力

改革成本支付	经济下行压力
职工工资、医疗等欠款,身份转换补偿、对外欠款特别是金融贷款,以及分离办社会职能和分离辅业都需要成本开支	经济发展进入新常态以后,由于有效需求不足,产能严重过剩,企业发展速度与经营效益下行压力增大。企业创新转型处在关键节点
难点:国企负担过重,改革发展受宏观经济形势影响较大,转型升级压力大	

表4　利益格局调整 VS 冲破利益藩篱

利益格局调整	冲破利益藩篱
经过40年的改革发展,已经形成了新的利益格局。国企依靠社会资源的垄断地位,获得高额垄断利润,通过权力、资源、垄断等循环获利的局面亟须改革调整	改革的本质是利益格局的再调整,利益的再分配,改革必须冲破利益的藩篱,难度相对增大。要以壮士断腕的决心来破除利益藩篱,推进改革
难点:既得利益团体不愿改革,拖延阻碍国企市场化进程,利益冲突明显,改革难度大	

2. 主观上需要考虑的软制约

主观上需要考虑的软制约主要包括党员干部 VS 市场主体(见表5),产权流动 VS 国资流失(见表6),打破大锅饭 VS 共同富裕(见表7),加强监管 VS 增强活力(见表8)。

表5　党员干部 VS 市场主体

党员干部	市场主体
国有企业领导人多是共产党员、党的领导干部,党的宗旨是全心全意为人民服务,要大公无私、公而忘私,无论干什么工作,不允许有特殊党员,严格按党章党规办事	国有企业领导人同时又是市场主体,作为经济人或理性人,其内在动力是追求自身利益最大化,这是市场经济的客观规律。市场主体要求在宪法和法律框架内,按市场化自由竞争
重点:坚定立场、转换角色,大力完善国有企业管理经营模式与现代企业制度	

表6 产权流动 VS 国资流失

产权流动	国资流失
国有企业改革需要产权流动,产权流动如果监管不力的确容易出现国有资产流失,而且也有些人容易把流动和流失混为一谈。产权流动是按照市场经济规律进行市场主体确认与经营责任落实的必要手段,要明晰产权	搞好流动与防止流失是一对需要处理好的矛盾,既要正确区分流动与流失,同时也要在流动中认真防范流失。在国企改革的历程中曾存在大量国有资产流失情况,严重损害了国民经济体系,造成国资系统发展困难
重点:建立完善现代产权制度,进一步完善国有资产管理体制,加强监管机制	

表7 打破大锅饭 VS 共同富裕

打破大锅饭	共同富裕
国企改革首先必须打破大锅饭,克服分配中的平均主义。同时又要防止收入分配的过分悬殊而出现两极分化。大锅饭不是社会主义的内容,平均主义也不是社会公平的体现	改革开放40年来,人民总体收入极大提高,但贫富差距在扩大,基尼系数由改革开放初期的0.24升高至0.46。全面建成小康社会,必须走共同富裕的道路
重点:打破平均主义大锅饭是为了更好地激发国企职工活力和创作力,强化企业主人翁责任意识,按劳分配、兼顾公平,为实现共同富裕踏实干事、努力进取、开拓创新。	

表8 加强监管 VS 增强活力

加强监管	增强活力
国家必须加强监管,防止国有资产流失。以管资本为主转变监管职能,推进混改新进程	改革就是要增强企业活力,不能干预企业的日常生产经营权,增强股权激励改革进程
重点:国有企业改革的一个重要内容是处理好国家与企业的关系,除利益分配(运行结果)外,权力分配(运行过程)尤为重要。放管结合是深化国资国企改革的基本原则	

因此,中国的国有企业改革要立足功能定位、授权机制、治理结构、运行模式、监督与约束机制建设等方面,必须在困难中求进,在矛盾中求解,必须创新突破、统筹兼顾,全面考虑体制改革力度、经济发展速度和群众承受程度相统一,改革创新,循序渐进,稳中求进。

(二)中国国有企业改革的历史进程

1978年12月党的十一届三中全会以后,中国拉开了改革开放和经济体制改革的序幕,国有企业从此也走上了漫长的改革探索之路。纵观中国国有企业改革 40 年的历程，总体上可以划分为四个阶段。

1. 第一阶段（1979～1984 年）：国营企业的放权让利

国有企业改革的第一阶段，目标只是部分放权让利、激发活力，还不敢奢望成为真正的市场主体，改革的重点在于调人事、理关系，主要放在从权力与利益方面理顺国有企业和政府部门的关系上，尤其侧重利益关系的调整①。主要采取温和的改革路线，主要改革举措如表 9 所示。

表 9　第一阶段（1979～1984 年）改革举措

	举措
1979 年	国务院制定《关于扩大国营工业企业经营管理自主权的若干规定》，国家对企业开始放权。在生产经营计划、产品销售、产品价格、物资选购等诸多方面都将权力向企业有些许放宽
1979 年 7 月	国务院发布《关于国营企业实行利润留成的规定》，出台了一些松绑、扩权、留利的政策措施，并在一些地区挑选一批利润留成扩权试点企业
1981～1982 年	开始试行工业经济责任制，实行利润留成、盈亏包干
1981 年	制定《国营工业企业职工代表大会暂行条例》
1982 年	制定《国营工厂厂长工作暂行条例》
1983 年	制定《国营工业企业暂行条例》
1983～1984 年	利改税、拨改贷。利改税把原先企业应上缴利润改为税收形式，调整了国家和企业的分配关系
1983 年	利改税第一步主要对盈利的国营企业征收所得税，其余利润上缴国家财政
1983 年	开始拨改贷，主要是对新设国有企业或国有企业的新上项目，国家不再提供资本金，全部由企业贷款
1984 年 5 月	国务院发布了《关于进一步扩大国营工业企业经营管理自主权的暂行规定》，主要由国家行政指令计划来调整，市场调节做补充，要搞市场调节为辅，必须适当扩大企业自主权
1984 年 10 月	利改税第二步将原来上缴财政改为按 11 个税种向国家纳税，利税并存完全过渡到以税代利

2. 第二阶段（1984～1993 年）：国有企业的两权分离（转换机制）

党的十二届三中全会后，经济体制改革的重点由农村转向城市，城市经

① 彭建国：《关于积极发展混合所有制经济的基本构想》，《中国发展观察》2014 年第 3 期。

济体制改革的中心放在企业，国有企业成为改革的中心环节，被定义为相对独立的商品生产者和经营者，实行两权分离，即所有权和经营权的分离。这一阶段的国有企业改革重点是通过两权分离转换企业内部经营机制、增强企业活力，建立健全企业经营制度，尤其侧重权力关系的调整，使企业逐步成为真正的市场主体。具体改革举措与政策如表10所示。

表10　第二阶段（1984～1993年）改革举措

	举措
1984 年 10 月	党的十二届三中全会通过《关于经济体制改革的决定》,提出我国社会主义经济是有计划的商品经济,认为计划和市场是内在统一的,计划和市场都是覆盖全社会的,提出"国家调节市场,市场引导企业"的指导方针
1986 年	全国人民代表大会通过《中华人民共和国民法通则》,以民事基本法的形式第一次规定了企业法人制度,确立国有企业的法人实体地位
1986 年 12 月	国务院颁布《深化企业改革增强企业活力的若干规定》,提出所有权与经营权分离。对全民所有制小型企业,可试行租赁、承包经营;亏损、微利的中型企业,可进行租赁、承包试点;中、大型企业,可进行经营责任制、股份制试点
1986 年	全国人大常委会通过《中华人民共和国破产法(试行)》,为部分长期亏损、资不抵债的企业实施破产提供了依据
1988 年 2 月 27 日	国务院发布《全民所有制企业承包经营责任制暂行条例》
1988 年 4 月 13 日	第七届全国人民代表大会第一次会议通过了《全民所有制工业企业法》,对企业法律地位、两权分离、企业权利义务、承包制、租赁制、企业自主权、厂长负责制及企业党组织的作用和地位、职工民主管理形式等进行了规范
1987 年 12 月	实行承包经营责任制的全民所有制企业占企业总数的83%
1988 年 12 月	实行承包经营责任制的全民所有制企业占企业总数的比例扩大到90%
1992 年 7 月	颁布《全民所有制工业企业转换经营机制条例》,明确规定了14项企业经营自主权

3. 第三阶段（1993～2003年）：国有公司的制度创新（产权改革）

随着国有企业改革的深入，从放宽经营管理权利到转化企业经营机制都取得了巨大进步，促进了国有企业的稳步发展。为进一步加强国有企业活力，发挥市场经济主体地位作用，国有企业改革进入制度创新与产权改革新阶段。国家提出一系列市场化改革与国企制度创新的新政策、新举措，如表11所示。

表11　第三阶段（1993~2003年）改革举措

	举措
1992年10月	党的十四大明确提出经济体制改革的目标是建立社会主义市场经济体制
1993年11月	党的十四届三中全会通过《关于建立社会主义市场经济体制若干问题的决定》，进一步明确国有企业改革的基本方向是建立适应市场经济要求，产权清晰、权责明确、政企分开、管理科学的现代企业制度
1993年12月	第八届全国人大常委会通过《中华人民共和国公司法》
1994年	进行百户现代企业制度试点
1995年	党的十四届五中全会提出"抓大放小"，扶优扶强
1996年	提出国有企业"三改一加强"
1997年9月	党的十五大提出，要调整和完善所有制结构，探索公有制的多种实现形式
1999~2000年	国有企业实施了改革脱困3年攻坚，通过债转股、技改贴息、政策性关闭破产等一系列政策措施，减轻企业负担，推动企业技术进步和产业升级，促进国有企业的优胜劣汰，实现了国有企业的整体扭亏为盈，为国有企业持续快速健康发展打下良好基础
1999年12月	党的十五届四中全会专门做出《中共中央关于国有企业改革和发展若干重大问题的决定》，对国有企业改革的目标、方针政策和主要措施做了全面部署。在当时的改革背景下，按照现代企业制度的要求，中央和地方选择了2500多家国有企业进行了公司制股份制改革
2003年10月	党的十六届三中全会通过《关于完善社会主义市场经济体制的决定》，提出股份制是公有制的主要实现形式，建立"归属清晰、权责明确、保护严格、流转畅通"的现代产权制度

4.第四阶段（2003年以来）：国资企业的重组调整（结构优化）

21世纪以来国企改革内容不断深入，国有企业内涵不断发生变化，国资委成立后对国有企业进一步让利放权、健全管理制度、明晰产权结构，逐步向以管资本为主转型，大力推进国有企业市场化进程，建立法人治理结构。国资委作为国有资产出资人代表，建立和完善国有资产监管体制框架；层层落实国有资产保值增值责任，初步探索出一条中国特色社会主义市场经济体制下搞好国有企业、发展壮大国有经济的路子。这一阶段具体改革历程如表12所示。

表12　第四阶段（2003年以来）改革举措

	举措
2003年3月	国资委成立，国有企业改革向纵深发展
2003年5月	国务院发布了《企业国有资产监督管理暂行条例》，明确了新的国有资产管理体制，规定了国有资产监督管理机构（即国资委）作为政府特设机构的性质和主要职责，建立起"三分开""三统一""三结合"的国有资产管理体制，为规范建立企业国有资产出资人制度提供了基本依据

	举措
2003 年 10 月	党的十六届三中全会提出国企改革要建立"现代产权制度"
2004 年 6 月	国资委出台《关于国有独资公司董事会建设的指导意见(试行)》,并开始在神华、宝钢等 7 家中央企业试点
2005 年 2 月	《国务院关于鼓励支持和引导个体私营等非公有制经济发展的若干意见》,允许非公有制资本进入垄断行业,进入基础设施、金融服务、社会事业、国防科技工业和公共事业建设等领域
2006 年 12 月 5 日	国务院转发国资委《关于推进国有资本调整和国有企业重组的指导意见》,提出要加快国有大型企业的调整和重组。我国国有经济更多地向关系国民经济命脉的重要行业和关键领域集中
2007 年 12 月	国资委出台《关于中央企业履行社会责任的指导意见》和《中央企业国有资本收益收取管理暂行办法》,国有企业开始上缴利润
2008 年 8 月	国资委发布《中央企业资产损失责任追究暂行办法》,用于遏制国有资产流失
2009 年 9 月	国资委下发《关于进一步加强地方国有资产监管工作的若干意见》,进一步规范国有资产监督管理工作
2010 年	《中央企业负责人经营业绩考核暂行办法》实施,目的在于降本增效、优化结构和提升央企竞争力
2011 年 6 月	国资委发布《中央企业境外国有资产监督管理暂行办法》和《中央企业境外国有产权管理暂行办法》,目的在于管理好中央企业的境外资产和产权
2012 年 4 月	为规范境外投资行为,国资委又发布《中央企业境外投资监督管理暂行办法》
2013 年	党的十八届三中全会通过了《中共中央关于全面深化改革若干重大问题的决定》,指出要完善产权保护制度,积极发展混合所有制经济,推动国有企业完善现代企业制度,支持非公有制经济健康发展。混合所有制改革成为国企改革新方向。我国国有企业改革进入全面深化阶段。深化国企改革就是要使市场对资源配置起决定性作用,把国有企业打造成完全独立的市场主体,推进国有企业与市场经济深度融合

(三)国有企业改革的基本路径

中国国有企业改革,总体上是从易到难、从企业外部关系到内部体制机制改革、从局部到全面这样一个过程。国有企业改革调整的路径,经历了"市场主体化改革、产权多元化改革和规模大型化与集团化改革"三步走战略,如图 1 所示。

1.市场主体化改革

传统的国有企业,在计划经济体制下是政府部门的附属机构,政府监管干预企业的生产经营,企业承担办社会的某些政府职能。企业市场主体化改

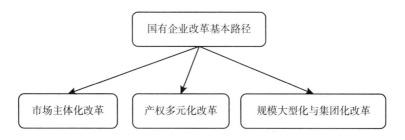

图 1　国有企业改革的基本路径

革就是通过政企分开、分离企业办社会职能和走商业化、市场化道路，把企业与政府的预算软约束变成硬约束，打破两个大锅饭，企业目标定位于利润这个单一的市场化主体目标，使企业成为真正的独立市场主体。

2. 产权多元化改革

国有企业改革的主要任务是通过非国有化来实现产权多元化，产权改革方面，中小企业多采取民营化方式，大型企业主要采用股份制改革的方式来进行产权推进。改革前 20 年主要是"国退民进"，除关键行业占主导地位外，2017 年部分地区国有经济占比已下降至 25%，故本轮的深化改革，从产权方面看，重点是通过发展混合所有制经济来实现"国民共进"。

3. 规模大型化与集团化改革

国有企业通过收购、兼并、联合的方式进行重组改革，改变规模偏小、分布过散、重复建设、资源分散等不合理状态，培育一批具有全球竞争力的大公司大企业集团，重组打造航母级企业，调整优化国有经济布局结构，达到做强做优做大国有资本，搞好搞活国有经济，提高国有企业活力、竞争力和效率，促进国民经济健康稳定发展目的的实现。

三　国有企业改革的基本方向

（一）关于国企改革的流行错误认识

新时代，国有企业深化改革与转型升级再次成为社会关注热点，舆论主

流与党中央、国务院精神基本一致。但由于利益多元化、价值观多元化以及媒体多元化，目前，社会上对于国有企业改革的思想认识也相对复杂，有对中央精神误解、误读的，也有认识不到位的，还有刻意歪曲的，有的蓄意制造了不少噪音、杂音。比如，一些所谓专家学者打着为民说话的幌子，抓住国有企业某些问题无限放大或妖魔化，大肆兜售"国退民进"、全盘西化理论，具有较大的蛊惑性和欺骗性，占有一定的舆论市场，一定程度上误导了社会认知和改革落实。对于本轮国企深化改革的错误观念或认识，最具代表性的有6种，如表13所示。

表13　对本轮国企深化改革的错误观念和认识

序号	观念	具体情况
1	私有化观念	西方势力多持这种观念，如英国《金融时报》报道中国正在进行新一轮私有化，认为"全面深化改革既然是深层次的改革，即产权层次的改革，特别是国有企业的混合所有制改革，从国有独资发展成混合所有制，或降低国有股占比，就是私有化过程"
2	"国退民进"观念	持此种观念的人认为中国国有经济比重过高，应该像西方资本主义国家那样占整个国民经济10%左右即可。特别是，国资委成立后，中央企业和地方国有企业发展快，认为是在搞"国进民退"，挤占了民营企业空间，是与民争利
3	国有经济从竞争领域全面退出观念	持此种观念的人，完全从西方经济学出发，认为国有经济的功能定位就是市场机制这只无形的手触摸不到或失灵的地方，竞争领域市场机制完全可以起作用，所以国有经济应该退出
4	"靓女先嫁"观念	20世纪80年代第一轮国企改革的主流做法是"国退民进"，前提是当时国企经营状况很差，想退出无人要。"靓女先嫁"是当时迫不得已的选择，而且事实上这种做法也造成不少国有资产流失现象。而本轮改革情况虽然完全不同，但一些人认为这是瓜分国有资产的最后一次盛宴，所以重新鼓吹"靓女先嫁"这个老调子
5	极"左"观点与言论	极"左"分子不去深入研究我国社会主义事业新形势新理论，表面打着维护社会主义的旗帜，到处扣帽子、打棍子，虽不敢公开反对党中央提出的"积极发展混合制经济"的号召，但只要别人提出发展混合所有制经济的具体办法，就会不讲道理地横加指责甚至谩骂。比如肆意攻击中央提出的国有企业发展混合所有制经济的措施；反对绝大部分国有企业发展混合所有制经济，反对混合所有制企业逐步降低国有股比重，反对国有企业要从增量和存量两个方面发展混合所有制经济。认为绝大多数国有企业发展混合所有制经济、降低国有经济比重就是私有化，认为国有经济存量混改就是"崽卖爷田不心疼"。"左"派往往以站在传统经典理论或人民利益角度的正义的、道德的制高点自居，任意上纲上线，总体上否定改革开放政策。这些极"左"观点和言论表面是维护社会主义，其实质是反对中国特色社会主义，其目的多数是哗众取宠，赚取社会关注和个人名气

序号	观念	具体情况
6	一些地方和企业有不负责任的人搞形式主义,为了混而混	有些地方、部门和企业,曾在中央顶层设计方案和具体政策没有出台之前就自行抢跑。一是有些地方政府提出规定二三年内混合的比例要达到多少,二是有些地方强行要求国有企业在规定时间内必须要从竞争领域里全部退出,三是有些地方和企业重提20世纪第一轮国有企业改革关于"靓女先嫁"的观点,四是有些垄断企业自己决定争先抢试混改。究其原因,有的是对中央精神理解出现偏差,有的是被舆论所绑架或误导,有的是为了出风头作政治秀,当然也有少数是抱有某种个人私利目的
总之,以上这些理解、观点、言论与行为,与党的十八届三中全会精神是完全背道而驰的		

(二)习近平关于新时代国有企业改革发展的重要论述

全面深化改革是一个宏大的社会系统工程,统一思想,深化认识是前提,正确理解、全面准确把握党的十八届三中全会和党的十九大精神至关重要,深化改革必须与学习和把握习近平关于新时代国有企业改革发展重要论述紧密结合起来。习近平总书记对国有企业、国有经济表现出前所未有的重视,党的十八大以来关于国有企业改革发展发表了一系列重要讲话。概括起来有"四论",如图2所示。

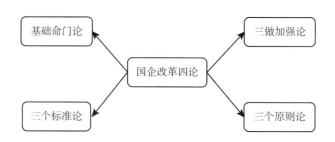

图2 习近平关于新时代国有企业改革发展重要论述

1. 基础命门论

习总书记指出,国有企业是推进社会主义现代化建设、保障人民共同利益的重要力量,国有经济是社会主义制度和中国共产党执政的物质基础、政治基础和命门所在。要想更好地体现和坚持公有制主体地位与市场的决定性作用,必须坚持和完善以公有制为主体、多种所有制经济共同发展的基本经

济制度，进一步探索基本经济制度的有效实现形式，深刻理解和把握坚持"两个毫不动摇"的重要性，进一步巩固和发展中国特色社会主义制度的重要支柱（经济基础）。

2. 三做加强论

2015年中央经济工作会议上，习总书记明确强调，要通过改革发展，把国有企业做强做优做大，国有企业只能加强不能削弱。

3. 三个标准论

习总书记提出把"三个有利于"作为衡量国企改革的价值判断标准，国有企业改革必须"要有利于国有资本保值增值，有利于国企提高活力、竞争力，有利于国有资本放大功能"。

4. 三个原则论

习总书记谈国企改革时提出，国有企业要遵循市场经济规律，确立企业市场主体地位，凭借自身实力参与市场竞争；国有企业要体现中国特色，不照搬照抄国外经验和模式；国有企业改革要切实防止国资流失三个原则。国有资产是全体人民的共同财富，来之不易，绝不能在一片改革声浪中造成国有资产流失。

（三）坚持改革的正确方向

改革开放是决定当代中国命运的关键抉择，是当代中国发展进步的重要动力，是党和人民事业大踏步赶上时代的重要法宝。实践发展永无止境，解放思想永无止境，改革开放永无止境。在大调整、大转型、大变革、大洗牌的时代，改革必须尽快往前走，不改革只有死路一条。改革首先要坚持大方向、必须坚守底线、不能改的永远都不能改，改革允许犯错误，但绝不允许犯颠覆性的错误。党的十八届三中全会决定明确指明了全面深化改革的大方向，党的十九大也明确指明深化改革与转型发展之路。

首先，必须坚持市场化改革方向。我国经济体制改革的基本方向是由传统计划经济转向市场经济。特别是党的十八届三中全会决定提出"发挥市场在资源配置中的决定性作用"，凡是市场机制能起作用的地方就让市场起决定性作用。

其次，坚持社会主义市场化改革方向。中国特色社会主义是必须永远高举的旗帜，改革的目标是建立社会主义市场经济体制。老路、邪路、特色路这三条路，走哪一条路，决定着改革的大方向。党的十八届三中全会决定再次明确改革的正确方向，"既不能走封闭僵化的老路，也不能走改旗易帜的邪路，必须走中国特色路"。改革应该学习借鉴西方市场经济国家一些先进做法，但绝不能照搬照抄西方模式，要坚持中国特色社会主义的道路自信、制度自信和理论自信。我国40年的改革实践，也充分证明了中国特色道路的正确性。坚持改革的正确方向，增强了国有企业巩固和发展的信心和坚强保障。

最后，坚持国有企业改革的正确方向。中国共产党的领导地位和国有经济的主导作用是中国特色社会主义的重要体现和根本支柱。国有企业和国有经济是中国共产党执政的重要基础，是保障国家安全、稳定经济发展、提供公共服务、提高国际竞争力的重要支柱，是社会主义事业与现代化建设的重要力量。坚持国有企业改革的正确方向要立足"一个坚持、两个毫不动摇、四个增强"，深入推进"三去一降一补"，坚定不移地深化改革目标。具体如表14所示。

表14 坚持国企改革正确方向与改革目标

	具体内容
一个坚持	坚持基本经济制度是改革的底线。我国的基本经济制度是公有制为主体、多种所有制经济共同发展。要坚持基本经济制度，就必须坚持公有制的主体地位，发挥国有经济的主导作用
两个毫不动摇	要毫不动摇地巩固和发展公有制经济；毫不动摇地鼓励、支持、引导非公有制经济发展。由此可见，改革的目的绝对不是国退民进，不是搞垮搞没国有企业，不是国有经济从一切竞争领域退出，而是搞好搞活国有企业、发展壮大国有经济，达到国民共进，促进国民经济持续稳定发展，确保实现中国梦伟大目标。值得明确的是国有经济发展绝不意味着民营经济就不发展，民营经济已经是中国国民经济十分重要的组成部分，民营经济与国有经济不是对立的，不是零和博弈，不是国进民退或国退民进，而是有机统一、相互促进、共同发展
四个增强	通过改革，不断增加增强国有经济的"四力"：一是增强国有经济的活力，即通过体制改革转换国有企业机制，提高国有企业竞争力特别是国际竞争力；二是增强国有经济控制力，即增强国有经济对国家安全和国家经济命脉如国土安全、产业安全、资源安全的保障以及基础设施与公共服务等方面的控制力；三是增强国有经济的影响力，即体现和实现国家战略的导向能力，特别是对贯彻国家宏观调控方向、科技创新与新兴战略产业等起到积极的引导作用；四是增强国有企业的风险防御能力
改革目标	深化国企改革的主要目标，就是国有经济增强活力、控制力、影响力和风险防御能力，国有资产实现保值增值和防止流失，国有资本实现做强做优做大，国有企业要培育成具有全球竞争力的世界一流企业

四　国有企业改革的总体思路

2013 年 11 月，党的十八届三中全会通过的《中共中央关于全面深化改革若干重大问题的决定》提出，全面深化改革的总目标是完善和发展中国特色社会主义制度、健全社会主义市场经济体制、推进国家治理体系和治理能力现代化，让一切劳动、知识、技术、管理、资本的活力竞相迸发。紧紧围绕使市场在资源配置中起决定性作用，深化经济体制改革。积极发展混合所有制经济。完善国有资产监督管理体制，以管资本为主加强国有资产监管。推动国有企业完善现代企业制度，以规范经营决策、资产保值增值、公平参与竞争、提高企业效率、增强企业活力、承担社会责任为重点，进一步深化国有企业改革。党的十九大召开前夕，国务院连续下发了三个文件：一是国办发 36 号文件《国务院办公厅关于进一步完善国有企业法人治理结构的指导意见》；二是国办发 38 号文件《国务院办公厅关于转发国务院国资委以管资本为主推进职能转变方案的通知》，精简 43 项监管事项，其中授权 8 项；三是国办发 69 号文件《国务院办公厅关于印发中央企业公司制改制工作实施方案的通知》，标志着国务院国资委监管的全部中央企业在 2017 年底全面进入公司制时代。

党的十九大报告提出，经济体制改革必须以完善产权制度和要素市场化配置为重点，实现产权有效激励、要素自由流动、价格反应灵活、竞争公平有序、企业优胜劣汰。着力构建市场机制有效、微观主体有活力、宏观调控有度的经济体制，不断增强我国经济创新力和竞争力。要完善各类国有资产管理体制，改革国有资本授权经营体制，加快国有经济布局优化、结构调整、战略性重组，促进国有资产保值增值，推动国有资本做强做优做大，有效防止国有资产流失。[①]进一步深化国有企业改革，发展混合所有制经济，加速培育具有全球竞争力的世界一流企业。中央企业深化改革与转型升级发

---

① 2017 年 10 月 18 日，习近平在中国共产党第十九次全国代表大会上的报告《决胜全面建成小康社会　夺取新时代中国特色社会主义伟大胜利》。

展要更加突出主业、突出实业，从中央企业统计数据来看，2017 年全国工业类企业实现了 18.7% 的增长率，占整个盈利总量的 61.7%。

本轮深化国有企业改革，采取顶层设计与摸着石头过河相结合的路径。首先是进行顶层设计，顶层设计采取了"1 + N"的形式。"1"是关于深化国有企业改革的指导意见，这是牵头抓总的；"N"是使"1"落地的若干具体配套文件。顶层设计以党的十八届三中全会、党的十九大精神和党的十九届三中全会为基本指导，以习近平新时代中国特色社会主义思想为指引，总结吸收 40 年来改革的经验教训，面向未来适应新时代潮流，坚持问题导向，满足实践需要。顶层设计前后 4 年，百易其稿，是各方面智慧的结晶，是科学性与实践性相统一的好设计，是国有企业深化改革的总体蓝图和纲领性文件。深化国企改革的基本思路如下文所述。

（一）国有资产全民所有，是国企改革的基本出发点

不忘初心，牢记使命。国有资产全民所有，是国企改革发展的基本出发点。既然国有资产全民所有，就必须保护好、巩固好、发展好，因此，国企改革的底线是坚持基本经济制度，即坚持公有制经济的主体地位、国有经济的主导作用不能改变；既然国有资产全民所有，防止国有资产流失就是红线，企业改革和经营过程中绝不允许搞国有资产流失；既然国有资产全民所有，国有企业改革的根本目标就是增强国有经济活力和控制力、实现国有资产保值增值、实现国有资本做强做优做大、培育具有全球竞争力的世界一流企业；既然国有资产全民所有，就必须让全体人民共同充分享受国有企业改革发展的成果，到 2020 年，国企上缴利润比例要逐步提高至 30%，要划转部分国有资本来充实社保基金，以解决社会矛盾和人民急需；既然国有资产全民所有，就要让广大人民群众对国有企业有更多的知情权、监督权和参与权，国有企业要信息公开打造阳光国企，国企人员进入要向全社会公开招聘，国企混改引入非公主体也要面向社会公开、公正、公平竞争；既然国有资产全民所有，中国共产党又是中国人民利益的忠实代表，党就必须要代表人民加强对国有企业的领导。

（二）增强企业内生动力，是国企改革的基本目的

国企改革是问题导向，有什么问题就改革什么，什么问题最突出就重点改革什么。国有企业最突出的问题，就是活力、竞争力有待进一步增强，效率有待进一步提高，其根本原因是企业内生动力不足。因此，国有企业改革的基本目的就是解决如何增强企业内生动力问题，即企业经营管理者和员工的激励动力与约束压力问题。在市场经济条件下，根据理性人假设，所有的市场主体都会追求自身利益的最大化，这是市场经济的客观规律。企业员工主要包括三部分，即企业领导人员（企业家）、企业骨干（包括经营管理骨干、营销骨干、科研骨干）和普通员工。市场经济条件下，企业内在动力主要是经济利益的分配，企业分配主要考虑与企业经营业绩密切相关的各种生产要素的贡献大小，总体包括资本贡献和劳动贡献两大类，具体细分包括资本贡献（对应所有权收益）、经营管理贡献（对应企业家收益）、科技贡献（对应科技人员收益）和普通劳动贡献（对应劳动收益）。从利益分配激励程度上看，第一层次是根据劳动能力确定的基本工资，第二层次是基本工资加绩效薪酬，第三层次是绩效薪酬中引入部分股权或分红权激励，第四层次是混合所有制加员工持股。这四个层次中，最后一个层次激励程度最深。企业深化改革的主要目的就是建立强化激励约束机制来解决国有企业内生动力不足问题，从而相应提高国有企业的活力、竞争力和效率。

（三）进一步推进市场化，是国企改革的基本方向

国有企业内生动力不强、活力和效率不高，其根本原因在于国有企业是计划经济的产物，多数是在计划经济体制下产生和发展起来的，尽管经过40年的改革，国有企业总体上已经与市场经济融合，但在很多方面依然遗留不少计划经济的痕迹和色彩。虽然实践证明，国有企业与市场经济完全可以内在融合，但融合方式需要进一步探讨，融合程度需要进一步推进。因此，本轮国企深化改革，不是私有化、去国有化、去主导化，而是去行政化，市场化是国企改革的基本方向，也是贯穿顶层设计的主线。国企市

场化改革主要包括企业市场化、产权市场化、经营市场化、内部机制市场化。

（四）放管结合活而有序，是国企改革的基本原则

国企改革的基本方向是市场化，通过市场化增强企业活力。市场化就是要依法依规为企业最大限度地放权，该放的权力要全部下放。企业是直接进行经济资源运作的，企业领导人手里的经济权力很大，特别是随着政府和出资人代表机构依法大幅放权，国有企业领导人权力会越来越大。被授权后的国企领导人也是国有资产所有权的代理人，对于权力的运用，没有所有者固有的内在激励约束，企业经营成果并非自己直接享有或承担。作为理性人，企业领导人完全有可能滥用国家授予的权力，有可能朝着自身利益最大化方向进行决策。权力越大，责任就越大。如果重大权力得不到制约，不能关在笼子里面规范运用，则有可能造成灾难性的后果。我国改革曾经走不出的一个怪圈是"国家管得太多，企业就没有活力，为此进行放权；放权多，企业有活力，但又乱了；为了治乱，又只好收权；改革在收权、放权、再收权、再放权的怪圈中循环"。本轮深化改革，就是要吸取历史教训，坚持增强活力与强化监管相结合的原则，放管结合，两手抓，两手都要硬。一方面，要加大放权力度，依法将属于企业的法人财产权和日常经营管理权全部归还企业，真正做到放开放活，增强企业活力；另一方面，要强化监管，严防重大经营投资决策失误，严防国有资产流失，真正做到管住管好。

（五）分类指导分层推进，是国企改革的基本方法

国有企业量大、面广、战线长，分布在许多不同行业和领域。对于不同行业和领域的国有企业，其功能定位是各不相同的。为了增强改革的针对性、发展的科学性、监管的有效性和考核的准确性，必须分类指导。国有企业总体分为商业类和公益类两种。商业类主要指市场竞争领域商业化运作、以国有资产保值增值为主要目的的国有企业，公益类则指不以赚钱为主要目的，而以公益事业、保障民生、服务社会、提供公共产品和服务为主要目标

的国有企业。商业类又细分为商业一类和商业二类，商业一类是指在完全市场竞争行业和领域里的商业类国有企业；商业二类是指其主业处于关系国家安全、国民经济命脉的重要行业和关键领域，主要承担专项重大任务的商业类国有企业。这些企业处于特殊行业（包括垄断行业）、具有国家战略功能。可见，国有企业明分两大类，隐分三类。分类不仅是对集团公司这种一级企业进行分类，同时也应对二级企业甚至二级以下企业进行分类。分类的主体，原则上是谁出资的企业谁分类。分类只是基础、前提和手段，分类的目的在于应用，必须坚持"分类推进改革，分类调整发展，分类实施监管，分类定责考核"的原则。

同时，国企改革也应分层推进。经过40年的改革，在对国计民生影响不大的竞争领域，中小国有企业绝大多数已经改革到位，目前需要改革的很多是特殊行业、关键领域的国有企业或者是大型、特大型国有企业。一方面，这些大型国企，从集团层面看往往对国家、社会、民众或产业安全、经济安全有一定的或较大的影响。另一方面，这些大型国企往往是相关多元化发展，其旗下分、子公司往往分布在不同领域，有很不相同的功能定位及相应的分类。因此，各个层次改革推进的态度与力度、方向与重点、任务与措施、方式与方法等，都应该有所不同。

（六）积极稳妥试点先行，是国企改革的基本策略

改革必须充分考虑历史背景和时代特点。经过改革开放40年的发展，我国发展已经到了新时代新阶段，社会主要矛盾已经转化为"人民日益增长的美好生活需要与不平衡不充分的发展之间的矛盾"，开启了新征程新希望。当前，我国经济发展已由高速增长阶段转向高质量发展阶段，正处在转变发展方式、优化经济结构、提升发展品质、转换增长动力的攻关期。由于近40年生产力的极大发展，温饱问题已经解决，短缺经济时代已经过去，全面产能过剩成为新常态，供给侧结构性改革是主线，调结构、转方式、稳增长是重点，提质增效是目标，也是难点。

当前，国有企业发展改革的紧迫性越来越凸显，在激烈的国内外市场竞

争中，国有企业不改革只有死路一条；但改革需要成本，企业效益下行，使改革难度加大。从社会发展看，价值观的多元化，使人的动力机制发生改变；利益的多元化，形成了既得利益格局，改革的本质就是利益格局的再调整、利益的再分配，要冲破利益藩篱，动别人手中的奶酪，增加了改革难度；媒体的多元化，特别是进入自媒体时代后，统一思想认识难度加大。从本轮改革自身特点看，过去几十年容易改的都改革了，剩下的基本都是难啃的硬骨头。在这种时代背景下，国企深化改革总体策略应该是"态度积极、坚决，操作谨慎、稳妥；要顶层设计与摸着石头过河相结合；要重点突破与整体推进相结合"。看准的、条件成熟的，就大胆试、大胆闯，全面推进；看不准的、条件不成熟的，就试点先行，先摸索经验，探索前进。国企改革不能刮风、一哄而起搞运动，更不能搞速度攀比，作政治秀，应按照党中央的统一部署和国家的顶层设计指引，充分发挥基层的首创精神，扎实向前推进，务求取得实效，促进国有资产保值增值、国有资本做强做优做大，培育具有全球竞争力的世界一流企业。

国有企业改革篇

　　国有企业改革几乎伴随着改革开放的全过程，从放权让利到承包经营责任制，从股份制试点到建立现代企业制度，从经济战略性调整到国有资产管理体制改革，中国国有企业改革逐步深入，由浅入深、由表及里，进行根本性的调整与完善。新时代，国有企业改革依据总体思路和战略部署，分层实施、步步为营。从混合所有制改革、法人治理、现代企业制度、产权制度改革到员工持股、股权激励等一系列改革路径探索，初步取得了激活士气、盘活资产、保值增值、完善管理的效果。

B.2
发展混合所有制经济

彭建国　丁　磊[*]

摘　要： 产权结构是公司治理和企业机制的基础，有什么样的产权结构，就会有什么样的治理结构和企业机制。党的十八届三中全会决定把发展混合所有制经济作为全面深化改革的关键一招，混合所有制改革是完善基本经济制度的牛鼻子，是当前深化国有企业改革的重要突破口和主要内容，也是当前各方面最为关注、认识上差异最大的热点问题。比如，何谓"混"、为何"混"、"混"向哪、谁能"混"、跟谁"混"、谁"混"谁、如何"混"、"混"的神经、"混"后运行、"混"的风险等。本文从发展混合所有制经济的探索、概念内涵、基本依据和现实意义等角度分析"混改"的必要性，从发展混合所有制经济的目的、方向目标、分类与控制权、员工持股的视角来分析"混改"的推进形式与改革措施。

关键词： 产权结构　混合所有制　员工持股

　　国务院国资委研究中心发布的《2017 中国国企国资改革发展报告》指出，2018 年中央企业将稳步推进装备制造、煤炭、电力、通信、化工

---

* 彭建国，国务院国资委研究中心副主任，国务院国资委中央企业智库联盟副理事长兼秘书长，博士后导师，研究方向为国企改革；丁磊，硕士研究生，南京航天管理干部学院讲师，研究方向为国企改革、智库建设等。

等领域的战略性重组，推进深化改革力度和中央企业混改进程。正确认识国企"混改"问题，最重要的是准确领会、全面把握十八届三中全会精神、十九大精神和十九届三中全会精神要领，把深化国企改革与学习贯彻习近平新时代中国特色社会主义思想紧密结合起来，推动混改稳妥健康快速发展。

一　发展混合所有制经济的探索及概念内涵

混合所有制经济，不是一个新事物，早在 20 世纪 30 年代，为应对1929～1933 年资本主义世界的大危机，西方国家通过国有化开始了"混合经济"改革的先河，"凯恩斯主义"就是利用"有形的手"（政府行政干预），对社会经济生活进行了重大调整，实行了"国有化"改革，建立了"公营"企业作为其对市场失灵的调控工具。二战以后，西方国家推行"福利国家""人民资本主义""员工持股计划"等政策，出现了不少"公私合伙"或"国家参股（甚至控股）"的企业，在事实上形成了西方社会的混合所有制经济的一部分，缓解了资本主义社会的基本矛盾，促进了社会生产力的发展，铸就了资本主义的"黄金时期"。

（一）中国共产党对混合所有制经济的探索

混合所有制经济是经济发展的一种工具，是公有制和基本经济制度的一种实现形式。从 20 世纪 80 年代开始，党领导的改革实践，就开始以股份制改造为典型形式进行混改实践，我国最早在 1993 年党的十四大报告中就提出了"财产混合所有"的概念，探索经济制度的有效实现形式，后来在理论和实践上逐步完善发展。党的十八届三中全会《中共中央关于全面深化改革若干重大问题的决定》（简称《决定》）对发展混合所有制经济的论断，是党对以往有关论断的继承和发展，是我国改革发展实践和认识成果的进一步深化。具体混合所有制经济的探索如表1 所示。

表1　中国共产党对混合所有制经济的探索历程

时间	会议/决议文件	决议内容
1993 年 11 月	党的十四届三中全会通过《中共中央关于建立社会主义市场经济体制若干问题的决定》	提出"随着产权的流动和重组,财产混合所有的经济单位越来越多,将会形成新的财产所有结构"
1997 年	党的十五大报告	提出"公有制实现形式可以而且应当多样化","要努力寻找能够极大促进生产力发展的公有制实现形式。股份制是现代企业的一种资本组织形式,有利于所有权和经营权的分离,有利于提高企业和资本的运作效率,资本主义可以用,社会主义也可以用","要全面认识公有制经济的含义。公有制经济不仅包括国有经济和集体经济,还包括混合所有制经济中的国有成分和集体成分"
1999 年	党的十五届四中全会	指出"国有大中型企业尤其是优势企业,宜于实行股份制的,要通过规范上市、中外合资和企业相互参股等形式,改为股份制企业,发展混合所有制经济"
2002 年	党的十六大报告	提出"除极少数必须由国家独资经营的企业外,积极推行股份制,发展混合所有制经济。实行投资主体多元化,重要的企业由国家控股"
2003 年 10 月	党的十六届三中全会通过《中共中央关于完善社会主义市场经济体制若干问题的决定》	提出"要适应经济市场化不断发展的趋势,进一步增强公有制经济的活力,大力发展国有资本、集体资本和非公有资本等参股的混合所有制经济,实现投资主体多元化,使股份制成为公有制的主要实现形式"
2013 年 11 月	党的十八届三中全会《中共中央关于全面深化改革若干重大问题的决定》	对发展混合所有制经济作用和意义的论断,是我们党以往有关论断的继承和发展,是我国改革发展实践和认识成果的进一步深化。《决定》提出:"积极发展混合所有制经济,国有资本、集体资本、非公有资本等交叉持股、相互融合的混合所有制经济,是基本经济制度的重要实现形式,有利于国有资本放大功能、保值增值、提高竞争力,有利于各种所有制资本取长补短、相互促进、共同发展。允许更多国有经济和其他所有制经济发展成为混合所有制经济。国有资本投资项目允许非国有资本参股。允许混合所有制经济实行企业员工持股,形成资本所有者和劳动者利益共同体。"
2017 年 10 月	党的十九大	提出"深化国有企业改革,发展混合所有制经济,培育具有全球竞争力的世界一流企业"

（二）党的十八届三中全会关于积极发展混合所有制的概念内涵

党的十八届三中全会提出的混合所有制经济主要指整个国民经济中既有公

有制经济成分，也有非公有制经济成分，是国有经济与非国有经济的混合体，在单个企业层面也指其有多个投资主体。混合所有制的本质特征是多元多类，混合所有制企业是多元投资、交叉持股、融合发展，是多种类型经济的并存。股份制与混合所有制并不是完全等同的，是相互交叉的。股份制可能是混合所有制，也可能不是混合所有制；混合所有制可能是股份制，也可能不是股份制。

党的十八届三中全会提出了发展混合所有制经济的"三个允许""两个鼓励"政策，即允许更多国有经济和其他所有制经济发展成为混合所有制经济，国有资本投资项目允许非国有资本参股；允许混合所有制企业实行员工持股，形成资本所有者和劳动者利益共同体；鼓励非公有制企业参与国有企业改革，鼓励发展非公有资本控股的混合所有制企业，取得三个重大创新突破，如表2所示。

表2 党的十八届三中全会强调发展混合所有制经济的三个重大突破

	具体内容
突破一	把混合所有制上升到基本经济制度的重要实现形式,此前的提法是"股份制是公有制的主要实现形式"
突破二	允许企业职工持股,不仅是资本和资本的结合,还是资本和劳动的结合,允许混合所有制经济实行企业员工持股,形成资本所有者和劳动所有者利益共同体
突破三	鼓励发展非公有资本控股的混合所有制企业,以往强调的都是公有资本与非公有资本参股的混合所有制,这次强调非公有资本也可以控股。这些论述是对混合所有制理论的新发展

二 发展混合所有制经济的基本依据与现实意义

（一）发展混合所有制经济的基本依据

国有企业发展混合所有制经济才能够真正建立起正常运转的市场经济秩序，既有现实需要，也有其充分的理论依据。发展混合所有制经济须贯彻"利益驱动，公平竞争"的市场经济原则，现代企业制度的基本特点和理论依据是"两权分离，委托代理"，企业主体分为资产所有者和经营管理者，企业所有者即真正的市场主体，是企业盈利或亏损的承担者，负盈亏责任，但没有具体实际运作权；企业经营者往往是市场主体的代表，即职业经理人团体，有具体实际运作权，但不承担利益或亏损。在市场经济中理想模式是所有者利益最大化（股东权益最大化），实际操作中往往是经营者利益最大化，这就是现代企业实际运行中存在的矛盾。国有企业的基本特点是"委托代理链条长、国有股一股独大、原始的第一委托人虚位"，单一的国有产权常常造成"产权有效激励难以到位，公司有效治理难以到位，出资人有效监管难以到位"。因此，国有企业改革立足问题，深化革新，其基本方向必须是"总体上改变国有独资格局，建立以产权多元化为基础的现代企业制度，使混合所有制经济成为基本经济制度的重要实现形式"。

比如，中粮集团和中国南车集团以"战略引领"为导向推进混改进程，即在国际上实行"走出去"战略，与国际上行业巨头混合，从而变竞争者为合作者；在国内为实现相关有限多元战略，与有技术优势的成长型企业混合，从而充分发挥品牌效应。这种做法值得肯定借鉴。企业混合所有制改革与企业发展战略紧密结合，以改革促转型、促发展，达到用混合所有制来壮大国有企业实力与竞争力的目的。

（二）发展混合所有制经济的现实意义

混合所有制经济是我国基本经济制度的重要实现形式，有利于企业产权多元化发展。发展混合所有制经济可以实现公有制为主体、多种所有制经济共同发展；发展混合所有制经济可以克服国有独资企业普遍存在的"政企不分、机制不活、体制僵化、效率不高、易发腐败"等弊端。混合所有制经济的本质特征是产权多元化，国有企业通过发展混合所有制经济，可以放大国有资本功能，可以更好地发挥国有经济的主导作用。积极发展混合所有制经济可以实现国民共进，国有经济与民营经济相互依存、共同发展，主要通过"深层次参股融合，产业链互补衔接，广泛性市场拓展"三种途径改革。在混合所有制经济中，通过企业运作，国有资本与民有资本形成一个有机的整体，国有经济与民营经济有机融合，把国有企业和民营企业的优势很好地结合起来，实现取长补短、扬长避短、优势互补、互利共赢。

比如，作为第一批混合所有制改革试点企业的东航物流，成功引入诸如普洛斯、德邦快递等外资和民营资本，普洛斯、德邦快递等外资和中高级管理人员、核心业务骨干等员工持股比例达25%，外资、民资股东分别推荐一名董事进入董事会，企业迅速完成授权管理、行政议事、分类考核等内部机制改革，并与民资及外资股东实现了战略资源的有效链接，通过整合利用资源、创新合作模式等方式，实现了业务转型及高效协作，打通了航空物流全产业链，提升了企业的产业整合能力、经营能力和可持续发展能力。2017年，完成营业收入77.51亿元，较2016年同期增长31.7%，利润总额增长72.8%，净资产回报率为53.25%，远高于世界一流航空物流企业15%净资产回报率的平均水平。

三 发展混合所有制经济的主要目的及方向目标

（一）发展混合所有制经济的主要目的

发展混合所有制经济是中国特色社会主义的重要组成部分，是党决定的改革大方向，必须坚定不移地向前推进。发展混合所有制经济的目的在于"转换机制、放大功能、国民共进"，促进市场主体做大做强。具体如表3所示。

表3　发展混合所有制经济的主要目的

	具体内容
转换机制	转换国有企业经营机制,增强国有经济活力。混合所有制改革在于转变国企产权结构一元化、政企不分、法人治理结构不健全、内部激励约束机制缺失的难题,以产权多元化、多类化为特征的混改是转换国有企业机制、增强活力、提高竞争力的产权基础和根本路径
放大功能	放大国有资本功能,增强国有经济的控制力和影响力。改革40年来国有经济总体所占比重大大下降,只有通过发展混合所有制经济,特别是发展国有控股的混合,来放大国有资本功能,确保主体地位和主导作用,增强控制力和影响力
国民共进	国有经济和民营经济优势互补,实现国有经济和民营经济共同发展。国有经济优势在于追求社会效益、承担社会责任,资本实力雄厚,技术力量较强,运作程序规范,管理严格。民营经济优势在于产权清晰、市场反应灵敏、经营灵活、自我调适快、积极性高、竞争力强。二者优势互补的途径是发展混合所有制经济,实现国有和非国有不同所有制的优势嫁接,二者混合发展有利于增强国有经济的"三力",发展壮大国有经济,实现国民共进,促进国民经济持续稳定发展,尽快实现中国梦

例如中国联通混合所有制试点改革，引入包括腾讯、百度、阿里、京东等民资在内的 14 家战略投资者，中国联通集团持股比例由 62.7% 降至 36.7%。随着非公有资本的进入，中国联通自上而下开展"瘦身健体"和精简机构，集团公司管理职能人员编制减少 51.3%，31 个省级分公司压减机构 205 个，集团二级机构正副职退出 14 人，省级分公司中层干部受聘平均退出率 15%，实现了组织扁平高效、资源内耗大幅减少。同时，中国联通向 7800 余名核心员工授予占总股 2.7% 的限制性股票，实现了核心骨干人员的稳定，调动了最核心要素的积极性。

（二）发展混合所有制经济的方向目标

根据党的十八届三中全会决议和党的十九大精神，深化经济体制改革和产业结构调整，要使混合所有制经济成为基本经济制度的重要实现形式，通过"引资、引智、引才"，来增强国有经济的活力、控制力和影响力，促进国有资本做强做优做大，培育具有全球竞争力的世界一流企业，这是混改的基本方向和目标。

国企混改的具体目标有四个，具体如表 4 所示。

表 4　国有企业混合所有制改革的具体目标与方向

序号	具体目标与方向
1	除少数企业必须保持国有独资外,绝大部分企业逐步发展成混合所有制企业,其中国有控股混合所有制经济占绝大多数
2	在国有控股的混合所有制企业逐步降低国有股权比重,使股权结构更加合理,更好地放大国有资本功能
3	国有企业经营机制得到进一步转换,现代企业制度更加完善
4	国有经济结构布局更加优化,国有经济的活力和竞争力、控制力和影响力进一步增强。通过发展混合所有制经济,国有经济与民营经济资源整合、优势互补,增大企业规模实力,增强科技创新能力,搞活经营机制,变优品牌信誉,持续增强企业的核心竞争力

例如，分步骤推进混合所有制改革的中信集团，2011 年以集团 90% 以上的核心资产发起设立中信股份，2014 年通过借壳集团旗下公司中信泰富实现在香港上市，同时引入包括淡马锡、泰国正大集团、卡塔尔投资局等境

外机构和腾讯、泛海、雅戈尔等国内知名民营企业作为战略投资者；2015年，中信股份继续向泰国正大集团、雅戈尔进行股权转让，继续扩大战略投资者"股比"，深化混合所有制改革，持续完善多元制衡的公司治理机制，实现了与战略投资者在金融、制造、房地产、信息技术等多领域的协同共赢，提升了中信的品牌价值和核心竞争力，成为国有企业混合所有制改革成功的典范。

四　混合所有制改革的分类与控制权

（一）混合所有制改革的分类

混合所有制是基本经济制度的重要形式，绝大部分国有企业将来都可以进行混改，利用"外资企业、民营企业、社会资本（基金）、自然人资本（主要是员工持股）"的技术优势、管理优势、品牌优势及营销网络优势发展壮大。但是，混改必须有底线、有红线，国家必须制定统一的、相对清晰的路线规划图，不仅要从垄断与竞争的角度来考虑，更要考虑国有资产的流失问题，哪些能混、哪些不能混给出明确规划分类。比如，电网、石油天然气管网、铁路网、通信线路网、银行等领域的垄断性企业，凭借其垄断地位获得的垄断超额利润，应该归国家所有，如果流到非国有集团或个人手中，会造成国有资产流失，加剧社会不公平。所以，自然垄断性领域最好先不要搞混合所有制，应按照"政企分开、政资分开、特许经营、政府监管"的方针进行改革，保持国有独资或绝对控股经营。不属于自然垄断的行政垄断性领域，如加油站、银行等，应该先破除行政垄断再搞混合制改革，对于关系国计民生的一些重要领域需坚持"先破垄后混改"，制定混改分类清单与负面清单，对一些关键领域应该禁止、缓行或者谨慎操作混改，并严格执行，具体分类如表5所示。

目前中央企业基本属于混改禁止、缓行或者谨慎操作企业，在集团公司层面一般不应该搞混合所有制，至少在现阶段先不要搞混改，待先行先试之

表5　混合所有制改革的分类

序号	领域	涉及行业	企业形式
1	关系社会经济发展的重要公共服务设施	重要机场、火车站、重要港口、重要水源工程等公共基础设施、重要通信设施、重要基建设施、基本公共服务设施等	应采取国有独资或控股形式
2	关系生态安全的自然资源领域	重要的水资源、森林资源、野生生物资源、战略性矿产资源等领域	应实行国有独资或国有控股
3	关系国家安全的国防军工等特殊产业	涉及国家战略安全的战略武器总体、核等特殊敏感领域，涉及系统复杂的主要装备总体和关键分系统领域	实行国有独资或国有控股
4	关系国家创新能力的重要前瞻性战略性产业	关键航天器制造、核电、风洞等重要公共技术平台、气象测绘水文等基础数据采集利用、必须控制的重要装备和核心技术等	实行国有独资或国有控股
5	政策性业务强、承担特殊功能的领域	关系国家粮食安全的粮食储备企业，关系棉花安全的棉花储备企业，作为特殊行业的烟草企业	应保持国有独资
6	国有资本投资公司或国有资本运营公司	国有资本投资公司，通过实业投资和产业运营，能更好地控制关系国家安全和国家经济命脉的战略性产业发展，实现国有经济的控制功能和导向功能；利用国有资本运营公司，通过股权管理和有进有退的资本运作，可以更好地调整和优化国有经济结构布局	实行国有独资或国有控股

后再考虑。如果要搞，可以先搞试点先摸索，采取集团公司整体上市或主要二级单位分批上市的形式，但上市公司股东除了大量散户外应该全部是国有企业。按照党的十八届三中全会和十九届三中全会决定精神，有3种类型的中央企业可以搞混改、员工持股和上市改制。具体分类如表6所示。

表6　不同类型企业采取的混改形式

序号	混改形式	企业类型
1	国有资本投资公司	目前国资委监管的绝大部分中央企业可以改组为国有资本投资公司，进行有限责任公司与现代产权改制
2	国有资本运营公司	目前财政部监管的金融企业、信托企业、基金企业，基本上都可以改组为国有资本运营公司
3	功能性实业公司	中央企业包括文资类、科技类等通过整合可以改组为集团型企业，目前国资委监管的一些中央企业保留或重组为功能类实业公司，目前国家有关部门管理的一些科研单位、新闻机构、医院、高校等经脱钩转企后可以调整重组为功能类实业公司

（二）混合所有制改革的控制权

国有企业混合所有制改革中是否保持国有企业的控股地位，要根据集团公司业务板块功能定位来决定。总体原则是"对于关系国家安全和经济命脉的企业，国有资本应该绝对控股，牢牢掌握控制权；对于前瞻性、战略导向性的企业，国有资本可以相对控股；其他类型企业国有资本可以控股、参股甚至退出，控股情况完全取决于企业的市场行为。对于完全市场竞争的国有企业，国家不作控股硬性要求规定，不设置国有股权比例限制，完全由企业根据自己的发展战略和实际情况来决定。对于国有经济参股的混合所有制企业应该严格控制，使竞争性国有企业多数采取国有控股形式，相对掌握控股权"。

发展混合所有制的目的是放大国有资本功能、扩大国有资本支配能力、提高国有企业竞争力、增强国有资本的控制力和影响力。国有企业混改是双向的市场经济行为，可以是非公资本进入国企混改，也可以是国有企业主动加入非公企业中，主动去混合非公经济，去参股或控股非公企业。所以，竞争领域的国有企业混改要重点关注控股权，关键领域要保持国有经济的主体地位和主导作用。

五　混合所有制改革的形式与员工持股

（一）国企混改的形式

国企混改政策性强、社会关注度高，必须积极稳妥地向前推进。混改的推进方式因企施策、合理规划、协同推进，遵循"统筹设计、监管审批；企业主体、市场运作；分类指导、一企一策；试点先行、循序渐进；公开公平、规范操作"的混改原则。国有企业混合所有制改革要正确处理好协同配套、整体推进与先行先试、重点突破的关系，通过试点发现和解决问题，进一步完善顶层设计，通过试点取得可以复制的经验，逐步在面上推广，因地制宜、循序渐进地发展混合所有制经济。混合所有制改革的形式主要有股份制改造、企业上市、产权交易、引进投资、并购重组和新项目混合六种。详情见表7。

表7 国企混改的形式

混改形式	具体方式
股份制改造	国有企业进行股份制改造时,允许非公有资本参股。鼓励非国有投资主体通过出资入股,把国有独资企业改造为混合所有制企业
企业上市	通过股票市场来实现,企业可以整体上市,也可以分业务板块上市,根据企业的具体情况而定。对一般商业类的国有企业可以上市,具备条件的实现整体上市
产权交易	国有企业产权的出售、国有股权的退出,通过产权市场公开交易,这是一种比较规范、透明、公平的方式
引进投资	一类是产业型战略投资者所从事的业务一般与企业生产经营有较密切的关系,也较关注投资企业的生产经营,投入后一般没有退出的打算。另一类是股权投资基金等财务型战略投资者,主要关注资本运作,通常企业上市后便逐步退出,当然也有较长期投资的股权基金。要积极推动国有资本与各类机构资本共同设立股权投资基金,规范运用有限合伙的组织形式,发展混合所有制经济
并购重组	既可以是国有企业并购非公企业,也可以是非公企业并购国有企业。非国有资本投资主体参与国有企业改制重组可以用货币出资,也可以用实物、知识产权、土地使用权等法律法规允许的方式出资
新项目混合	虽然存量方面也可以搞混合,但最好是增量混合,即新项目成立混合所有制的新公司,这样避免了存量产权的评估与交易环节,操作相对简单;不损害现有利益,混合目标明确,各方面容易达成共识;新公司新机制,便于市场化规范化运作

(二)国企混改中的员工持股问题

党的十八届三中全会《决定》提出,发展混合所有制经济、实行国企混改有利于国有资本放大功能、保值增值、提高竞争力,有利于各种所有制资本取长补短、相互促进、共同发展。同时,参照民营企业和外资企业管理运营模式,允许混合所有制企业试点施行员工持股与股权分红制度,实现资本与劳动的紧密结合,以充分调动企业员工积极性和主动性。混合所有制企业中的员工持股牵涉及国企的发展、员工切身利益、员工积极性、企业经营效率及国有资产的流失、社会公平正义等问题,需要统筹规划、顶层设计、

规范操作与系统实施。深化国企国资改革，推进混合所有制企业搞员工持股的基本标准与依据是"效率大提高，国资不流失，相对有公平"。所以，混改中员工持股必须试点先行、规范进行、合理推行，必须在国家层面有具体的政策规定和操作规程，企业层面有清楚路线，员工层面有清醒认知与认可方能积极推进。

员工持股可分为"投资型员工持股、激励型员工持股、福利型员工持股"三类（如表8所示）。搞投资型员工持股、激励型员工持股的企业，应该是完全竞争型企业。如科研业务板块，为了使一项新的研究成果产业化，由相关科研人员出现金占股，原企业以技术、设备及场地作价占大股，成立新公司，即为混合所有制中的员工持股类型。要鼓励人力资本和技术要素贡献占比较高的转制科研院所、高新技术企业引入员工持股。同时，员工持股应该有占比和红线，国有垄断行业、基础性行业、政策性业务强的行业企业建议暂缓搞员工持股。

表8 不同类型员工的持股范围

持股类型	持股范围
投资型员工持股	以投资新项目为基础,吸收来自内部员工资本或内外部资本相结合的新的混合所有制企业,小型企业、新设企业即增量适用此类
激励型员工持股	主要是激励企业高管和业务骨干,持股所占比重很小,但却是一个员工与企业可持续发展相关的"金手铐",对于大型企业、现有企业即存量,建议搞激励型员工持股
福利型员工持股	把持股当作福利分配给员工,往往是全员持股,这种类型的员工持股应该避免。员工持股一般应是增量持股,因为搞员工持股不是抢分现有蛋糕,而是共同做大新蛋糕

《关于国有控股混合所有制企业开展员工持股试点的意见》（国资发改革〔2016〕133号），对于国有控股混合所有制企业员工持股试点问题做出明确规定和要求，如进一步探索员工持股对象、员工持股企业范围、持股数量比例、持股方式、股权评估、持股批准程序、退出程序等的实践方式。正确处理好"国家与企业、企业与员工及员工内部之间的关系"，妥善处理关键岗位持股与人头持股，股权激励与持股分红、短期激励与长期激励、虚拟股票与实体持股、增值权与分红权等主要关系，试点探索后摸索经验、复制推广。

六　国企混改后的规范运行与风险管控

（一）国企混改后的规范运行

国企混改重在转换机制，混改后企业如何运转、如何运作运营，如何处理与出资人的关系即权责边界、管理权与控制权、企业产权关系、企业法人治理结构、企业监管、市场化的激励约束机制等，考验着混改的进程与力度。国有企业转变为混合所有制企业后，须实行国资分类监管和市场化督导。通常，国有控股混合企业可参照国有企业管理，国有参股混合企业主要是股权管理，即行使股东职责。国有经济不控股的混合所有制企业不能按照国有企业管理，但要研究切实监管到位的政策措施。混改后企业要健全"归属清晰、权责明确、保护严格、流转顺畅"的现代产权制度和规范化运行机制，依法保护混合所有制企业各类出资人的财产权益，健全严格的产权占有、使用、处分、收益及诉讼等保护制度。

混合所有制企业的法人治理结构要严格按照公司法依法治理，董事会、经理层、监事会、职代会等各司其职，规范运作，各投资主体依据出资比例行使话语权、监督权和表决权。同时，混合所有制企业内部经营机制要更加市场化、规范化，要追求企业利润最大化，同时兼顾社会效益；要实行职业经理人制度，高管市场化选聘，领导能上能下，员工能进能出；要建立健全市场化的激励机制与约束机制，薪酬收入与经营业绩紧密挂钩，落实经营绩效考核与追究机制。

（二）国企混改的风险管控

发展混合所有制经济是深化国企改革的热点和基本方向，也是调整经济结构和企业转型升级的重头戏。在发展混合所有制经济这个问题上，有不同的看法、不同的声音、不同的动机，需要综合考虑、统筹布局，全面加强风险管控。对国有企业混改必须先行先试，总结经验教训之后，再行大规模推

广普及，扎实做好混改风控工作、稳步推进，切忌刮混改风、一哄而上。国企混改要坚持基本经济制度，始终保持公有制经济的主体地位、国有经济的主导作用，要确保绝大多数混合所有制企业采取国有控股形式，防止国有资产流失。习总书记早就指出，不能在一片改革声浪中使国有资产流失，国有资产流失是混改最大的风险，必须要汲取第一轮国企改革特别是一些地方国有企业改革的教训，把国有资产低价格便宜卖掉甚至零价格送掉。

混改中国有资产流失风险主要可能发生在"三优"区域，即"优良企业、优良资产、优良业务线"，流失的管道主要可能发生在"资产评估、交易、运行"三个环节。资产评估机构在混改评估环节可能造成国有资产低估或减值；交易环节是否公开、公平、公正，是否阳光透明，是否存在形式上走程序而实际上暗箱操作等情况；运行环节可能存在同业竞争或关联交易而产生利益输送等，造成国有资产流失。

（三）混合所有制经济风险防范对策措施

建议实行"五统一"措施，即"统一整体规划，分步推进；统一政策标准，分企审批；统一操作程序，规范操作；统一红线清单，设立禁区；统一产权管理，强化监管"。混合所有制经济风险防范应该严格把控决策的正确程序，确保操作流程的依法合规、公正公平、阳光透明。要尽快建立健全发展混合所有制经济的相关法律法规和政策，建立工作协调机制，统筹做好顶层设计，从试点探索开始，因地因企制宜，积极有序地稳妥推进混合所有制改革。首先，企业股东会根据顶层设计和国家有关政策要求制定初步混改方案；其次，混改方案充分征求职工意见，需要经职代会通过；最后，混改方案需要报国有资产出资人代表机构审定批准。建立利益相关人员回避制度，利益相关人员不得参与混改方案的制定和组织实施工作，以防止关联交易和利益输送。同时，建立健全第三方监督机制，充分利用多层次的资本市场发现价格功能，在清产核资、财务审计、资产定价等方面引入第三方机构委托服务。国有企业应对混改可能存在的风险采取预防为主、制度先行、严格把关、综合治理的全方位管控措施，将风险管理思想应用到改革实践中。

B.3
完善现代企业制度

丁磊 周宇*

摘　要： 党的十四届三中全会明确提出，国企改革的基本方向是建立完善现代企业制度，规范市场化运营机制，逐步建立健全有中国特色的现代国有企业制度，落实市场主体的基础性作用。中国特色现代国有企业制度是国有企业发展道路、理论和制度的有机统一，是立足基本国情和社会主义发展阶段的关键探索，是中国特色社会主义经济制度的核心内容与集中体现。习近平总书记在2016年10月全国国有企业党的建设工作会议上提出，必须始终坚持党对国有企业的领导，建立完善现代企业制度是国有企业的改革方向和基本路径，要把加强党的领导、完善公司治理和明确产权制度统一起来，建设中国特色现代国有企业制度。完善现代企业制度必须理顺企业内外部关系、产权结构、法人治理与市场化机制，深化劳动制度、用人制度、激励制度、考核制度与管理制度改革，逐步调整和完善现代企业制度。

关键词： 现代企业制度　产权结构　法人治理　市场化改革

一　企业外部关系法制化

要完善社会主义市场经济体制，首要前提是培育合格的市场主体，即完

---

* 丁磊，硕士研究生，南京航天管理干部学院讲师，研究方向为国企改革、智库建设等；周宇，博士，东南大学经济管理学院讲师，长期从事风险管理、企业管理等方面的研究。

全独立的、真正的市场主体。国有企业多数是在计划经济体制下产生和成长起来的，国有企业与计划经济有天然的血缘关系，传统国有企业还不是真正意义上的市场主体，而是政府的附属物，某种程度上属于准政府性质的组织，在计划经济条件下如鱼得水，不需要改革。随着我国经济体制由计划经济转向市场经济，国有企业必须进行相应的改革。随着经济体制改革向市场经济方向不断推进，国有企业如果不及时进行市场化改革，就会越来越困难，越来越被动，不改革最后只有死路一条。因此，深化国有企业改革与转型升级，必须推进国有企业深度融入市场，成为真正的市场经济主体。

国有企业要成为真正的市场经济主体，首先必须理顺国有企业的内外部关系，特别是与政府的关系、与出资人的关系，使其成为完全独立的市场主体，这也是企业商业化的过程。国有企业要成为完全独立的市场主体，前提条件是三个分开原则，即政企分开、政资分开、所有权与经营权分开原则。处理企业外部关系，即与政府、与出资人的关系，关键是法制化，政府、出资人和企业均依法定位。政府行使的是公共管理权力，政府所制定的产业政策、税收政策、信贷政策、科技政策及工商行政管理等，对所有企业应一视同仁。政府不直接管理国有企业，而是由专门成立的不在政府序列里面的特色机构——国有资产出资人代表机构来监管国有企业，否则就会出现政府既当规则制定者兼裁判又当运动员的现象。出资人代表机构依法监管，既不能缺位，也不能越位和错位。企业要成为完全独立的市场主体，即自主经营、自负盈亏、自担风险、自我约束、自我发展的"五自主体"。政府不再干预企业生产经营，企业也不再承担政府的办社会职能。

二 企业产权结构多元化

我国国有企业是按 1988 年 4 月 13 日七届人大一次会议通过的《中华人民共和国全民所有制工业企业法》来组织开展实施经济主体活动的。1993年 12 月 29 日第八届全国人大常委会第五次会议审议并通过了《中华人民共和国公司法》（简称《公司法》），后来于 1999 年、2004 年、2005 年多次修正，现行版本由全国人民代表大会常务委员会于 2013 年 12 月 28 日发布。自 1993 年《公司法》颁布实施后，绝大多数国有企业进行了公司制改造，只有多数中央企业集团层面和少数国有企业还没有进行公司制改造。按《中华人民共和国全民所有制工业企业法》来组织的国有企业，难以建成真正的现代企业制度。为建立现代企业制度，必须进行公司制改造、发展混合所有制和实现企业产权结构多元化。

企业股权结构决定着公司治理的基础、公司治理的模式、公司治理的原则、股东结构、股权集中程度、大股东身份、股东行使权利的方式和效果等，决定了不同环境下公司治理要实现的总体目标。公司治理是公司股权结构的具体化，有什么样的股权结构，就需要什么样的公司治理来使这种结构下股东和其他利益相关者的利益得到保护。产权结构是公司治理结构和企业运行机制的基础，有什么样的产权结构，就会有什么样的治理结构及其运行机制，因此，对于单一产权结构的国有企业，要建立完善现代企业制度，必须通过股份制改造和发展混合所有制经济进行产权多元化。

三　企业法人治理规范化

公司治理是现代企业制度建设的核心，完善现代企业治理机制对深化国有企业改革、经济结构调整、企业转型升级、转换经营机制、激发市场活力、增强竞争力、强化市场经济主体地位具有重要意义。1932 年，美国哥伦比亚大学的伯利和明斯两位教授在《现代公司与私人财产权》中首次提出"企业所有权与经营权的分离"，在此基础上产生了委托代理理论。詹森和麦克林认为"代理成本"是企业所有权结构的决定因素。信息不对称存在于股东与董事会之间的委托代理关系，即小股东与大股东之间信息不对称；董事会与经理层之间的委托代理关系，即董事和管理层之间信息不对称；母、子公司（包括高层经理与下级经理）之间的委托代理关系，即层级信息不对称。这需要完善企业公司治理制度以预防、监督、控制公司运作风险，激励经营者创造业绩，实现所有者利益最大化，解决权力的监督与

制衡。

新中国成立以后，我国国有企业管理体制经过四次重大变革和调整。

（1）行政管理替代公司治理阶段。改革开放前的传统计划经济时期，各级政府是通过一系列中间管理层次对国有企业实行具体管理，由政府完全掌握企业的剩余索取权和控制权的高度集权制，国有企业是行政机构的附属物，完全按照政府下达的指令性计划组织生产，企业人、财、物和产、供、销完全由政府决定。这种体制保证了国民经济的尽快恢复和发展，保持社会稳定。

（2）"内部人"主导治理阶段。党的十一届三中全会以来，我国国有企业开始以"扩大企业自主权、简政放权、减税让利，政府向企业分权"迈出改革的步伐。党的十二届三中全会审议通过了《中共中央关于经济体制改革的决定》，提出要探索在所有权与经营权适当分离的条件下，搞好国有企业的多种经营方式，在推行股份制试点的同时，将开始于农村的家庭联产承包责任制向国有大中型企业推广，并于1988年4月颁布《中华人民共和国全民所有制企业法》，施行厂长（经理）负责制。

（3）公司治理起步阶段。1993年《宪法》确立我国社会主义市场经济地位，同年，党的十四届三中全会提出，把建立"产权清晰、权责明确、政企分开、管理科学"的现代企业制度作为国有企业改革的基本方向，并提出了"法人财产权"的概念。国有企业由单纯地对行政主管部门负责，转向对出资人、债权人、市场和其他利益相关者负责，由"厂长经理负责制"的"一把手"体制机制向建立符合市场经济体制要求的现代公司治理结构转变。

（4）公司治理实质性建设阶段。2003年，第十届全国人民代表大会第一次会议通过了国务院机构改革方案，在中央政府和省、地（市）人民政府设立国有资产监督管理机构，分别代表国家行使出资人职责，实现政企分开、政资分开、所有权与经营权分开。

2004年以来国资委为建立规范的现代企业制度和企业公司治理机制，重点推行中央企业董事会试点工作。宝钢集团、中国诚通、神华集团、中国国旅、国药集团、中国铁通 6 家央企成为首批试点单位，拉开了中央企业董事会试点工作的序幕，此后经过 10 多年探索与实践，目前绝大多数中央企业已完成了规范化的董事会试点工作。截至 2017 年，全级次中央企业法人改制面已达到 92%，国务院国资委监管的 96 家中央企业，已有 83 家建立了规范的董事会，占比为 86.5%。但从整体上看中央企业董事会建设不到位，企业董事来源较为单一，内外部董事选聘局限性大，激励机制不到位，对董事的管理、监督、评价、联系等不到位，需要全面推进规范董事会建设，加强和改进对董事特别是外部董事管理监督工作，加强专职外部董事队伍建设，落实董事会职权试点和任职指导标准。

总之，国有企业的公司治理主要是"形"与"神"的问题，即"形似神非"。应该说，国有企业经过公司制改造后，形式上看公司治理结构是最完备的，治理主体要什么有什么，国外有的我国都有，国外没有的我国也有，如股东会、董事会、监事会、经理层、企业党组织、工会、职代会七方会谈。完善公司法人治理结构要坚持发挥党组织的领导核心和政治核心作用，要充分发挥董事会的决策作用、监事会的监督作用、经理层的经营管理作用和工会、职工代表大会的参与作用，相关方各司其职、有效制衡，形成"权责对等、协调运转、有效制衡"的决策执行监督机制。改革过程中需重点解决好、处理好董事会、监事会、经理层、企业党组织这四个主要治理主体之间的职责权限与相互关系；要突出企业党组织的"两个核心"作用；妥善处理董事会内部规范决策的问题，要健全决策机制，充分发挥外部董事的作用，做到民主决策科学决策；同时，推广职业经理人制度，充分发挥经理层的执行任用。

四 企业内部机制市场化

转换企业内部经营机制，加强企业内部三项制度的改革。在全国推广"破三铁"（砸掉铁饭碗、铁工资、铁交椅）经验。"破三铁"实质就是企业内部三项制度改革，主要内容是劳动用工能进能出、干部使用能上能下、

薪酬收入能增能减,即"三能制度"改革。总体看,目前现状是,企业层级越高,如央企集团公司和一些二级企业,企业"三铁"越"铁";企业层级越低,如央企三、四级企业,"三铁"破得越好,用工、用人和薪酬越市场化。

(一)深化劳动用工制度改革"企业人员能进能出"

当前国有企业劳动用工制度的最大特点是新"双轨制",以编制为核心限制,分为体制内劳动者和体制外劳动者,有正式编制的为正式工,没有编制的为合同工、劳务工、劳务派遣工、临时工、借调工、外包用工、国际雇佣制用工等多样化的用工形式。新"双轨制"造成不同类型员工在薪酬福利、职业发展、政治权利、培训机会等方面的巨大差异,同工不同酬,提拔和升迁的机会亦有很大不同,体制内员工一般没有淘汰失业的风险,抱着铁饭碗混日子,严重违反了我国劳动用工的最基本原则。

国有企业劳动用工制度改革的关键,是解决"能进不能出"的问题,是如何用市场化竞争机制来替代固有的铁饭碗机制问题。具体改革措施如下。

(1)解决用工"双轨制"问题是前提。根据目前的发展状况,有两种可能的途径完成现有体制内员工的身份转换,从固定编制走向市场化用工。第一,"老人老办法,新人新办法",从增量上废除编制,实现全员市场化用工管理。对于现有的员工存量保留其编制,直到其退休自然流出企业;规定一个开始时间取消编制,再进入企业的新人一律按照市场化合同管理,不存在原来所谓的正式工和合同工的区别,适用相同的考核评价机制,优胜劣汰,奖惩分明,统一管理。对于保留编制的"老人",也需严格进行岗位管理,将其配置到适当的岗位上,采取多种约束和激励机制确保其发挥作用。第二,对"老人"进行利益结算,同过往付出进行一次较彻底的货币化结算,与"新人"统一市场化管理。对于老员工来说,通过对"老人"应得利益进行结算,采取分次补贴或一次性买断等方式进行经济补偿,彻底打破老员工的"铁饭碗"思想障碍。

（2）进行劳动用工制度改革，按照人力资源管理办法与市场化用工原则开展工作，建立健全以合同管理为核心、以岗位管理为基础的用工制度。

健全完善合同管理制度，畅通员工进出机制。合同管理是市场化用工管理制度的核心，也是国有企业用工制度改革过程的重中之重。建立健全劳动合同管理制度，完善管理手段，依法做好劳动合同变更、续订、终止、解除等各项工作，对劳动合同实行动态管理。合同管理带来全员聘用制，用人单位对聘期内员工的绩效实施年度考核，根据绩效结果决定员工的续聘和解聘。根据劳动合同和绩效考核的结果，建立员工退出制度，打开出口，畅通员工退出通道，员工能进能出。

完善岗位管理制度，优化员工队伍结构。岗位管理是市场化用工制度的基础，要严格定岗定编定员，以岗位管理为核心优化劳动组织结构，根据公司生产经营需要和组织的职能职责科学设置岗位，依据战略发展规划和年度生产经营目标对岗位进行分析，测定岗位工作量，合理确定年度"三定方案"，严格控制人员增长，减员增效，不断改善人员的结构和素质。实行岗位准入制度，明确各类岗位人员的聘用条件，把好人员入口关。加强敏感岗位管理，尽量做到领导人员亲属回避和工作人员定期轮换。通过组织调整、管理提升、信息化工具应用等方式，减少管理层级，简化管理程序，削减管理职数，合理化薪酬分配制度，把管理人员向一线导入，实现单位内部员工队伍结构的合理优化配置。

推进市场化公开招聘制度，构建人才培养体系。制定关于开展市场化选聘、人才培养、激励机制和管理国有企业经营管理人员管理办法，建立健全公开招聘、择优聘用、竞争上岗、轮岗培训、考核激励、创新创业、因事用人等制度，对特殊人才和管理人员采取人才引进、定向推荐等方式，拓宽选人用人的规模、视野和渠道。通过制度手段和内外部监督切实保证招聘工作的公开公正。严把市场公开招聘关，真正引进符合岗位需要的高素质优秀人才。

（二）深化干部人事制度改革"企业干部能上能下"

国有企业领导人员按照不同的划分标准，实际上可以分为"三条线"

"两种身份""两个层级"。"三条线"分别是上级党组织委派的党组织领导班子、国资委委派的国资代表（董事会成员）和经理层人员；"两种身份"包括党和国家干部的"体制内"人员和市场化选聘的"体制外"人员；"两个层级"是指决策层（董事会人员）和执行层（经理层）。这"三条线""两种身份""两个层级"代表的利益方、承担的职责有很大不同。其中，上级党组织和上级国资监管机构在具体定位上是基本一致的，即上级国资委的党委。这三种类型的领导人员目前呈现交叉任职、高度重合的状态，这使得国有企业领导人员的分层管理、分类授权的管理体制具有现实复杂性和高度挑战性。

从国企身份看，我国并未有明文规定国企管理层的行政级别，国企管理层也未明确被规定属于公务员之列，但中组部、国资委对国企管理层的直接任命，对国企高管薪酬的管控，以及国企高管有形、无形的政治待遇，使得国有企业领导人员在身份上成为"党和国家的领导干部"，具有行政级别，并在某种程度上仿照政府官员按级别享受相关待遇。同时，这种潜在的或者隐形的准公务员身份，使国企领导人员（企业干部）很大程度地存在能上不能下现象。完善现代企业制度，必须对国有企业干部人事制度进行深化改革。

（1）分类管控分层管理。传统的干部人事制度与现代公司治理之间的不协调使得健全法人治理结构的工作并不顺利，必须打破对国有企业领导人员的集中统一管理，按照现代企业制度和公司治理原则来划分管理层次和管理类别，从而实现对企业领导人员的有效管控。根据现代企业制度要求和企业领导人员在公司中职能定位的不同，对出资人代表和党组织负责人，可以参照公务员的管理方法，实行委任制或选任制，给予与干部等级相匹配的薪酬；而对经营管理者，可参照国际惯例，在商业类国有企业逐渐全面推行聘用制，并给予市场化的薪酬。

（2）推行职业经理人制度。扩大选人用人渠道和视野，合理增加市场化选聘比例和规模，推行职业经理人制度建设。同时，为避免职业经理人队伍固化和标签化，进一步激发企业内部经营管理者队伍活力，实行内部培养和外部引进相结合，推进职业经理人队伍建设。其中，可先在商业类国有企业对新选任的企业经理层人员（包括总经理在内）进行市场化招聘试点，原则上可以实行全员市场化选聘；公益类国有企业应逐步提高企业经理层人员的市场化选聘比例。另外，现有企业经营管理者与职业经理人在身份管理、任命方式、考核评价、退出机制、薪酬待遇等方面存在诸多显性与隐性的差异，需要积极畅通转换渠道，促进其市场化、职业化发展。国有企业职业经理人选聘必须确保其具有良好的政治素养和职业操守，具有大局意识和看齐意识，同时，能够达到职业道德和专业规范的要求，具有高超的专业技能、丰富的管理经验，拥有成熟的职业心态和职场能力，能较好地把工作热情和务实作风结合起来。区别于企业所有者阶层，职业经理人作为受薪"新兴中产阶层"，通过自己的管理经验与技能参与社会分配获取报酬与社会地位，必须能够适应市场需要自由竞争与合理流动。

（3）按照市场化方式选人用人。企业领导人员选拔竞聘，依据竞争机制，和"公开、平等、竞争、择优"的原则，按照选拔职位的职责和职位要求，内部选人实行"竞争上岗、择优录用"，外部选人采取"公开招聘、人才市场选聘、公开招录"等方式，扩大选人用人视野与渠道，让高管人员的组成趋于多样化、多元化。推动经理层人员能上能下的机制建设，按照"市场化、科学化、专业化、规范化"的用人规则，对国有企业领导层和管理层成员实行任期制与契约化管理，强化绩效考核与责任追究制度，完善引咎辞职、责令辞职、自愿辞职制度等任免机制。

（4）完善国有企业领导人员考核评价体系。改进完善国有企业领导班子考核机制，在国资委和党委领导下，实行定期考核、年度考核、任期考核、不定期抽查与巡检巡查考核等制度相结合，由组织人事部门牵头，国资、纪检、审计、工会等部门共同参加，根据企业法人治理结构对不同领导岗位的要求，实行分类考核管理办法。对董事会成员考核按决策表决情况落实个人责任和国资代表责任，"以国有资产保值增值和重大投资经营决策责任"为主要考核内容，把"提高资本回报、维护资本安全、服务国家战略目标、保值增值、资本运营质量、效率和收益、经济增加值、转型升级、创

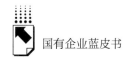
新驱动、合规经营、履行社会责任"等纳入考核指标体系；对经理层成员坚持定量与定性相结合原则，"以经营目标责任与经营业绩"为主要考核内容，重点考核各项经营管理指标、考核期计划完成情况、企业经营责任、经营风险的承担等，并按岗位分工与职责要求，落实个人责任；对党委成员、党组织负责人以定性评价为主，"以企业党建责任制"为主要考核内容，并按党内分工落实个人责任。

（三）深化收入分配制度改革"员工薪酬能增能减"

《关于深化国有企业改革的指导意见》明确提出实行与社会主义市场经济相适应的企业薪酬分配制度。[①]企业内部的薪酬分配权是企业的法定权利，由企业依法依规自主决定，完善既有激励又有约束、既讲效率又讲公平、既符合企业一般规律又体现国有企业特点的分配机制。践行以按劳分配为主、多种分配方式并存的分配制度，建立健全与企业经济效益和劳动生产率挂钩的工资决定和正常增长机制。推进全员绩效考核，以业绩为导向，科学评价不同岗位员工的贡献，在多劳多得的基础上，鼓励按生产要素、贡献度参与分配，合理拉开收入分配差距，切实做到收入能增能减和奖惩分明，充分调动广大职工积极性和创造性。对国有企业领导人员实行与选任方式相匹配、与企业功能性质相适应、与经营业绩相挂钩的差异化薪酬分配办法，实行任期与考评相结合的用人制度。对党中央、国务院和地方党委、政府及其部门任命的国有企业领导人员，合理确定基本年薪、绩效年薪和任期激励收入。对市场化选聘的职业经理人实行市场化薪酬分配机制，可以采取多种方式探索完善中长期激励机制等，指明了完善和深化国有薪酬制度的总体思路。

（1）建立以市场化为基础的国有企业薪酬及人工成本决定机制。由原有工资总额管理向人工成本管理转变，规范工资列支的渠道。同时，在人工

---

① 《中共中央、国务院关于深化国有企业改革的指导意见》，国务院新闻办公室网站，www.scio.gov.cn，2016 年 5 月 20 日。

成本管理中引入市场化对标管理机制，通过全方位的系统化、市场化对标，提高人工成本管理合理性，建立以市场化为基础的人工成本决定机制。考虑集团下属企业跨行业、跨地域的多元化特点，在人工成本管理过程中，关注不同产业、不同竞争模式下的市场水平，提高对标管理的精细化水平。以此体现行业、企业业绩的差异，有效提高薪酬的竞争力、合理性。在人工成本对标管理中，综合考虑人工成本总量、人工成本结构及人工成本投入产出三类指标，着重关注人工成本的投入产出指标。通过人均利润率、人工成本利润率、劳动分配率、人事费用率等指标的对标管理，监测企业的人工成本管理水平，在人工成本预算和清算审核中对投入产出水平差的企业人工成本增幅进行严格控制，对投入产出水平高的企业鼓励员工队伍在企业成长的过程中与股东共享发展成果，从而建立合理的市场化的人工成本决定机制。

（2）建立人员分类分层管理的差异化激励模式。分类分层管理依据不同企业类别和不同岗位特点，进行分类选拔、分类考评、分类培养和分类监管，建立健全一套全类别化、差异化的管理机制。建立人员分类分层的薪酬管理制度，建立与选任方式相匹配的薪酬决定机制，差异化设置市场化人员和非市场化人员的薪酬激励模式，对于市场化人员采用市场化对标的方式，确定其薪酬激励模式。为加强薪酬激励模式的精细化程度，对于不同层级的员工建立差异化的薪酬激励模式：高管人员及核心管理层采用"年薪制"的激励模式，将其薪酬与公司的整体效益直接挂钩，将公司的发展与个人的回报进行捆绑，充分发挥薪酬激励作用；中层管理人员采用"岗位绩效工资制"的激励模式，薪酬激励兼顾岗位对企业的价值贡献和员工具体的工作业绩表现；研发人员采用"项目工资制"的激励模式，按照项目制运作和考核发放项目奖金对员工进行激励，以提升研发人员的整体合作和工作效率，促使项目目标的达成；市场销售人员采用"提成制"的激励模式，低固定和高提成的激励模式对于业绩完成的激励效果十分显著；操作人员采用"计件工资制"，这种激励方式与工作业绩密切挂钩，易于量化，对于生产操作岗位有较好的激励效果。

（3）建立以岗位、能力、绩效付薪的薪酬管理体系。优化薪酬定位，

解决收入"该高不高、该低不低，高岗低薪和低岗高薪"的问题。要使关键岗位、高素质紧缺人才的薪酬水平适当高上去，劳动力市场供应充裕的通用岗位、辅助岗位的工资水平适当降下来，逐步做到个人收入向市场价位靠拢，形成收入差距合理、分配关系和谐、成本优化的模式。建立按照以岗位、能力、绩效付薪的理念。以岗位定薪，即根据岗位的重要性、对企业的贡献，岗位的难度进行薪酬的确定，这就需要国有企业在合理定岗的基础上，采用科学的岗位价值评估工具，建立企业整体岗位价值评估体系。以能定薪即根据人员本身能力与技能，以适岗能力决定人员进入薪酬体系等级标准，充分考虑员工能力的因素；以绩定薪即根据员工的绩效情况确定薪酬，充分考虑员工绩效完成情况。

（4）完善绩效考核体系，加强绩效与薪酬的联动。将绩效管理与薪酬激励有效联动，充分发挥绩效牵引的作用，打破大锅饭和平均主义。国有企业应积极响应国资委全员业绩考核要求，在本企业全面落实与推进全员业绩考核工作，建立科学合理的考核管理体系。重视绩效管理组织体系构建，建立绩效管理"一把手"工程，由一把手负责绩效组织的决策结构。在绩效考核指标设置上，要考虑公司整体战略指标的分解，形成层层联动，建立全企业整体的目标责任体系。同时，在指标体系建设中要充分考虑到不同企业、不同层级、不同类型员工的差异性，科学合理设置具有针对性的考核指标。对于经营层更关注经营业绩指标的完成情况，指标设置应侧重量化指标；对于专业人员更偏重结果考核，对于职能人员更偏重过程性考核；对于管理人员更偏重与组织考核挂钩，对于员工更偏重个人业绩完成。在考核结果上，应打破平均主义，合理拉开差距，区分高绩效与低绩效员工，通过全员业绩考核，促进企业深化内部制度改革。

（5）探索和丰富中长期激励机制。完善国有企业中长期激励机制需要重点结合企业的分类、企业实际情况进一步细化。重点把握以下原则。第一，分类原则。对于国有控股上市公司，进一步完善现有国有控股上市公司股权激励、员工持股政策，进一步推动国有控股上市公司实施股权激励和员工持股，实现激励和约束的统一；对于承担战略性新兴产业项目的投资公司探索以项目跟投、市场化收益提成为主的激励机制；对于功能性、公益类的企业积极探索以专项奖励为主的现金激励机制，加大对经营管理人员、核心技术人员、核心业务人员等激励力度；对于市场化完全竞争类企业，以先试先行为主要思路，积极探索以股权、期权为主的激励机制；对于高新技术企业、科技服务企业、科技型企业以进一步完善股权和分红激励政策为主要方向，进一步完善科技型企业股权、分红权、科技成果入股等激励机制。第二，激励与约束相统一原则。强化与激励相统一的业绩考核约束，中长期激励业绩考核管理是企业实施或者兑现激励的必要条件，重点从企业资格门槛要求设置、业绩考核指标和目标设置等方面加强约束。第三，人才聚焦原则。中长期激励避免"福利化"，以高管、经营管理人员、业务骨干和技术骨干为主，在充分保障股东利益的前提下，按照收益与贡献对等的原则，根据《公司法》等有关法律、法规和规范性文件的规定，制定中长期激励方案。第四，公平、公正、公开原则。完善中长期激励实施流程和审批流程，积极推动企业按照"聚焦核心、自愿参与、风险共担"的原则开展中长期激励。

B.4
完善国有资产管理体制

彭建国　彭海尪*

摘　要： 党的十八届三中全会明确提出要完善国有资产监督管理体制，以管资本为主加强国有资产监管，推进产权制度改革，逐步推进混合所有制改革。党的十九大报告进一步提出"要完善各类国有资产管理体制，改革国有资本授权经营体制，加快国有经济布局优化、结构调整、战略性重组，促进国有资产保值增值，有效防止国有资产流失，推动国有资本做强做优做大"。国企体制与国资管理体制互为补充、相互衔接，是有机统一、紧密相连的国有经济主体运行综合体，国有企业要深化改革，国资管理体制必须进行相应的改革与调整。早在国有企业改革探索阶段就开始进行国有资产管理体制建设摸索，逐步转换企业经营管理机制，建立完善资产管理体制。完善国有资产监督管理体制必须要深化国资委以管资本为主的职能定位改革，依据基本国情"放管结合"推进国有企业转型升级，坚持党的领导地位和国有企业的性质不动摇。加强国企党建工作、干部管理、反腐教育和监督体制建设，不断健全和完善国有资产监督管理体制机制。

关键词： 国资管理　放管结合　党的建设

---

* 彭建国，国务院国资委研究中心副主任，国务院国资委中央企业智库联盟副理事长兼秘书长，博士后导师，研究方向为国企改革；彭海尪，国务院国资委新闻中心。

2015 年 8 月 24 日颁发的《关于深化国有企业改革的指导意见》（中发〔2015〕22 号）指出，以管资本为主推进国有资产监管机构职能转变，以管资本为主改革国有资本授权经营体制，以管资本为主推动国有资本合理流动优化配置，以管资本为主推进经营性国有资产集中统一监管。

2015 年 10 月 25 日印发的《国务院关于改革和完善国有资产管理体制的若干意见》（国发〔2015〕63 号）提出，推进国有资产监管机构职能转变，改革国有资本授权经营体制机制，提高国有资本配置和运营效率，协同推进相关配套改革。

2017 年 4 月 27 日，国务院办公厅转发《国务院国资委以管资本为主推进职能转变方案》（以下简称《方案》）（国办发〔2017〕38 号）提出，调整优化监管职能，强化管资本职能，落实保值增值责任；加强国有资产监督，防止国有资产流失；精简监管事项，增强企业活力；整合相关职能，提高监管效能；全面加强党的建设，强化管党治党责任，改进监管方式手段，强化依法监管，实施分类监管，推进阳光监管，优化监管流程等，切实抓好组织实施，着力提高国有资本效率，增强国有企业活力。

一　完善国资管理体制是深化国企国资改革的重要内容

国有企业体制与国有资产管理体制是紧密相连的，深化国企改革与国资管理体制密切相关，而且国资监管体制改革也是深化国企改革的重要内容。党的十八届三中全会提出"以管资本为主加强国有资产监管"，为完善国资监管体制指明了总体方向。《方案》作为 1＋N 国企改革顶层设计的重要内容，对完善国资监管体制做出了框架性安排。

（1）作为国资监管体制改革的基础性文件，本轮国企改革以《方案》来首次对国资监管方式和国资委职能转变做出系统性安排。《方案》就国资委转变职能的指导思想、基本原则、监管重点及监管方式等方面提出了明确要求，为国资委的职能定位和国资监管体制改革提供了依据。

（2）《方案》提出以管资本为主加强国资监管，是国资监管体制实质性改革的破局，也是本轮改革的核心议题。从管资产与管人管事相结合到管资本为主，国资监管的对象、内容和方式方法都将发生重大变化。

（3）新一轮国企改革不仅是国企自身的改革，也是推进国有资产形态的资本化改革。国有经济运行是上与下的结合、微观与宏观的统一。国有企业要成为完全独立的市场主体，就必须依法落实市场的决定性地位，充分释放企业自主权，增强企业活力，国资监管方式转变为以管资本为主，调动企业积极性，调整优化国有经济结构和总体布局。

（4）以管资本为主是完善社会主义市场经济体制的内在要求，既符合国际上国有资本管理的通行做法，也是我国国有企业向现代企业制度转变的内在要求，标志着国企改革向市场化方向又迈进了一大步。

二　国资委以壮士断腕的勇气进行脱胎换骨的自我改革

国资委坚决贯彻落实党的十八届三中全会精神，改革态度坚定鲜明，改革意识强烈，并且自我革命不是纸上谈兵，而是落实在行动上，改革力度大，推进动作迅速。

（1）改革意识的增强。党的十八届三中全会以后，国资委上上下下形成了强烈的改革意识和浓厚的改革氛围。作为国企改革的主导职能部门，提出要以壮士断腕的勇气进行脱胎换骨的自我改革，不换脑子就换位子，不主动改革就被改革。

（2）组织机构的调整。国资委根据职能转变的要求对内部机构进行了较大的调整，合并6个局，新成立4个局，更名5个局。仅2016年国资委就新设了三大监督局，建立监督工作三大平台，主要职能是对发现问题的核查、分类处置、整改督办，形成工作闭环，补齐了监督工作有头无尾、虎头蛇尾的短板。这次内部机构改革是国资委成立15年来变化最大的，体现了国企改革主导者的决心。

（3）工作职能的转变。国资委对过去的审批事项专门进行了清理，分三大类：不该管的、可管可不管的、应该管的。对于前两类，即不该管的和可管可不管的，做到坚决不管；对于应该管的，做到科学管好。国资委共精简了43项监管事项，其中取消事项26项，下放事项9项，授权事项8项。同时，强化了3项管资本职能。这样，切实做到国资监管不缺位，但也不越位、不错位。

（4）监管方式的创新。要突出国有企业的市场主体地位，准确把握出资人的职责定位，适应新形势的要求，转变监管理念，创新监管方式，实现依法监管、分类监管、阳光监管。

（5）监管效能的提高。通过整合优化监管职能，调整优化机构设置，逐步改进监管方式与方法、创新监管手段与措施，优化整合监管资源与流程，加强监管协同与联动，提高监管的效率与效能。

三　管资本为主是国资委职能转换的基本定位

随着企业市场化改革的不断深入推进，我国国有企业改革总体经历了四个阶段，相应的出现了四种形态：1979～1984年松绑放权阶段，此时国有企业称为国营企业；1985～1992年两权分离阶段，此时国有不国营，所以改称国有企业；1993～2002年产权改革阶段，公司法出台，企业公司制股份制改造，国有企业绝大多数已改造为国有公司；2003年以后，随着国资委的成立，结束了多龙治水局面，国企改革进入结构调整阶段，此时国有企业实际上已经是国资企业（我国法律上称为国家出资企业）。既然是国资企业，作为出资人代表机构，国资委监管总体定位当然是以管资本为主。

（1）基本定位和工作重点是管资本为主。主要突出资本结构布局的调整，资本运作的规范，保值增值即资本的回报，资本安全的保障即风险的管控，以及全面从严治党责任的落实。

（2）基本监管方式是清单管理。要简政放权，依法监管，审批权力总体要收缩、要有法律依据，审批管理事项要实行清单管理，清单以外的事项

就由企业完全自主决定。权责匹配，谁审批谁负责，所以在制定权力清单的同时，建立责任清单。

（3）两类资本公司是管资本的专业化运作平台。未来中央企业主要有国有资本投资公司、国有资本运营公司和产业集团公司三大类。要改组组建国有资本投资、运营公司，作为国资委管资本为主的专业化平台，服务国家战略。我们认为，投资公司和运营公司总体上都要"以产业发展为基础、以资本运作为手段、以产融结合为方式、以以融促产为目的"。投资公司要充分发挥产业安全、产业引导、产业培育、产业整合等功能，当好产业经济的奠基石、压舱石和领头羊；运营公司要充分发挥资产管理、股权运作、投资融资、结构调整等功能，当好分散资源整合与结构调整平台、企业改革脱困与不良资产处置平台、产权多元化与国有资本流动平台、传统产业升级与新兴产业培育的融资平台。

（4）管资本为主并不是"三管"简单地变为"一管"。有不少人认为，管资本为主，意味着国资委从过去"管资产与管人管事相结合"的"三管"变成"一管"，其实这是误解误读。首先，职权法定。国资委作为出资人代表机构，依法（《公司法》《企业国有资产法》《企业国有资产监督管理暂行条例》等）行使出资人权利即股东权利，如资本收益权、参与重大事项决策权、经营管理者选择权等。其次，相互贯通。资本不是一个完全独立的东西，它与资产紧密相连、与管人管事密切相关。管资本为主的实现，离不开"三管"，即要通过一定形式、一定程度的管资产、管人、管事，才可能实现管资本的目标，只是"三管"的覆盖面、程度及方式不同而已。最后，分类监管。国资委管资本为主并不意味着对"三管"的全盘否定，应分类监管。对于商业一类国企，以管资本为主意味着较少的"三管"；但公益类国企，以管资本为主意味着依然有较多"三管"；对于商业二类国企，则介于两者之间。

四　放管结合是深化国资国企改革的基本原则

管理体制改革的一个核心问题，就是如何妥善处理好放与管的关系。从改革历史看，过去改革走不出一个怪圈，一统就死，一放就乱，一乱又统，往往围绕收权放权、再收权再放权循环。从监管现状看，成立国资委后，总体来说监管很有成效，但国资监管机构管得过多过细和监管不到位两个方面问题也同时存在。一方面，有管得过多过细的问题，特别是我们目前管理的事项有不少是政府部门的社会公共管理职能，而非出资人职能，同时一些业务部门对企业事项管理得过细过具体；另一方面，对于一些应该管好的事项，也存在监管不够到位的问题，从近年来对中央企业的巡视结果来看，腐败导致国有资产流失案件发生的普遍性、严重性，就充分说明了加强监管的现实必要性。因此，必须坚持放管结合、"两手抓、两手都要硬"，顶层设计的重大改革措施就是沿着这种思路设计的。

（1）要简政放权。要坚持市场化改革方向，确保国有企业的市场主体地位。凡是该放的权力一定要放彻底，依据相关法律属于企业的法人财产权和经营自主权，一定要全部还权于企业，落实到位，让企业成为真正独立的市场主体，即《关于深化国有企业改革的指导意见》规定的"自主经营、自负盈亏、自担风险、自我约束、自我发展"的"五自"主体。要落实国有企业保值增值责任与搞活企业相结合，通过产权制度与分类改革，不断完善现代企业制度、完善国资管理体制、完善监管机制、发展混合所有制经济，使国有企业在市场竞争中充满活力，具有核心竞争力。

（2）要加强监管。坚持出资人管理与监督的有机统一。国资委监管重点在于：一是管好国有资本布局与结构调整，优化国有资源配置，发挥市场主体作用，提高国有企业竞争力，提高国有经济效率，优化国企国资功能，服务国家战略目标；二是强化管资本职能，落实保值增值责任，提高资本回报；三是加强国有资产监督，规范国有资本运行，严格落实违规经营投资责任追究，防止国有资产流失；四是建立健全全面风险管控体系，切实防范国有企业经营风险，确保国有资本安全；五是强化出资人监管与落实管党治党责任相结合。要全面加强党的建设，强化管党治党责任，深入推进党风廉政建设和反腐败斗争。

通过该放的权彻底放开放活，该管事的真正管住管好，逐步形成既充满

活力又有良好秩序的良性循环的长效机制，促进国有企业、国有经济及国民经济持续健康发展。

五 "管资本为主"并不是淡马锡模式的中国翻版

社会上不少人有误解误读，认为"管资本为主"就是淡马锡模式在中国的翻版，认为"管资本为主、改建组建两类国有资本公司作为国资委管资本为主的专业化平台，是国有资产体制的根本性变化，由此，国资监管架构由二层变为三层，出资人职能与监管职能两者分开"。甚至有人提出，财政部门负责国有资产管理，国资委负责国有资产监督，两类资本公司负责国有资本运营，这完全是对党中央、国务院关于完善国资体制精神的根本性误解误读，是对党的十八届三中全会精神和中央关于国企改革顶层设计的歪曲。立足中国改革开放40年的经验教训，坚定地走中国特色的改革之路，中国改革绝对不可能照搬照套新加坡的淡马锡模式。主要依据有"四大"。

（1）中国大国情所决定。习近平总书记在党的十八届三中全会上提出改革的三条路，即老路、邪路、特色路，我们既不能走计划经济的老路，也不能走照搬照套、全面西化、改旗易帜的邪路，我们必须走符合中国国情的特色路。新加坡国有资产的总量、地位与作用同中国完全不同，淡马锡模式中虽然有不少值得我们学习和借鉴的地方，但绝对不能整体照搬照套这个模式。

（2）改革大方向所决定。中国经济体制改革的大方向是市场化，总体目标是建立和完善社会主义市场经济体制，国有企业改革的目标就是要使国有企业真正成为完全独立的市场主体，与市场经济有机融合。市场化改革的前提条件是三个分开原则：一是政企分开，二是政资分开，三是所有权与经营权分开。淡马锡模式是典型的政企不分、政资不分模式，所以不符合改革的大方向。经过40年的改革，我们好不容易基本解决了政企不分、政资不分的问题，如果现在又走历史的回头路、开改革的倒车，必将被时代大潮淘汰。

（3）实践大成果所决定。实践是检验真理的唯一标准，改革成果是检验改革举措是否正确的唯一标准。国资委成立15年来，中央企业得到空前大发展，地方国有企业得到空前大发展，民营企业得到空前大发展，国民经济得到空前大发展，国家科技实力、经济实力、国防实力以及国家综合实力大大增强，中国国际地位极大提高，说明党中央关于成立国资委解决国有资产出资人缺位和多龙治水问题的改革重大举措是完全正确的。

（4）中央大调子所决定。党的十八届三中全会审议并通过了《中共中央关于全面深化改革若干重大问题的决定》，提出进一步完善国有资产管理体制，要坚持总体基本框架设计，坚持问题导向，对存在的问题进行改革完善，有什么问题就改什么，什么问题最突出就重点改革什么。对现行国有资产管理体制，按照中央的顶层设计，就是要坚持总体框架，针对问题完善不足。

因此，淡马锡模式中一些好的做法我们可以借鉴，但总体上绝对不能照搬照套，要走中国特色的路子。《方案》明确提出，要"按照政企分开、政资分开、所有权与经营权分离要求，科学界定国有资产出资人监管的边界"，"坚持出资人管理和监督的有机统一"，而绝不是出资人职能与监督职能两者分开。改建组建两类国有资本公司后，国资监管架构并不是由二层变为三层，无论是投资公司、运营公司还是产业集团，与国资委的关系都是出资与被出资的关系，都是由国资委直接监管。

六　坚持党的领导加强党的建设

党政军民学、东西南北中、党是领导一切的，办好中国的事情，关键在党。不断加强国有企业党的建设既是深化国有企业改革的重要内容，也直接关系着国企改革总目标的实现，国有企业党建是"党的建设"的重要组成部分和重要环节。据2015年统计数据显示，在全国436万个党组织中，中央企业党组织为27.3万个，占6.3%；在全国8779.3万名党员中，中央企业党员为543.9万名，占6.2%。2016年10月10～11日，全国国有企业党的建设工作会议在北京召开，习近平总书记出席会议并发表重要讲话，指出

把抓好党建作为最大的政绩，当今中国取得一切进步的总根源关键在党，如果我们党弱了、散了、垮了，其他政绩又有什么意义呢？国有企业改革的首要一条就是"抓好党的建设"，全面从严治党必须扎实落实到国有企业。此后，国有企业党建工作提高到一个十分重要的位置。党的十九大进一步明确，坚持党对一切工作的领导，改革进程中必须时刻加强党的领导核心作用和先进性建设。国有企业是社会主义制度和共产党执政的物质基础和政治基础，加强和改进国有企业党的领导，是国有企业改革发展的重中之重。

（一）坚持党的领导是国有企业的"根"和"魂"

在国有企业发展和改革中坚持党的领导、加强党的建设是我们党全心全意为人民服务，实现全民利益的重要内容，是国有企业的光荣传统，也是实现国企长足发展的重要"法宝"，一部国企发展史就是一部坚持党的领导、加强党的建设的历史，这就是国有企业的"根"。根固才能叶盛，根强才能苗壮。中国特色国有现代企业制度，其本质特色就是坚持中国共产党的领导，否则就不是中国特色社会主义，这也是国有企业的"魂"。没有党的坚强领导，国企改革就会偏离正确方向，难以搞好。

几十年来，一大批有着崇高理想、坚定信念的共产党人投身国企干事创业，广大干部职工勤勤恳恳、兢兢业业，才在新中国成立初期"一穷二白"的基础上逐步建立起今天国民经济的强大力量，为我国经济社会发展、人民生活宽裕、民生改善、科技进步、社会发展、国防建设、生态文明建设等做出历史性贡献。实践证明，产业基础、政策环境、技术实力等外部因素固然重要，但党的领导才是国有企业取得巨大成就的根本因素、根本力量和根本保证，这是国有企业发展的一大优势，必须一以贯之地坚持下去。

（二）坚持党的领导是国有企业提高竞争力的独特优势

办好中国的事情，关键在党。党建工作是党不断发展壮大的武器和法宝，是党不断自我更新的有生力量，是党不断超越自我，引领世界潮流的内生要求。同样，要让国有企业的党组织在新形势下发挥新的领导作用，作为党组织在经济建中的一支核心力量，国有企业党组织的党建工作也要从严抓起，从基层抓起，只有把国有企业的党建工作抓实，才能让国有企业坚持党的领导落到实处，才能让国有企业焕发出新生命力，才能让国有企业的员工成为国有企业发展的核心，才能让国有企业员工的精神力量成为社会发展的核心价值取向，如大国工匠精神、航天发展的精神等。

国有企业坚持党的领导，由党管大局把方向，着眼大局，牢牢把握企业改革发展的正确方向，通过决策前置程序，可以做到规范决策，避免重大决策失误；教育监督干部，锤炼思想政治素质高、专业领域业务强的人才队伍，一批经济领域的执政骨干迅速成长，党管干部、党管人才，可以为企业培养、选拔、使用、激励人才和进行监督，为人才强企提供支撑；党善于做思想政治工作，通过理想信念教育，激发广大干部职工的事业心、责任心，增强工作激情和责任担当；党坚持群众路线，联系群众，全心全意依靠工人阶级，促进企业凝聚力和战斗力不断增强；党坚持廉政建设强力反腐败，有效防止国有资产流失和减值亏空，确保国有资产为人民所有、保值增值。当前，国有企业改革发展任务繁重艰巨，这个独特优势只能不断巩固加强，不容削弱淡化。

（三）把全面从严治党落实到国有企业

当前国有企业党建存在一系列突出问题，部分国企党组织地位边缘化，党务干部从属化、党建工作空心化的倾向应予警惕，一些企业、一些领导人员不能摆正党建与经济管理的关系，摆不正党的宗旨意识与市场经济观念的关系，在"党要管党"上经常流于形式，在"从严治党"上时常挂在口头，作风问题与腐败问题交织，机制问题与监管问题叠加，国资流失问题严重。现在一些国企存在的问题，归结起来，本质上就是不同程度存在党的领导和党的建设弱化、淡化、虚化、边缘化等不健康状态。新形势下，全面从严治党必须常抓不懈，国有企业党的领导、党的建设必须以解决问题为突破口，完善党组织发挥政治核心作用的体制机制，牢固树立抓好党建是最大政绩的理念，落实管党治党责任，加强党的建设工作创新，提高基层党建科学化水

平，着力扩大覆盖面、增强生机活力，着力解决存在的突出矛盾和问题，开创国有企业党建工作新局面，并以党的建设工作成效推动企业改革创新发展。

（四）充分发挥国企党组织的领导核心和政治核心作用

党主要通过政治领导、思想领导和组织领导等实现国企管控，国有企业党组织通过"把方向、定责任、管大局、保落实"发挥领导核心和政治核心作用。具体领导方式主要体现在重大事项决策、干部管理、人事任免、教育监督、群众工作和廉政建设等方面。

1. 重大事项决策

重大决策事项，是指依照有关法律法规和党内法规条例规定的应当由股东大会、董事会、监事会、未设董事会的经理班子、职工代表大会和党委（党组）决定的事项。主要包括企业贯彻执行党和国家的路线方针政策、法律法规和上级重要决定的重大措施，企业发展战略、破产、改制、兼并重组、资产调整、产权转让、对外投资、利益调配、机构调整等方面的重大决策，企业党的建设和安全稳定的重大决策，以及其他重大决策事项。

重要人事任免事项，是指对企业直接管理的领导人员以及其他经营管理人员的职务调整事项。主要包括企业中层以上经营管理人员和下属企业、单位领导班子成员的任免、聘用、解除聘用和后备人选的确定，向控股和参股企业委派股东代表，推荐董事会、监事会成员和经理、财务负责人，以及其他重要人事的任免事项。

重大项目安排事项，是指依据相关规定与流程，对企业资产规模、资本结构、盈利能力以及生产装备、技术状况等产生重要影响的项目的设立和安排。主要包括年度投资计划，投融资、担保项目，股权、期权、期货等金融衍生业务，重要设备、仪器和技术引进，采购大宗物资和购买服务，重大工程建设项目，以及其他重大项目安排事项。

大额度资金运作事项，是指依据企业规章制度，超过由企业或者履行国有资产出资人职责的机构所规定的企业领导人员有权调动、使用的资金限额的资金调动和使用。主要包括年度预算内大额度资金调动和使用，超预算的资金调动和使用，对外大额捐赠、赞助，以及其他大额度资金运作事项。

从决策程序看，主要是"两个前置"：重大事项提交董事会决策之前，先经过党委会讨论通过；提交总经理办公会决策之前，先经过党委会讨论通过。

2. 干部管理

党要管党，首先是管好干部。坚持党对国有企业的领导，最重要的就是坚持党管干部、党管人才原则，从严管党管干部，保证党对国有企业组织人事工作和重要领导人员的领导权与管理权。必须在干部选拔任用的动议、民主推荐、考察、讨论决定、任职等各个环节，都充分发挥党委（党组）的领导和把关作用，保证和落实国有企业党组织选人用人的主导作用，确保人选政治合格、作风过硬、清正廉洁。

坚持党管干部原则和公司治理体制相结合，实现党管干部原则与董事会依法产生、依法选择经营者、经营者依法行使用人权等相结合。国有企业在现代企业制度条件下如何坚持党管干部原则，是一个极具探索性的问题。一些企业的做法是，党管干部原则在企业选人用人过程中重点"五管"：一是管原则，把好导向关。就是要坚持正确的选人用人原则，坚持"德才兼备"。二是管标准，把好入口关。上级党组织要建好后备人才队伍，在符合条件的人员中，董事会、经营管理者可以充分行使用人权。三是管程序，把好规则关。党组织要把董事会和经营管理者选人用人的工作程序以制度化的方式予以明确，建立公开、透明、规范、有效的选人用人规则。四是管机制，把好政策关。党组织要把更多的精力放在管根本、管长远的选人用人机制的设计、建设、改造和完善上，通过制定好的政策来促使各类优秀人才脱颖而出。五是管监督，把好调整关。上级党组织要加强对董事会、经营管理者选人用人过程的全方位监督，防止出现不正之风；对已提拔使用的领导人员要加强监管，对不胜任岗位职责要求、跟不上企业改革发展步伐的，应及时提出调整建议；对违反党规党纪和有关政策的，应及时严肃处理。

要在把握人才成长规律和人才工作规律的基础上，发挥企业党委（党

组）在人才工作中谋大局、抓关键、管大事的功能，包括管大政方针、管营造环境、管协调各方、管完善机制等，通过指导、保障、推进人才工作达到解放、发展、用好、凝聚人才的目的，努力打造人才创新引领循环机制，形成"人人渴望成才、人人努力成才、人人皆可成才、人人尽展其才的生动局面"，全面引领与有效支撑人才强企业战略目标的实现。

3. 教育监督

党和人民把国有资产交给企业领导人员经营管理，是莫大的信任。国有企业领导人员肩负经营管理国有资产、实现保值增值的重要责任，必须做到对党忠诚勇于创新、治企有方、兴企有为、清正廉洁、坚定理想信念，始终坚守共产党人精神追求。国企领导人员筑牢远离腐败的思想防线，最重要的就是坚持马克思主义信仰，牢固树立正确的世界观、人生观、价值观，提升党性修养、思想境界和道德水准，加强党性教育、宗旨教育、警示教育，做到持之为明镜、内化为修养、升华为信念，牢牢守住共产党人精神家园，筑牢拒腐防变的思想道德防线。

要突出党纪国法监督重点，完善"三重一大"决策监督机制，强化对关键岗位职责、重要人员特别是一把手的全面监督管理，严格经营管理与企业运行机制监督，整合监督力量，形成监管合力。切实做好群众工作，健全以职工代表大会为基本形式的民主管理制度，维护职工群众合法权益，做好思想政治工作，领导加强企业文化建设，充分调动工人阶级的积极性、主动性、创造性。

4. 廉政建设

落实党风廉政建设责任制，实现党委主体责任与纪委监督责任有机统一。认真贯彻执行《中国共产党廉洁自律准则》《中国共产党纪律处分条例》《关于新形势下党内政治生活的若干准则》《中国共产党党内监督条例》，坚持理想信念教育、高标准严要求，严守纪律底线，唤醒责任担当意识，努力构建领导干部的底线思维和红线意识，构筑国有企业领导人员不敢腐、不能腐、不想腐的有效制度机制。

要把党风廉政建设融入企业生产经营之中。新常态下，一些国企陷入

"大而不强"的尴尬境地，有些不同程度地表现出"工作效率不高，质量低下""企业凝聚力差""缺乏创新意识，竞争力薄弱"等问题。甚至出现了在生产经营中逐渐滋生的腐败与管理监督责任的缺失。要补齐这些短板，一方面需建立健全"企业党风廉政建设责任制度"并严格落实，从一把手到普通企业党员，层层传导压力，层层传递责任。另一方面需加强过程管理，扎实开展效能监察活动，凸显反腐倡廉创新开拓的综合作用，提升国企改革工作成效。

（五）加强和改进国有企业党建工作

新时代要实现中华民族复兴伟大梦想、建设中国特色社会主义现代化强国，国有企业肩负重大历史使命，中国共产党更肩负重大历史使命。打铁必须自身硬。加强国有企业党建工作，是新时代国有企业深化改革的重中之重。

1. 认真落实党建工作的总体要求

习近平总书记在全国国有企业党的建设工作会议上对党建工作明确提出了五点总体要求，具体如表1所示。

表1　党建工作五要求

要求	内容
坚持党要管党、从严治党	紧紧围绕全面解决党的领导和党的建设弱化、淡化、虚化、边缘化问题
坚持党对国有企业的领导不动摇	发挥企业党组织的领导核心和政治核心作用，保证党和国家方针政策、重大部署在国有企业贯彻执行
坚持服务生产经营不偏离	把提高企业效益、增强企业竞争实力、实现国有资产保值增值作为国有企业党组织工作的出发点和落脚点，以企业改革发展成果检验党组织的工作和战斗力
坚持党组织对国有企业选人用人的领导和把关作用不能变	着力培养一支宏大的高素质企业领导人员队伍
坚持健全国有企业基层党组织不放松	确保企业发展到哪里、党的建设就跟进到哪里，党支部的战斗堡垒作用就体现在哪里，为做强做优做大国有企业提供坚强组织保证

2. 具体明确企业党组织的法定地位

市场经济是法治经济，坚持全面依法治国、依宪治国是发展中国特色社

会主义市场经济的基本战略。党的十九大提出坚持党的领导、人民当家做主、依法治国有机统一是社会主义政治发展的必然要求。建设社会主义法治国家，建设中国特色社会主义法治体系，发展中国特色社会主义法治理论，坚持依法治国、依法执政、依法行政共同推进，坚持法治国家、法治政府、法治社会一体化建设。明确企业党组织的法定地位，一方面是全面依法治国的需要，党的活动必须在法律规定的范围内进行，必须有法律依据，明确企业党组织的法定地位后，坚持党的领导开展党的活动理直气壮、依法合规；另一方面，在明确企业党组织的法定地位后，企业党的领导和党的建设就有了法律保障，通过法律确保企业党组织的两个核心作用。

企业党组织在公司治理中的法定地位明确。《公司法》（2013 年 12 月）明确规定在公司中，根据中国共产党章程的规定，设立中国共产党的组织，开展党的活动，公司应当为党组织的活动提供必要条件。2017 年 10 月党的十九大通过的《党章》第三十三条明确规定，国有企业党委（党组）发挥领导作用，把方向、管大局、保落实，依照规定讨论和决定企业重大事项。国有企业和集体企业中党的基层组织，围绕企业管理运营、生产经营开展工作。保证监督落实党和国家的方针、政策在本企业的贯彻执行情况；支持股东会、董事会、监事会和经理（厂长）依法行使职权；全心全意依靠职工群众，支持职工代表大会履行职权、开展工作；参与企业重大问题的决策与执行情况监督；加强党组织的自身建设，领导思想政治工作，精神文明建设和工会、共青团等群团组织。《公司法》《党章》对党组织在国企中的地位、作用只是做了原则性规定，紧随其后的是国企党组织的地位、作用在公司治理体系中如何"落地"的问题，也就是制度安排的问题。

在法人治理结构建立完善过程中，国企党组织的地位作用遇到空前挑战，甚至呈现弱化、虚化倾向。为此，中央全面深化改革领导小组第十三次会议（2015 年）强调指出，要把加强党的领导和完善公司治理有机统一，明确国有企业党组织在公司法人治理结构中的法定地位。在企业中如何明确党组织的法定地位？《党章》是党内最高规则，《公司法》是对所有公司通用的，而公司章程是某一公司的"宪法"，公司的根本大法，提供公司运行的总规则，因此，必须将党建工作总体要求纳入国有企业章程，必须在公司章程中明确企业党组织在公司治理中的法定地位，具体明确企业党组织与董事会、监事会、经理层等其他治理主体的权力、责任、义务边界关系与运行机制。要在公司章程中明确党的领导这一根本政治原则和建立现代企业制度这个基本改革方向，把党的领导融入公司治理各环节，把企业党组织内嵌到公司治理结构之中，做到组织落实、干部到位、职责明确、监督严格、管控有序。同时，要通过法定程序规定党组织在决策、执行、监督各环节的权责和工作方式以及与其他治理主体的关系，使党组织发挥作用组织化、制度化、具体化，创新国有企业党组织发挥领导核心作用和政治核心作用的途径和方式。

3. 扎实推进全面从严治党工作

抓好党建日常基础工作，要坚持党的建设与国有企业改革同步对接，严格落实国有企业党建工作责任制，确保管党治党责任落实到企业、到人头，确保党的领导、党的建设在国有企业改革中得到体现和加强。

坚持和完善双向进入交叉任职的领导体制。企业党委书记一般兼任董事长，符合条件的党组织领导班子成员可以通过法定程序进入董事会、监事会、（厂长）经理层，董事会、监事会、（厂长）经理层成员中符合条件的党员可以依照有关规定和程序进入党组织。探索改进完善"双向进入、交叉任职"的领导体制，党员行政正职兼任同级党委副书记要分担的党建责任，以及党组织书记兼任同级行政副职参与企业重大决策过程、原则上不分管具体经营管理业务的工作规则。探索新形势下企业党委参与重大问题决策的内容、程序和途径，努力做到职责清晰、分权制衡、责权对等，防止"个人独裁"。

4. 建立健全党建工作责任制

《中央企业党建工作责任制实施办法》在定责明责、履责考责、问责追责上对中央企业党建工作提出了最新要求，为新形势下国有企业基层党组织切实担负起党建的责任提供了思路，指明了方向。

企业党委（党组）履行党的建设主体责任，党委（党组）书记履行企

业党建第一责任，党委（党组）专职副书记履行企业党建直接责任，党委（党组）班子其他成员履行"一岗双责"，结合分工抓好分管领域党的建设工作。其责任内容包括以下6个方面。

（1）保证监督落实党和国家方针政策，党中央、国务院决策部署在企业贯彻执行情况，落实国资委工作要求。

（2）研究讨论企业重大经营管理事项。

（3）落实党管干部原则和党管人才原则，加强企业领导班子建设和人才队伍建设。

（4）履行企业党风廉政建设主体责任，建立健全纪检监察机构，领导、支持纪检监察机构履行监督执纪问责职责，加强对企业各级领导人员履职行为监督。

（5）加强企业基层党组织和党员队伍建设，注重日常教育监督管理，充分发挥党支部战斗堡垒作用和党员先锋模范作用，团结带领干部职工积极投身企业改革发展。

（6）领导企业思想政治工作、精神文明建设、统一战线工作、企业文化建设和群团工作。

切实加强党风廉政建设。坚持党要管党、从严治党，不断提高党的建设与自我革新能力，不断提高党驾驭社会主义市场经济的能力，不断提高党的领导水平和执政水平、提高拒腐防变和抵御风险的能力，党风廉政建设和反腐败斗争是党的建设的重大任务。习近平总书记在《在中央政治局常委会审议〈关于中央巡视工作领导小组第一次会议研究部署巡视工作情况的报告〉时的讲话》中指出，工作没有重点就抓不出成绩，用好巡视这把反腐"利剑"；健全权力运行制约和监督体系，把权力关进制度的笼子里；加强党员教育与先进性建设，筑牢拒腐防变的思想道德防线。

B.5

国有企业改革进展情况

丁 磊 执笔*

摘 要： 2018年，恰逢改革开放40周年，为深入贯彻落实《中共中央国务院关于深化国有企业改革的指导意见》（中发〔2015〕22号）及相关配套文件，编写组参考借鉴了国务院国资委研究中心关于"国有企业改革落实情况调查问卷"① 分析数据，对中央企业、省级国资委国有企业等进行了初步摸底梳理分析。为了更好地反映国有企业改革的进展情况、改革深度与困难问题，编写组统计分析了所能接触和收集到的最新数据，截至2017年12月29日，中央企业共有97家，分别从供给侧结构性改革、现代企业制度、混合所有制改革、国有资产管理、国企党建等角度进行国有企业改革进展基本情况分析，并根据问题和困难，归纳出相关意见和建议。

关键词： 供给侧结构性改革 现代企业制度 混合所有制 领导管理体制

一 国有企业改革进展情况概述

（一）国有企业改革的组织落实工作全面加强

地方和中央企业全面加强国企改革的组织落实工作。2017年底，97家

---

* 丁磊，硕士研究生，南京航天管理干部学院讲师，研究方向为国企改革、智库建设等。

① 《国有企业改革落实情况调查问卷分析报告》（2016年版），国务院国资委研究中心、中智人力资源管理咨询有限公司、国家开发投资公司改革办，2017年5月。

中央企业建立国企改革组织领导机构，25 家实现改革办独立运行，30 家建立改革落实情况检查机制；参与调查的 37 家省级人民政府①全部建立国企改革的组织领导机构，13 家省级国资委实现改革办独立运行，30 家建立检查机制。全年中央企业和省级国资委共召开国企改革会议 1496 次，审议议题 2658 个。中央企业和省级国资委积极推进国企改革"1 + N"系列文件的贯彻落实，97 家中央企业和 33 家省级国资委已制定实施方案、配套实施意见或本地区指导意见。国务院国资委和省级国资委积极加强改革宣传和舆论引导，全年分别召开 5 次和 97 次国有企业改革新闻发布会或媒体通气会。②

（二）供给侧结构性改革稳步推进

企业"压减"工作稳步开展，2016 年，中央企业法人总户数净减少 3.4%，97 家中央企业法人户数减少，5 家中央企业管理层级下降，7 家中央企业法人层级下降。大力精简管理部门和人员，中央企业集团总部职能部门平均数量和人员编制总数同比分别下降 3.9% 和 4%，总部人均管理资产同比增长 11.1%。积极处置"僵尸企业"和压缩过剩产能，据不完全统计，2016 年，全国国资系统共清理退出"僵尸企业"4977 户，涉及资产 4119.9 亿元，分流安置职工 306777 人；共退出钢铁产能 4230 万吨、煤炭产能 20629 万吨，分别占全国退出产能的 80.8%、71.1%。积极开展降本增效，中央企业平均资产负债率同比下降 0.1 个百分点；33 省级国资委出资企业剔除金融板块后，平均资产负债率同比下降 1.2 个百分点。持续加大创新力度，2013～2017 年，中央企业研发投入占比共提高 0.3 个百分点。

（三）现代企业制度建设取得积极进展

推进国有企业功能界定与分类，中央企业功能分类已完成，29 家省级国资委已制定出资企业功能界定和分类意见或方案。公司制改革稳步推进，

---

① 指各省、自治区、直辖市、计划单列市人民政府及新疆建设兵团。
② 参见《国有企业改革落实情况调查问卷分析报告》（2016 年版）。

截至 2016 年底，中央企业所属子企业改制面已达 92%，省级国资委监管的全民所有制企业减少到 3681 户。5 家中央企业集团公司、2473 家中央企业所属子企业为公有制经济之间股权多元化企业。董事会建设取得积极进展，据 47 户中央企业有效样本分析，中央企业及下属企业建立董事会的占 38.2%，建立执行董事制度的占 25.6%；省级国资委出资的一级企业建立董事会的占 88%。据 81 户中央企业有效样本分析，中央企业及下属企业共派出董事 19956 人，其中专职董事 902 人。经理队伍建设稳步开展，据 25 户中央企业有效样本分析，中央企业及下属企业经理层中市场化选聘的占 5.1%；省级国资委出资企业及下属企业经理层中市场化选聘的约占 14%。

（四）混合所有制改革有序开展

党的十八届三中全会以来，中央企业及下属企业、省级国资委出资企业及下属企业分别推进混合所有制改革 1995 项、2752 项，混合所有制企业户数占比分别为 66%（不含参股企业）、47%。中央企业及下属企业共有 27 户改制上市，通过股权融资 5510.1 亿元；省级国资委出资企业及下属企业共有 90 户改制上市，通过股权融资 7361.2 亿元。中央企业及下属企业参与 PPP 项目 596 个，投入资金 6884.3 亿元；省级国资委出资企业及下属企业参与 PPP 项目 663 个、投入资金 6613.6 亿元。78 家中央企业所属 1269 家子企业实施了员工持股，占全部子企业户数的 2.5%。

（五）国有资产管理体制进一步完善

国务院国资委深入开展职能梳理，进行了成立 15 年来最大规模的机构调整，优化职能 43 项。10 家中央企业开展了国有资本投资、运营公司试点；21 家省级国资委改组组建了 52 家国有资本投资、运营公司，国有资本投资、运营公司的模式、定位在试点中逐步清晰，试点成效明显。进一步强化国有资产监督，中央企业建立独立审计部门、建立审计部门向董事会负责机制、上级股东委派总会计师（或财务总监）、建立总法律顾问制度 4 项内部监督机制建设均有明显进展，外派监事会在强监督、防流失方面发挥着重

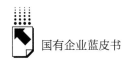
要作用。监事会建设稳步推进,党的十八大以来,各级监事会共揭示问题34712 个,提出意见 36995 条。4 年来,中央企业、省级国资委分别开展专项监督 2024 次、78 次,分别购买境外监督服务 298 次、13 次。2/3 的省级国资委已建立国有企业信息公开网络平台。

(六)在国有企业改革中不断加强党的领导

积极推进"双向进入、交叉任职",中央企业及下属二级企业党组织班子成员进入董事会的占党组织班子成员总数的 23%,进入经理层的占 70%;省级国资委出资企业党组织班子成员进入董事会的占 45%,进入经理层的占 54.7%。65 家中央企业、省级国资委所出资的 449 家企业设置专职副书记。74 家中央企业对下属企业开展巡视,11 家省级国资委建立了巡视制度。

二 推动国有企业改革存在的困难和问题

(一)在推动改革政策落实方面

地方和中央企业基本都建立了国企改革的组织领导机构,但在人员配备、机构运行方面仍需巩固加强。部分地方和中央企业尚未建立改革推进检查机制,或虽已建立但并未有效发挥作用,确保改革及时有效开展的力度还需加强。

(二)在推进供给侧结构性改革方面

一些地方国资委存在对全级次企业法人层级、管理层级、产权登记等底数不清的问题,给企业"压减"工作造成影响。中央企业集团总部人均管理资产最高是最低的 1136 倍,这从一个侧面反映了中央企业集团总部管资本的水平差异较大。各地处置"僵尸企业"及特困企业尚未形成明确的人员安置补偿的相关依据和标准。"去产能"工作中仍存在资源价款返还难以落实、关闭资产处置困难、企业注销流程复杂、土地和税收成本较高等问题。中央企业研发投入平均水平远低于国际先进水平。

（三）在完善现代企业制度方面

部分省市国有企业功能界定和分类的意见方案尚未出台或尚未实质性落实。公司制改制面临资产评估费用高、耗时长、税费高等问题。中央企业及下属企业建立董事会的比例偏低，外部董事来源较单一，专职董事较少，激励机制不到位。总体上看，中央企业和地方国企及下属各级子企业中市场化选聘并管理的经理层成员比例均偏低。

（四）在推进混合所有制改革方面

中央企业和省级国资委监管企业中，混合所有制企业户数占比分别达到66%（不含参股企业）和47%，但管理模式和经营机制与国有独资、全资企业区别不大。国有企业集团总部混改后，国有股权持股模式和管控模式还未理顺。仍然存在以混合所有制改革代替国有企业改革的认识误区，混改目标不清晰，一些企业为放开员工持股、突破工资总额限制而混改。混改对象认识不清，一些真正需要改革的微利或亏损企业未推进混改。

（五）在完善国有资产管理体制方面

建立独立审计部门、审计部门向董事会负责机制、上级股东委派总会计师、总法律顾问制度的企业占比仍然较少。多头监督、重复监督问题不同程度存在。国资监管向以管资本为主的转变仍要加大力度。全国国资系统改组组建投资、运营公司的进展不均衡，投资、运营公司的功能定位、监管方式和运营模式有待探索。

（六）在加强和改进国有企业党建工作方面

坚持党的领导与完善公司治理统一起来仍需进一步探索有效途径和方式，党管干部原则与董事会、经理层等治理结构依法用人权如何有效结合仍

需在实践中探索完善。混合所有制企业如何既能继承和发扬国有企业传统政治优势，又能够适应企业内在运行规律和发展要求，还需要不断总结探索。

建立完善党建工作考评办法，定量与定性相结合，量化党建考评内容、责任目标、指标权重、评价标准和操作程序，纳入企业领导班子和领导人员业绩考核体系，加大考核其他班子成员抓党建工作的权重，解决考核不严问题。建立完善党建工作问责机制，明确问责对象、问责内容、问责方式，制定问责程序，强化责任追究，解决追责不力问题，切实做好国有企业党建工作任务、落实做细工作要求。

三　进一步推进国有企业改革的意见和建议

（一）加大对国企改革工作的统筹推进力度

建议各级国资委和中央企业进一步完善相关组织机构建设，进一步加强组织领导，加强改革队伍建设，推动改革任务切实落地见效。进一步明确和落实各级国资委指导推动改革的责任，明确和落实国有企业作为主体推动改革深化的责任，促进改革落地见效。对改革进展项目滞后的地方和中央企业，组织专门力量进行实地督查，严防改革"死角"。

（二）加快推进供给侧结构性改革

建议加强国有企业基础数据管理，厘清全级次国有企业的产权状况、组织架构、队伍建设、业务类别等，形成若干信息产品供决策参考。推动国有企业科学设置部门、严格定岗定编定员、大幅压缩各级部门领导职数和编制规模，打造精干高效管理机构。建立中央企业处置"僵尸企业"部际联席会议制度，协调解决重点难点问题。强化业绩考核和薪酬分配政策引导，明确人员安置等政策标准，推动"僵尸企业"处置和"去产能"工作开展。建立健全企业科研投入保障体系和制度，突出重点，加强引导西部地带创新发展投入和资源对接。

（三）进一步完善现代企业制度

建议进一步完善国有企业功能分类标准及配套政策，指导地方开展功能界定与分类工作，指导中央企业做好对下属企业分类工作。统筹协调推进公司制改制，协调有关部门研究制定公司制改制的具体政策。加大力度推进中央企业集团公司和下属企业规范董事会建设，加强对外部董事的选任、管理和监督，积极推进专职外部董事队伍建设，深化董事会依法行使中长期发展决策权等6项职权试点。研究修订相关政策，积极开展市场化选聘和管理经营管理者、职业经理人制度试点。

（四）积极稳妥推进混合所有制改革

建议按照"完善治理、强化激励、突出主业、提高效率"的要求，在石油、电力、天然气、铁路、民航、电信、军工等领域迈出混合所有制改革的实质性步伐。通过混合所有制改革进一步规范公司治理，使企业真正成为市场竞争的法人主体。细化改革方案、规范操作细则，切实解决混合所有制改革面临的政策法律问题。充分利用好境内外股票市场、产权市场和债券市场，形成国有股东与上市公司之间、存量资产与增量资产之间的良性互动。

（五）加快完善国有资产管理体制

建议进一步完善企业内部监督手段，推动内部监督制度化、流程化和常态化。进一步加强和改进外派监事会制度，建立健全出资人监管、外派监事会监督和财务审计、纪检监察、巡视等监督力量会商机制，形成监督合力。指导相关试点企业，进一步深化国有资本投资、运营公司试点改革，强化两类公司功能，探索以两类公司为平台推进中央企业改革重组和脱困发展。

（六）持续加强和改进党对国有企业的领导

国有企业是生产资料公有制的重要实现形式，是党执政兴国的重要支柱和依靠力量，是实现广大人民群众根本利益和共同富裕的重要保证。国有企

业肩负着保障国家经济安全、社会发展稳定和民生福祉的重要使命，作为特殊的市场主体需要参与更高层次和更广领域的激烈竞争，作为社会主体则承担着经济、政治、文化、生态和社会等多方面责任，以及发挥党的建设在其中的地位作用，一般意义上的企业是无法比拟的。随着国有企业在国民经济中的布局不断变化，全面深化改革步伐不断加快，新的组织形态和组织形式层出不穷，要适应企业改革发展的新情况新任务，就必须以改革创新精神不断加强党的建设，巩固党的执政组织基础。

建议对国有独资公司、混合所有制公司、中外合资企业和境外企业等不同类型企业，在党务人员配备、薪资标准待遇、党务经费来源等方面形成指导性意见。创新国有资本参与不同类型企业的党务工作的形式和方法。加快建立国有企业党建工作全面考核评价体系，促进党建工作规范化。防止企业党建工作与企业改革发展工作相脱离、"两张皮"，以企业改革发展成果检验党组织的工作和战斗力。

（七）支持国有企业剥离办社会职能和解决历史遗留问题

建议有关部门加强协调，加大对国有企业在剥离办社会职能和解决历史遗留问题过程中的政策支持、资金支持和税收优惠力度。重点指导"三供一业"分离移交推进缓慢的地方和企业，尽快推动落实。支持国有企业通过资产变现、股权转让、资产证券化等渠道筹措资金。探索创新考核激励机制，充分调动企业积极性。加强与地方政府的协调沟通和积极配合，加快剥离企业办社会职能和解决历史遗留问题步伐。

国有上市公司股权激励篇

为充分调动国有上市公司高级管理人员和科技人员的积极性、创造性，规范国有上市公司拟订和实施股权激励计划，根据《中华人民共和国公司法》《中华人民共和国证券法》《企业国有资产监督管理暂行条例》（中华人民共和国国务院令第378号），国务院国资委和财政部联合制定了《国有控股上市公司（境内）实施股权激励试行办法》（简称《试行办法》）。为规范实施股权激励制度，对国有控股上市公司试行股权激励实施分类指导。

对中央企业及其所出资企业控股的上市公司，其股权激励计划在报股东大会审议表决前，由集团公司按照《试行办法》规定的程序报履行国有资产出资人职责的机构或部门审核；对中央企业所出资三级以下企业控股的上市公司，其股权激励计划在上市公司股东大会审议前，报履行国有资产出资人职责的机构或部门备案。履行国有资产出资人职责的机构或部门自收到完整的股权激励计划申报材料之日起，20个工作日内出具审核意见，未提出异议的，国有控股股东可按申报意见参与股东大会审议股权激励计划。

自实行股权激励计划以来，国有上市公司大大提高了员工积极性、创造性与能动性，也逐步完善了企业的资产结构、管理机制和产权结构，为企业的核心竞争力提高与可持续发展提供了坚实的人力、物力基础。

B.6
国有上市公司股权激励基本情况

丁　磊　执笔*

摘　要： 国有上市公司实施股权激励是一项重大制度创新，其政策性强，操作难度大。为了准确反映国有上市公司股权激励的基本情况，全面了解和掌握股权激励实践状况，编写组根据收集到的上市公司最新资料数据，进行建模数据分析，展示截至 2017 年底股权激励实施及效果情况。在数据模型分析的基础上，从股权激励的相关概念、内涵、特征、作用与流程入手，介绍国有上市公司股权激励的原理、主要方式、激励目标与效果。通过股权激励的历史沿革与发展路径梳理，对国有上市公司实施股权激励的方式路径进行具体分析介绍，为国有上市公司具体选择激励方式和进行激励方案设计打下基础。整体看来，国有上市公司股权激励之路越走越宽，越来越多的国有上市公司和非上市国企在实施或尝试股权激励方案，也达到了一定的激励效果，促进了企业的快速发展。

关键词： 股权激励　国有上市公司　股票期权

2017 年前三季度，在非金融行业上市公司中，煤炭、石油石化和交通运输三大行业的平均利润最高，分别为 18.74 亿元、14.7 亿元、9.62 亿元；2016 年在非金融行业上市公司中，平均利润位于前三的行业是石油石化、

---

* 丁磊，硕士研究生，南京航天管理干部学院讲师，研究方向为国企改革、智库建设等。

建筑和煤炭，分别为 14.66 亿元、12.52 亿元和 9.29 亿元。2017 年前三季度，利润最差的三个行业是计算机、国防军工和机械；2016 年利润最差的三个行业则是机械、通信和基础化工。如图 1、图 2 所示。

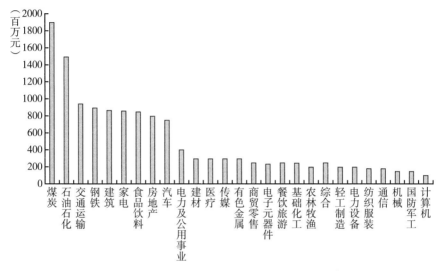

图 1　2017 年前三季度非金融行业上市公司平均利润

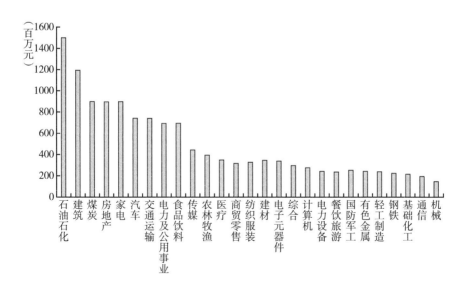

图 2　2016 年前三季度非金融行业上市公司平均利润

所以，2018 年，国有企业生产经营的主要任务是实现企业效益稳定增长、保值增值、回报率进一步提升，促进企业流动资金周转率进一步提高、资产负债率进一步下降。国有企业将在高质量发展的前提下，国企混改、重组、降杠杆三大主线并行推进，激活释放新红利。国有上市公司未来降杠杆的主要方式是扩大分母端，如实行混改、股权激励和债转股，而不是过度压缩负债端。如图3、图4 上市公司中国有企业利润增速和资产负债率与非国有企业对比，可以看出趋势走向。

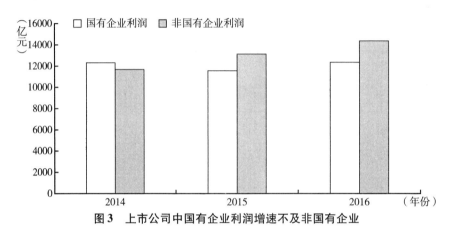

图3　上市公司中国有企业利润增速不及非国有企业

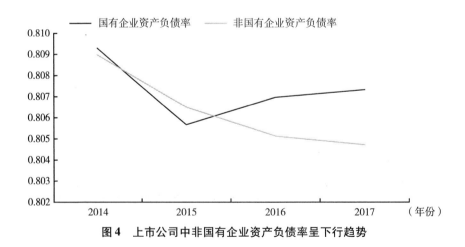

图4　上市公司中非国有企业资产负债率呈下行趋势

随着劳动力结构调整，人才红利引领产业升级。过去 10 年中国培养了6000 多万大学毕业生和 450 万研究生，以及大量的留学归国人才，人才累积雄厚。经历"863 计划""973 计划"等国家主导的战略性科技研发的积累和突破，很多产业技术领域与国际前沿的差距在不断缩小，2017 年底，我国发明专利授权量已经达 179 万件，实用新型专利授权量达 679 万件。如图 5、图 6 所示高学历人才和申请专利数量示意。

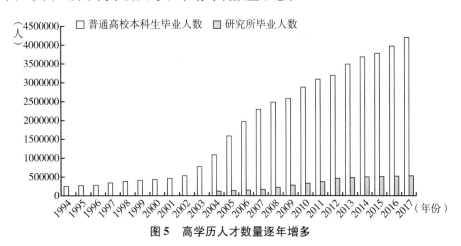

图 5　高学历人才数量逐年增多

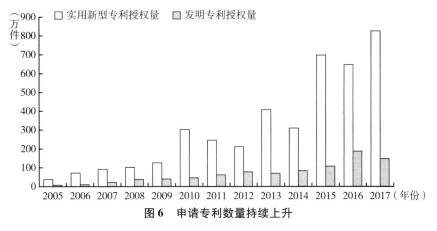

图 6　申请专利数量持续上升

随着资本结构调整，产能置换和技术升级加速。2017 年，企业资本开发持续增加，尤其是设备投资的修复性回升。中国制造的三个问题是产能、环保、附加值，在压缩产能、提升环保之后，推进技术升级是一个必然。技术升级是政策引导的方向，重点在"提升供给端质量"。如图 7 所示，能够看出五大设备制造类行业的工业增加值同比增速开始回升。

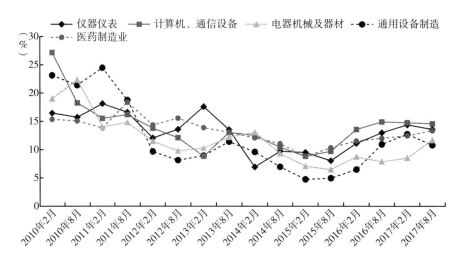

图7 五大设备制造类行业的工业增加值同比增速情况

经历数十年的发展,上市公司对股权激励越来越重视。从2006年开始,《上市公司股权激励管理办法(试行)》实施,海油工程、太阳纸业、上海家化、中粮地产、中化国际、特变电工、西藏城投、科达洁能、苏宁易购、同洲电子响应号召,发起股权激励计划。

2010年及以前,上市公司股权激励计划实施的不是很多,特别是国有上市公司实施股权激励方案的更是屈指可数。

2016年5月《上市公司股权激励管理办法》(证监会令第126号)① 正式施行,为上市公司撬开政策风口,当年实施股权激励的公告数增加到272次。股权激励开始风靡,2017年数量飙升至447次(见图8)。

10多年来股权激励结构从主板占大比重、中小板占小比重,到中小板、创业板占大比重、主板占小比重。2009年前,实施股权激励的企业中以上海主板、深圳主板为主;2009年后,实施股权激励的企业大多数属于中小板和创业板,特别是2010年开始,创业板实施股权激励的企业迅猛增长。从侧面也说明了中小板、创业板等规模较小、成长性较高的企业对科技和智

---

① 参见中国证券监督管理委员会网站,http://www.csrc.gov.cn/pub/zjhpublic/G00306201/201607/t20160715_300789.htm。

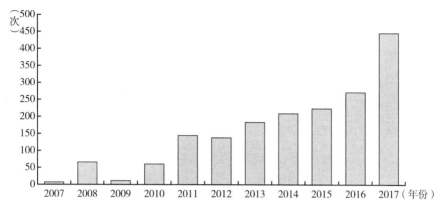

图8 2007～2017年上市公司预案公告数量

力资本的需求更加强烈。图9、图10为2007～2017年不同层次资本市场实施股权激励和企业数量的趋势变化。

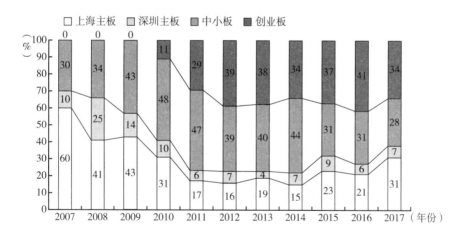

图9 2007～2017年不同层次资本市场实施股权激励的趋势变化

目前，股权激励普遍被国有上市公司接受、认可和使用，但有明显的行业差异性。2017年，上市公司中计算机、机械、电子元器件为实施股权激励次数最多的三个行业，分别为57次、54次、50次（见图11）。从各行业公告过股权激励方案预案的公司占比情况来看，计算机、电子元器件和轻工制造三个行业最高，其中计算机行业超过30%（见图12）。2007～2017年，

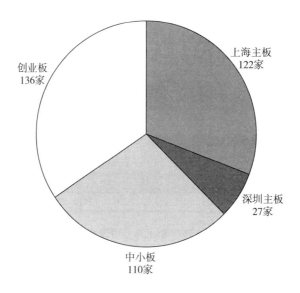

图10　2017年不同层次资本市场实施股权激励的企业数量

在各地上市公司中，公告过股权激励方案预案的公司占比最高的省份是广东省，达到46.85%；比例介于30%~40%的基本都是沿海地区，按次序分别为北京、江西、河南、浙江、福建、天津、江苏、上海和湖北。

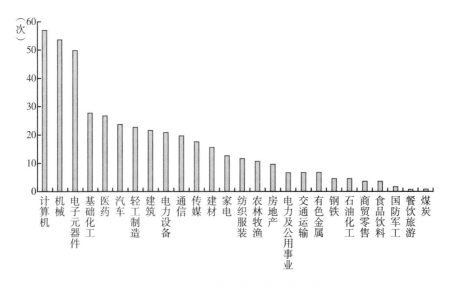

图11　2017年上市公司公告股权激励情况

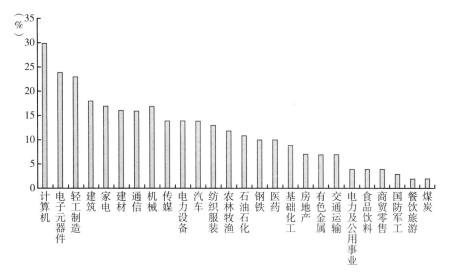

图 12　2017 年上市公司分行业公告股权激励情况百分比

综上可以看出，国有上市公司的股权激励之路越走越宽，但如何更好地在新一轮国有企业改革进程中运用好股权激励方案，需要对股权激励进行全方位系统了解。股权激励为激励系统中的中长期激励，必须要"科学规划、规范实施、严格监管、认真把控"才能为国有企业改革步入新征程增添动能。

一　股权激励的相关概念和作用

为了更好地组织开展股权激励方案设计工作，有必要简要了解激励、股权、股权激励的概念定义，对这些名词认识的进一步加深和对其理论、特征、构成等的理解，十分有助于我们在开展国有上市公司股权激励方案设计的过程中，真正把握住我们设计股权激励方案的内涵，明确激励的目的与原则，科学有效地发挥出股权激励的作用。

（一）激励的概念、特征和构成

1. 激励的概念

提到"激励"一词，可能会联想到鼓励和肯定，想到工作中上级对工

作的及时肯定和正向的绩效评价，薪酬奖金甚至职务职级的提升，使人们能够更有信心和动力从事更有挑战性的工作。以上这些对于"激励"的感受与《辞海》中的解释"激发使振作"相联系。美国管理学家贝雷尔森和斯坦纳给"激励"做出界定，认为"一切内心要争取的条件、希望、愿望、动力都构成了对人的激励——它是人类活动的一种内心状态"。从组织行为学方向解读，激励就是为了让组织成员努力实现组织目标，而采用的激发、引导、保持、归化行为。与此同时，满足某些个体的特殊需要，则是让其为组织目标而努力奋斗的先决条件。对于"激励"的广义理解，就是激励的实施方为了达成既定目标而对被激励者付出的一系列时间、精力、思考与行动。这些激励的行为，是为了让被激励者在心理上处于一种亢奋状态。所以分解来看，一是激励本身是一种手段，它是激励实施方由自身心理的期望而采取的一定的行为手段；二是激励的目的，主要是被激励者的主观能动性发生了改变，这个是其内生因素；三是意识反馈到行动中，并且使行动有一定的稳定性和可持续性；四是行动的作用和效果，主要还是通过一系列积极的行动实现激励实施方的核心目的。

由以上再看关于企业的激励，必然是激励者（这里指董事、股东、经营管理者乃至其他管理者）从企业的发展出发，以战略目标为导向推进和完成各项项目、任务，通过设置合适的薪酬鼓励，匹配舒适且安全的工作环境，设置适当的行为准则和违反公司规定带来的惩罚性措施，借助企业的各个层面的信息沟通，来维持正向的员工行为，由以上各种措施组成的实现公司与员工个人目标的一系列系统性活动。企业激励主要包括以下几点要素。

第一，任何企业的科学激励都需要奖励和惩罚相结合，单单只有奖励或只有惩罚是不够的，其激励效果会随之变小，甚至失去效果，带来类似于失去动力或过度抱怨的极端情况，因此一方面对员工带动企业向前发展的行为进行奖励，另一方面更要惩戒影响公司向前发展的员工行为。只有奖惩的平衡才能达到更好的激励效果，并避免激励系统失调带来的组织内部人际问题。

第二，激励具有多元性和全过程性特点。激励不只是薪酬待遇和奖金这些物质激励，还包括表彰荣誉、事业发展、及时肯定等这些精神激励，这本身也与马斯洛提出的需求层次理论相符合。此外，激励始终覆盖企业员工管理的全过程，因为每个人的需求层次并不相同，需要了解、把握员工的个性需求，并及时把控员工行为过程及结果，以达成企业目标。

第三，激励活动中的信息沟通也具有全面性和全过程的特点。首先，激励活动本身就是项目活动或管理活动的一部分，而信息沟通就是确保这些活动顺利开展的重要基础，作为激励本身，更需要在此基础上对激励者与被激励者之间建立非常畅通密切的信息沟通机制，信息包括工作信息、考核信息等，还需要确保其及时性，例如绩效反馈就是对激励及时有效性的有效保障。其次，信息沟通也贯穿激励工作的始末，包括激励机制的制定就需要多方的参与，而对激励制度的宣传更需要广大企业员工全面了解，再到激励考核的具体实施，本身就是对信息搜集、处理、分析、反馈的过程，通过激励实现对员工行为过程的控制，其本身也是一种信息指令的传递，而对员工行为结果的评价则是对绩效信息的科学分析处理与反馈。信息沟通必须具有及时性、准确性、真实性和有效性特点，激励全过程都需要一个信息沟通的有效机制。

第四，激励的目的具有"双重性"，即企业和员工都拥有自己的预期目标和期望，激励的目的就是组织和个人双重目标的统一。但是，这种性质还是以企业目标为根本目的，是基于企业所有者或管理者对于企业战略发展的目的基础上实施的激励，个人目标的实现与企业目标存在着交集和区别，激励既要满足区别部分的需要，也要找到企业与人的最大公约数，从责任使命、公司文化、价值观、预期目标、愿景和重点项目任务的荣誉感、归属感、使命感等来促进这个交集的扩展，并实现激励效果的优化与最大化。

2. 激励的内容与特征

激励的主要内容包括以下几个方面。

第一，如何激发激励对象的行为，主要是要分析激励对象的共性与个性特点，采取合适的工具、方法和手段来激发。

第二，激发激励对象行为的方向控制和可持续性控制，即要告诉激励对象工作的目标是什么，未来的发展方向是什么，有针对性、有导向地积极开展工作，同时要考虑围绕这些目标和方向开展工作的周期和时间，及时调整工作目标，实现对企业快速发展迭代的积极响应。

第三，激发激励对象行为的幅度和频度，行为幅度过大，则企业行为过于激进冒进会带来负效果，行为幅度过小，则激励实际失效；而激励过于频繁也将使激励曲线逐步下滑，对激励对象产生疲劳感，降低激励敏感度，激励频度过低，将导致激励效果大打折扣，意味着激励的失控。

再结合以上分析来看，激励具有以下几个主要特征。

第一，人的动机与实践活动密切相关，实践活动和环境本身影响动机，而人的实践活动、行为又是由动机引导而生的。

第二，动机不仅能够引发行为，还对行为具有导向性、预期性和持续性，推动着行为活动朝着特定的方向和预期目标行进，且根据激励效果和激励方式具有不同的过程性和可持续性。

第三，激励是一种动机激发的过程。它把内驱力、需要、目标三要素衔接起来。目标指明方向、难易和时间，通过激励将个人需要与企业目标绑定，物质和精神的多层次需要，提升内驱力，又促进了动机激发，从而为企业目标和个人目标不懈努力。

3.激励的构成

激励由主体、客体、关键因素、环境和目标等要素组成。激励的主体、客体就是激励行为的双方与主要关系者；激励因素是指能够激励被激励对象采取积极行动的因素，可以是经济的，也可以是非经济的，可以是物质的，也可以是非物质的；激励环境是一种会影响激励效果的客观条件；激励目标是指激励的主体希望客体的行为所达成的最终成果。

（二）股权的概念、内涵和意义

1.股权的概念

股权是财产所有权的一部分，在企业产权结构中，股权是指股东通过出资或者受让拥有了公司股份或份额，并因此享有的参与公司决策、利润分红的可转让权利集合。根据《公司法》，这些权利包括股东身份权、参与决策权、选择监督权、知情权、优先受让、认购新股、退出权、诉讼权等。

2. 股权的特征

（1）与企业法人财产权相对应的财产权利

股东股权的自由流通转让，造成了财产的两种独立存在形态。以生产要素为主导的公司经营属性形态是在证券市场上独立存在的经营属性形态。股东权利证券化，股东可以以有价证券的形式独立控制，进一步推动了公司财产和运营财产的相互分离和独立。

（2）股权的性质具有集合性

股息红利分配请求权、新股认购权具有债权性质，是请求权；企业剩余财产分配请求权是一种支配权；而共益权可视为股东身份权，即社员权性质。

（3）股权是股东通过出资形成的权利，具有全面性

投资者通过投资、并购、注资等行为，履行出资义务得到相应股权，取得股东资格、获得股东权利，形成投资者与企业之间的法律关系。投资者（股东）通过投资获得的股权权利具有全面性，包括出席股东大会权、新股认购权、股息红利分配请求权、股权转让、企业剩余财产分配请求权、表决权、请求召开股东大会的权利、了解企业经营状况知情权、查阅企业账簿权、质询权、撤销股东会会议决议权、对董事及高级管理人员监督权等多种权利。

3. 股权的经济意义

股权是一种身份和话语的体现，股权与债权、物权相比，具有重大的经济意义。其经济意义包括以下四个方面。

（1）增值

股权是一种预期的、生产和分配增量利益的权利，股权的持有者能够分享企业成长的价值。股权是一种相对的权利。股权的资本性和权利范围的相对性，决定了股权具有不同于债权和物权的增值性。

（2）参与

持有公司股权的股东对公司事务具有法定且全面的参与权利。股东可以

通过法定的程序和条件，按照其持有的股份占企业注册资本的比例，直接或间接参与企业事务。

（3）流通

股权可以转让，因此股权是一种具有流通性的财产权利。股权的流通性，不但可以最大限度地实现股东的资本收益，而且从某种程度上也从外部制约着企业的行为。

（4）风险

股权收益由于和企业的经营情况密切相关，会受到经营性和非经营性诸多因素干扰，相对处于劳动关系、债权关系的劳动者和债权人而言，股东的收益具有更大的风险。

（三）股权激励的概念、内涵与原理

1. 股权激励的概念

所谓股权激励，是根据公司的绩效考核对管理层、核心技术人员、骨干人员和业务人员的股权奖励行为。股权激励是对上述公司的人员给予一定的股权（股份或分红），使其享有公司的部分股东权利与经济权利，赋予其股东的身份与权利，使其参与公司决策、分享利润收益和承担经营风险，从而可以为公司发展提供长期、稳定、尽职、尽责的服务。

2. 股权激励的内涵

股权激励的内涵就是赋予经营管理层、核心技术人员、骨干人员和业务人员剩余价值受益权和索取权，从而起到激励和约束的作用。

3. 股权激励的原理

（1）经营管理者和股东之间的委托代理关系

经营管理者和股东是委托代理的关系，股东委托经营管理者经营管理资产，并希望实现股权价值最大化。在企业实际经营管理过程中，由于信息不对称和监管的过程性，经营管理者更多时候追求的是其自身效用最大化，与股东权益最大化发生冲突。因此，需要通过激励和约束机制来引导和限制经营管理者行为。股权激励通过使经营管理者在一定时期内持有股权（股票

或分红权益），享受股权的增值收益与价值收益，并在一定程度上承担经营风险，使经营管理者在经营过程中更多地关心公司长期价值与股东权益。

（2）人力资本重要性理论

人力资本理论认为人是社会价值的创造源泉，人力是社会进步的决定性因素，但人力的取得需要耗费稀缺资源和物质资源，掌握了知识和技能的人力资源是一切生产资源中最重要的价值资源。在公司的正常运作与管理中，企业经营管理层、核心技术和业务人员三类人员具备人力资本的稀缺特殊性，因此对他们实施股权激励十分必要。

（四）股权激励的作用

1. 股权激励可以有效解决经营管理层、核心技术和业务人员长期激励不足问题

随着市场经济的发展，具备人力资本的稀缺特殊性人员收入分配体系的弊端越来越多，而他们享有企业股权后，企业业绩与他们的收入直接挂钩，这会促使他们（经营管理层、核心技术和业务人员）更关心企业的长期发展与进步。实施股权激励后将此三类核心人员的主要薪酬以股权和期权的形式体现，促使其注重企业长期价值的创造。

2. 股权激励能够积极促进公司治理结构改善

实行股权激励制度，可以使公司股东结构发生变化。企业将具备人力资本稀缺特殊性的人员吸纳进公司决策层，参与企业股东会、董事会、监事会、经营管理层等工作，可以更好地发挥公司员工的参与意识、集体意识与责任意识，加强对企业的监督管理，提高民主决策和民主管理的水平。国有企业改革是我国现阶段经济工作的重点之一。股权激励制度的建立有助于推动国有企业改革和经济结构调整，有助于明细产权和完善现代企业制度。

3. 股权激励有利于降低委托—代理成本

股权激励制度将重点员工的薪酬支出改为股权的分配，不仅减少了企业资金流的负担，同时也激发了员工的工作积极性。股权激励对于上市公司来说，经营者通过努力使企业的各项财务指标都明显改善，理论上经营者就可

以通过股票期权的行权获得收益。

4. 股权激励可以不断吸引优秀人才并稳定人才队伍

股权激励通过合同与长期契约的"约束与报酬"形式，将优秀人才利益与公司利益紧密捆绑在一起，不仅能降低人才流失率，还能更好地吸引与留住优秀人才，使公司的薪酬体系具有更强的市场竞争力与人员凝聚力。

5. 股权激励有利于公司绩效与经营业绩提升

股权激励制度有助于提高职工的参与程度和积极性，有助于提高经营管理者的决策水平，有利于提高管理效率，有利于减少短视行为，有助于提高集体协同力。股权激励制度可以有效改变经营管理者与员工的短期行为，使其行为更加长期化、稳定化、高效化、科学化。

二　股权激励的发展沿革

（一）国外股权激励发展历程

股权激励制度最早诞生于 20 世纪 50 年代的美国。50 年代，美国辉瑞公司为了避税推出面向所有雇员的股票期权计划。以此为契机，股权计划在西方国家迅速发展。随着计划的不断优化与完善，股权激励计划获得很大成功。

几十年来，股权激励制度在公司数量、激励方式、激励范围、股权激励收入占总收入的比重等方面都有较大发展。股权激励实施公司数量不断增多，所占员工收入的比重不断增多，期权数量占公司股本比重上升，种类及实施方法多样化，实施环境逐渐完善。

股权激励在美国、英国、日本、新加坡以及欧洲的大部分国家都被广泛采用，并取得良好的成绩。

截至 2017 年，90% 以上的上市公司和世界 500 强的企业均施行了股权激励计划并以此为契机，不断提升公司核心竞争力。

（二）国内股权激励发展历程

股权激励在我国开始实施起始于 20 世纪 90 年代。自从万科公司推出国内第一个股权激励政策以来，这种全新的管理激励模式迅速在国内落地生根，花枝繁茂。国家层面也一直颁布各种意见、条例、办法、规定等对股权激励政策进行宏观调控。2016 年 7 月 13 日证监会正式颁布《上市公司股权激励管理办法》，标志着上市公司股权激励机制经过十几年的发展迎来了新时代，其政策环境进一步完善，股权激励工作将快速推进。

（三）国有上市公司股权激励发展情况

1. 国有上市公司股权激励实施情况

由于我国的国有上市公司参与资本市场竞争的方式是以市场为主体的，因此在 2006 年《国有控股上市公司股权激励试行办法》实施之后，股权激励这种带有约束性质的激励方式开始逐渐进入国有控股的上市公司。

据统计，在 2006～2016 年我国国有上市公司实行股权激励计划的数量与比例均有大幅度提高，国有控股上市公司共公告了 137 个股权激励方案，其中 105 个方案处于实施中或已完成阶段，21 个激励计划未实施终止，11 个激励计划处于决案阶段，其他处于等待股东大会通过或者董事会预案阶段。按我国证监会行业分类标准，105 个处于实施中或已完成阶段的方案分布在 13 个行业分类中的 12 个，表明我国大部分行业进行了股权激励的实践应用，在各行业中得到了均衡推广。其中计算机、通信、软件及医药制造业等高新技术行业占比相对较高，合计达到 26.32%，说明高新技术行业对人才的需求更为迫切，面临激烈的人才的竞争，股权激励计划能够对企业吸引与留住稀缺人才起到积极的作用。而电气机械及器材制造业、房地产业和化学原料及化学制品制造业合计占比次之，达到 20%，说明市场竞争较为激烈的行业对人力资本的依赖度较高，需要通过这一长期激励约束机制，吸引

和激励人才充分发挥个人才能。①

股权激励发展过程中经历了 2008～2009 年的经济危机，同时期国有上市公司对实施激励计划的意愿也明显下降，2008 年有 6 个、2009 年仅有 4个方案被推出。但是从 2013 年开始，激励计划公告数呈现出明显增长的趋势，2012 年 10 个、2013 年 11 个、2014 年则多达 21 个，2015～2016 年有43 个方案被推出。由此可见，随着经济结构调整和企业转型升级的深入推进，股权激励机制在我国国有上市公司中的发展进入了稳步上升期。

2. 国有上市公司实施股权激励的主要意义

（1）符合国有企业改革发展的方向

根据统计，13.03% 的央企进行了股权激励，7.37% 的地方国有企业开展了股权激励。实践证明，实行股权激励对调动员工积极性、提升公司业绩的作用显著。

截至目前，十大军工集团公司中，有七家军工集团公司的控股上市公司已经实施、正在实施或是准备实施股权激励计划。近期实施方式均以限制性股票为主，其中一家（海康威视）已经实施两期，2016 年准备实施第三期，七家公司实施股权激励的对象均以公司的核心人才为重点，如高级管理人员、中层管理人员以及公司认为应当激励的核心技术、业务骨干等为主，业绩解锁条件基本上以净利润增长率、营业收入增长率、净资产收益率为主。

其中，中国电科 52 所（海康威视下属公司）更是通过实施多轮股权激励，较好地激发了核心人才的创新、创业积极性，使其一跃成为国际领先、国内第一的视频安监领域的产品与服务提供商。2015 年实现了营业收入同比增长 46.97%，净利润同比增长 25.23% 的优秀业绩。

面对同行业优秀企业在激励体系上的多元化的组合模式和多维的激励方式，国有上市公司核心骨干人才需要拿出圆满完成甚至超过规划目标的信念，敞开融汇发展、有容乃大的胸怀，用更好的考核绑定与工作付出体现自己使命与责任，股权激励中的业绩考核指标与人员考核要求正是这种担当的

---

① 参见《国有控股上市公司股权激励试行办法》与《上市公司股权激励管理办法》。

深刻体现。

（2）国有上市公司转型升级的内在要求

随着国有上市公司进一步转型升级，核心人才的吸引和保留面临巨大的挑战，亟须建立起长效的激励与约束机制，将公司经营管理者和核心员工的中长期薪酬收入与未来业绩表现相结合，与公司长远发展绑定，使被激励人员的行为与公司的战略目标保持一致，促进公司各项经济指标和重点项目任务的落实完成，这与经营发展目标要求相契合，有利于做强做优做大集团公司控股上市企业，有利于获得更好的经济效益。

（3）行业竞争的客观要求

股权激励是中国上市公司企业员工激励的重要手段，为企业员工队伍稳定和企业持续、健康、稳定发展起到重要作用。在各类政策的利好之下，外资、民营公司凭借自身机制的灵活性，快速占领各类市场。在当前激烈的市场竞争环境中，上市公司能否进一步发展壮大，取决于能否建立贴近市场的决策管理和市场化的运营机制，取决于能否充分调动关键人才的积极性和创造性，取决于管理骨干和业务骨干能否长期进取、执着努力。

最新的《境外 TMT（科技、通信、媒体）标杆企业高管薪酬与激励数据分析报告》显示，11 家境外 TMT 标杆企业对高管的股权支付占比已经达到80%，其核心目的就是为了使高管更加关注公司的长期业绩和股东价值创造，2014～2016 年每年的限制性股票的使用比例均达到90%。

3. 国有上市公司内部与外部环境分析

2006 年以来，我国相继有几十家国有上市公司推出过股权激励计划，但实施当中或多或少都出现了影响激励效果的问题。为了研究国有企业实施股权激励的问题、路径与方法，有必要深入展开问题与策略研究，从内外两个方面进行分形对照，找出国有上市公司股权激励的关键核心要点。

（1）内部治理

在治理结构方面，由于国有企业相对复杂的股权结构以及模糊的委托代理关系，公司董事会拥有绝对经营权，股权激励不再是股东激励管理者的方

式。治理结构不完善也表现在政府干预存在于股权激励计划实施的很多环节。在这种情况下国有企业股权激励就难有大的激励作用，比如股权激励方案设计与员工持股问题，相对敏感。

在所有者方面，为了避免股权激励沦为高管自己的福利工具，应当在行权价格、行权条件或是激励数量方面相应制约与调整。

在绩效考核方面，应当把减少使用易于管理者操纵的数据指标如财务指标等，以及为提升短期利润而忽视企业长期目标的管理者行为作为考核的指标。

在监督方面，除了证监会，国资委及会计师事务所的外部监督，企业内部也要完善健全自己的监督体系。

（2）外部环境

首先是资本市场弱有效性。由于我国的资本市场起步比较晚，制度发展方面各项规定跟进较慢，我国的资本市场还处于弱有效性阶段。主要表现为信息的不真实、股价的可操控、市场运行无序。

其次是法律政策不健全。法律法规更新不及时给投机分子在资本市场更多的投机空间，对整体股权激励的影响较大。此外，我国的税收政策对激励人员没有优惠政策。

最后是职业经理人市场缺乏竞争。在我国，职业经理人市场还不够规范完善，也在一定程度上影响了股权激励的作用。

4. 国有上市公司股权激励方案设计的一些特点

国有上市公司实施股权激励最多的行业是计算机、通信、软件行业。相对于传统企业，高科技信息技术企业与先进制造业企业对人力资源和人力资本更加重视，特别是对作为企业核心竞争力与价值创造源头的核心技术人员与骨干人员格外看重，对其给予较高的薪资待遇与必要的薪酬、福利、发展与晋升的激励。相比之下传统行业实施股权激励的数量较少。

在国有上市公司当中，激励股份占总股本比例在5%及以下的占比较高，5%～10%的占比不超过10%。这反映出国有上市公司激励份额比例都偏小，倾向于选择5%及以下。与民营上市公司相比，很明显从总体来看民营企业的激励份额更大，激励方式更多、更灵活。

三 国有上市公司股权激励的主要方式

根据《上市公司股权激励管理办法》（证监会令第 126 号）、《国有控股上市公司（境外）实施股权激励试行办法》（国资发分配〔2006〕8 号）①、《国有控股上市公司（境内）实施股权激励试行办法》（国资发分配〔2006〕175 号）②、《关于严格规范国有控股上市公司（境外）实行股权激励有关事项的通知》（国资发分配〔2007〕168 号）、《关于规范国有控股上市公司实施股权激励制度有关问题的通知》（国资发分配〔2008〕171 号）以及《国有控股上市公司实施股权激励工作指引》等文件规定与要求，国有上市公司股权激励主要方式包括限制性股票、股票增值权和股票期权三种，以及相关法律、行政法规允许的其他方式。

目前，国有企业实施中长期激励的方式主要有国有控股上市公司股权激励、国有科技型企业分红和股权激励以及国有控股混合所有制企业员工持股三种。国际上通行的股权激励方式有股票期权、股票增值权、限制性股票、虚拟股票、业绩股票、延期支付计划等。其他方式应该为除了"限制性股票、股票增值权和股票期权"三种以外的其他一些合法的激励方式。

（一）股票期权

1. 股票期权的定义

股票期权是以股票与股票价值为标的物的一种合约，是公司内部制定的面向高级管理人员等不可转让的期权，是指公司给予激励对象在将来某一时期以预定的价格购买一定数量股票，获得特定股权的权利，激励对象在到期后可以行使或放弃这个权利，在行权之前没有分红权等权利，在行权后变为

---

① 参见国务院国有资产监督管理委员会网站，http：//xxgk. sasac. gov. cn：8080/gdnps/newContent. jsp？id=4315856。

② 参见国务院国有资产监督管理委员会网站，http：//xxgk. sasac. gov. cn：8080/gdnps/newContent. jsp？id=4315836。

实在的股票。从股票期权的特点来看，激励对象在未来要支付资金购买股权，但是价格是已经确定的，也就是从定价格的时间开始享受到了增值收益权，类似于激励对象获得了购股资金的贴息优惠，也称为"股权认购权"。随着股权的转移，激励对象也将从不具有股权对应的权利变为获得全部的股权权益。股票期权具有选择的权利，当约定的时间股票价格低于预期时，期权的拥有者可以选择继续持有，也可以选择放弃行使权利，这种权利降低了直接持有股票的一定市场风险和可规避性。

2. 作为股权激励方式的股票期权

股票期权是公司给予受权人（受让人）在未来特定时期内以规定的市场价格（行权价格）购买一定数量本公司股票的选择权。持有这种股票权力的受权人在规定期限达到了事先规定的某些条件（业绩目标），则可以按照事先规定的条件行使购买股票的权利。在具体行权前，股票期权（股票）持有人没有任何的现金收益与分红；在行权以后，其个人收益（股票期权）为行权价与行权当日本公司股票市场价之间的差价。股票期权持有人可以自行决定在任何时间出售其所持股票，行使其所得股票权益。

3. 股票期权行权

（1）行权限制期

在授予股票期权时，为了防止股票期权授予对象的短期行为，不会赋予股票期权持有人即时行权的权利。因此，将股票期权自授予日至股票期权生效日的期限称为行权限制期。

中国证监会发布的《上市公司股权激励管理办法》指出股票期权的行权限制期不得少于1年，国务院国资委发布的《国有控股上市公司（境内）实施股权激励试行办法》则规定行权限制期原则上不得少于2年。

（2）股票期权有效期

股票期权的有效期指"自股票期权授予日至股票期权失效日止的期限"。

在我国，股票期权的有效期最长为10年。在证监会发布的《上市公司股权激励管理办法》中规定"股票期权计划有效期的起始日为股票期权授予权益日",而在国务院国资委发布的《国有控股上市公司(境内)实施股权激励试行办法》中,股票期权计划有效期的起始日为"股东大会通过之日"。

(3)行权有效期

行权限制期、行权有效期和股票期权有效期三者的关系为"行权限制期+行权有效期=股票期权有效期"。行权有效期为股票期权生效日(可行权日)至股票期权失效日止的期限。

在《国有控股上市公司(境内)实施股权激励试行办法》中规定"行权有效期由上市公司根据实际确定,但不得低于3年。超过行权有效期的,其权利自动失效,并不可追溯行使"。

(4)行权价格

在《上市公司股权激励管理办法》和《国有控股上市公司(境内)实施股权激励试行办法》中均规定,行权价格不应低于下列价格中较高者:一是股权激励计划草案摘要公布前一个交易日的公司标的股票收盘价,二是股权激励计划草案摘要公布前30个交易日内的公司标的股票平均收盘价,三是股权激励计划草案公布前1个交易日的公司股票交易均价,四是股权激励计划草案公布前20个交易日、60个交易日或者120个交易日的公司股票交易均价之一。综合以上条件进行计算即可。

当上市公司因转增股本、送红股、配股或增发新股、发行可转债等原因引起变化时,股票期权的行权价格必须做出相应调整。另外,公司分拆、合并、减资涉及股票期权行权价格、数量的调整需明确做出相应的调整方法。

4.股票期权所需标的股票的来源

解决股票来源一般通过原股东出让股权、公司增发新股、公司从二级市场回购三种方法处理。

在我国,根据《上市公司股权激励管理办法》的有关规定,上市公司可以根据本公司实际情况,通过向激励对象发行股份、回购本公司股份以及法律、行政法规允许的其他途径等方式解决标的股票来源问题。

《国有控股上市公司(境内)实施股权激励试行办法》除做出与上述相

同的规定外，还规定"实施股权激励计划所需标的股票来源，不得由单一国有股东支付或擅自无偿量化国有股权"。

5.股票期权的优缺点及适用性

（1）股票期权的优点

一是激励对象与公司长期利益的目标一致性。激励对象通过自身的努力工作，推动企业不断进步，公司股价在市场的不断增长，也实现了激励对象个人利益的最大化。

二是对激励对象在行权有效期内，随时可以放弃行权，不承担市场风险，如果公司股票价格低于预期，期权持有人几乎没有损失。

三是减少企业的工资成本。股票期权是员工薪酬的一部分，通过赋予员工股票期权，减少当期企业的成本支出，企业可以将更多的资本投入研发等模块，增强自身竞争力。

四是股票期权实现收益的方式是在二级市场完成的，由于市场的波动较大，对员工的激励效果也极为明显。同时由于对行权限制期的规定，又可以有效避免员工的短期行为，减少了公司人力资源的流失。

五是方式比较灵活，对于企业来说不仅没有减少公司原有资本存量，又对员工进行了较大的激励。对员工来说，激励对象得到的是一种选择权，可以选择行权或者不行权。而且股票期权在行权后，又可以增加企业的现金储备，是一种极为灵活的激励方式。

（2）股票期权的缺点

由于股票市场弱有效性，股票期权中的股票价格极易在二级市场被操纵，例如：投机因素、政府政策以及突发事件等。一旦员工选择不行权，对于员工来说，就失去了企业当初的激励初衷，而且影响员工的工作积极性。

此外，股票期权生效的前提是公司已上市，因此对于非上市公司尤其是上市机会渺茫的公司员工的激励甚微。而且对大型企业的中下层领导来说，他们的行为对于公司的股价影响较小，因此也达不到对此部分企业员工的激励效果。还有就是可能会由于激励对象行权而影响股权结构。

（3）股票期权的适用性

股票期权与股票投资的特点相似，即高风险、高回报，因此对于高科技型创业公司较为适用。一方面初创型互联网公司难以拿出较大的现金流对公司员工进行即时的激励，另一方面由于自身企业的发展潜力极大，对员工进行期权奖励既能降低成本，又能有效进行员工激励，是一种一举两得的解决方案。

综上所述，股票期权激励比较适合发展前景好、现金流不充沛、利润有限的创业公司或正处于上升期的上市公司。

（二）限制性股票

1.限制性股票的定义

限制性股票是指上市公司免费授予或者允许激励的对象按照约定的折扣价格购买的在一定时期内处于锁定状态的公司股票。当激励对象符合解锁条件时，股票才会逐渐解锁。

限制性股票的限制主要表现为两种情况，一是时间限制，即一定时间内不能对股票进行售出操作；二是激励对象的自身工作条件（如工作时间、职务、能力、素质、知识、潜力等）限制，当然也有对解锁条件（公司业绩与个人业绩）的限制。

在我国，根据《上市公司股权激励管理办法》和《国有控股上市公司（境内）实施股权激励试行办法》的规定，限制性股票也可以以一定的价格授予激励对象，但上市公司以股票市价为基准确定限制性股票授予价格的，在下列期间内不得向激励对象授予股票。

①定期报告公布前30日。

②重大交易或重大事项决定过程中至该事项公告后2个交易日。

③其他可能影响股价的重大事件发生之日起至公告后2个交易日。

2.限制性股票与股票期权的比较

限制性股票与股票期权对于激励对象的收入影响都基于二级市场的股票价格。而且两者对于时间的要求都比较长，因此看的都是比较长期的激励机制。

近年来，各大上市公司进行股权激励的机制趋向于从股票期权转为限制性股票。这主要基于两种激励方式的以下不同点。

（1）获授不同

限制性股票激励是确定性的。一旦限制期结束，激励的对象就能获得收益，而股票期权的激励对象只是获得一个行权的权利，当二级市场整体处于低迷期时，激励对象放弃行权之后并不能获得任何收益，两种激励的获授方式不同。

（2）股份数量不同

基于上市公司之前的经验，激励对象获得相同收益水平的情况下，股票期权的股份支出数量更多，对于股东的原始股份稀释更多。

（3）收益风险不同

限制性股票的收益风险小于股票期权。因为股票解锁之后无论二级市场价格如何波动，限制性股票对于激励对象都是有收益的，而放弃行权的话，股票期权的收益就等于零。但是期权获得高收益的同时其风险也高。

（4）资金投入的压力不同

股票期权在行权时才会购买，且一般有 2~3 个行权期，资金分 2~3 批投入，一次投入压力小。而限制性股票在授权时就需要投入全部的认购资金，解锁期只有达到业绩条件才能够分批解锁逐步回收资金。

（5）税收待遇不同

在中国当前的制度环境下，制度未能及时跟进，期权没有类似欧美国家的税收优惠，因而使用限制性股票激励手段产生的管理费用较低。

3. 限制性股票的优缺点及适用性

由于限制性股票对"限制期"的约定，可以将激励对象绑定在公司，对人才稳定性有积极的作用。解锁之后的股票可以直接进行交易，因此二级市场的股价波动对激励对象的激励效果的影响也比较小。但是限制性股票也不是十全十美的，即使企业发展不如预期，股票价格发生下跌，仍然不影响激励对象获得收益，也会造成股东与被激励对象利益的不一致性。

综上所述，限制性股票适合处于稳定期及成熟期的上市公司。

（三）股票增值权

1. 股票增值权的定义

股票增值权与股票期权一样是公司给予激励对象的一种权利，但与股票期权不同的是被激励对象不获得股票，只享受一段时间内规定数额的股票价格差额。股票增值权不持有股票，虽然也算是公司股东，但不能享受任何持股带来的股东权利。

2. 股票增值权的优缺点及适用性

（1）股票增值权的优缺点

股票增值权方案操作灵活方便，对真实的股权结构没有任何影响，因此不需要解决股票的来源问题。但由于激励对象并没有拿到股票，所以激励效果偏弱。前文说到资本市场的弱有效性，股价变动与员工的组织行为关联性较差，而且在被激励者行权时，企业当期的现金流会比较紧张。

（2）股票增值权的适用性

股票增值权较适合现金流量比较充裕且比较稳定的上市公司和现金流量比较充裕的非上市公司或净资产增值快的公司。

（四）其他

1. 业绩股票

业绩股票是指公司根据激励对象的业绩水平，以普通股作为长期激励形式支付给激励对象，又称作现股模式。在这种激励模式下，一般有两种考核标准，一类是以每股收益的增长水平，另一类则考量被激励者在职期间的资产收益。

业绩股票是国内目前采用较为广泛的激励手段。前文提及的限制性股票也可以理解为业绩股票的一种形式。此种形式具有风险性、持有股票权、投入资金、长期持有的特点。

2. 虚拟股票

虚拟股票是指公司一种虚股转实股的形式。通常企业授予激励对象一种"虚拟"的股票，授予者可以据此享受分红权，但没有所有权、表决权、出售和转让权，当被激励者离职后，分红权相应结束。

3. 员工持股计划

员工持股计划顾名思义就是股东与员工共享企业所有权和收益权的一种激励制度。具体是按照员工个人意愿进行的，通过合法取得的方式，员工个人持有公司股份的激励模式。

员工持股计划分为两类：非杠杆型和杠杆型。非杠杆型是指公司每年向该计划贡献一定数额的公司股票或用于购买股票的现金。杠杆型主要通过信贷杠杆来实现，这一方式实际放大了股价波动对上市公司员工利益的影响。2014 年中国证监会发布《关于上市公司实施员工持股计划试点的指导意见》，开始在上市公司开展员工持股计划试点，但从实施效果看并不理想，很多上市公司为了解决资金来源问题，采用有杠杆条件的结构化资产产品，由于股市动荡等因素，截至 2016 年 1 月 28 日，68.8% 的员工持股计划已经亏损。而国有上市公司未见采用此种激励方式的案例。此种方式适合创业初期合伙人通过投入资金入股，或者是面临重大改革针对合伙人或核心高管空降 CEO 的一些情况。

（五）国内上市公司股权激励方式选择情况

通过对市场上的上市公司激励方案模式的统计与分析，超过 1/2 的国有上市公司选择限制性股票模式，40% 的方案选择了股票期权模式。而在其他上市公司中，60% 以上的方案选择限制性股票，不到 30% 的方案选择了股票期权，综上，所有国有上市公司选择这两种股权激励方案的数量超过90%。值得注意的是，部分外籍员工较多的非国有上市公司多采用股票增值权这一激励方式。

B.7
国有上市公司股权激励实施基础评估

刘文祺 执笔*

摘　要： 从问题导向出发，在开展股权激励前，有必要先明确为什么
要开展股权激励，即梳理公司当前的问题与需求，明确股权
激励实施后是否可以解决相应问题和需求。明确后检查开展
股权激励的可行性，诊断公司当前治理现状、薪酬分配体系
等，结合市场环境、行业情况、公司状况和实施条件，据此
判断是否开展股权激励工作。问题和需求的归纳与梳理也将成
为后续方案设计原则、激励对象选择、时间安排、业绩条件设计
的输入，而全面评估公司内外部情况与实施条件将大大降低设计
与实施的风险，确保方案设计的合适、合规、合法。

关键词： 企业治理　薪酬分配　市场环境　股权激励

一　问题与需求诊断

国有上市公司开展股权激励首先要明确必要性，一是要符合国有企业改
革的发展方向，是国有企业创新激励形式的必然趋势和成熟选择；二是要满
足国有企业转型升级发展的内在需求，是公司新业务拓展与战略规划落地的
必然要求；三是满足行业竞争的客观要求，股权激励作为上市企业员工激励
的重要工具，是保障企业员工队伍稳定和企业持续、健康、稳定壮大的非常

---

* 刘文祺，航天信息股份有限公司人力资源部。

有效的激励手段。

可以说，股权激励作为国有上市公司中长期激励的一种常用手段和工具，为企业发展和人才稳定起到了十分积极的作用，但是股权激励并非包治百病，必须进行科学准确的分析和诊断来确定公司实施股权激励的必要性，以及计划和实施股权激励的方式。结合实践与理论研究，编写组认为可从以下三个方面进行需求诊断。

（一）主要问题诊断

一是表象上公司存在骨干人才甚至是高层人员频繁跳槽流失的现象和趋势，内涵上公司存在着传统激励效果已经不能够解决公司当前对于各类人才的需求。

二是表象上看公司干部队伍与专业人才队伍活力不足，执行力、协同力不够；内涵上是干部人才始终没有形成主人翁意识，没有主动性，不能把自己的发展与公司未来紧密结合。

三是表象上看公司经营当前仍能实现，但未来发展目标的刚性加大，长效机制难以持续建立，干部人才仍只关注当期而忽略战略发展诉求；内涵上是公司在明确战略发展目标的前提下，未能将公司经营发展目标、股东利益诉求逐级传递分解到责任人，未能有效考虑长效机制指标。

四是表象上公司各级领导干部、核心骨干仍不能贯彻战略意图，主动开拓；内涵上保障性待遇有余，而创新性激励不足，短期激励有余而中长期激励不足。

（二）企业治理现状诊断

企业治理对于企业的生产经营和重大决策具有多方面深远的影响，可分为董事会结构和股权结构两大方面，其中又包含诸多因素。企业在选择股权激励的工具和方式、计划设计和实施时是受多种因素影响的，其中企业治理是重要的因素之一。

1.董事会结构的诊断

董事会是企业重大生产经营的决策机构，由股东所选举的董事组成，包含执行董事、非执行董事、独立董事等不同类型，在提高企业核心竞争力和企业运营效率方面发挥着重要作用。董事会结构可以从董事会规模、独立董事比例、总经理和董事长两职合一的情况等维度进行衡量。

（1）独立董事是指不在企业内部任职且独立于企业股东群体，并与企业或企业经营管理者没有重要的业务联系或专业联系，对企业事务做出独立判断的董事。独立董事制度是为了解决公司治理中突出问题而产生的，与监事会一同从内外部对公司董事和管理人进行监督，规避董事与管理人勾结侵害小股东利益的风险。可见企业董事的独立性是企业董事会内部治理机制的重要因素，独立董事比例的提高利于企业生产经营水平和业绩提高，企业股权激励要在采取适当的方式激励管理人努力提高业务的同时，防止股权激励失去控制。

所以独立董事比例较高的企业，选择限制性股票这种收益约束条件较强的方式作为股权激励的工具具有相对优势。

（2）董事会规模大小是企业治理中的重要问题之一，《公司法》第108条规定，股份有限公司应一律设立董事会，其成员为5～19人。董事会规模较大可以带来更多与外部环境联系的机会，获取更为丰富的外部关键资源，但是往往会降低决策的效率，增大决策成本，甚至不能做出最优决策；董事会规模较小便于组织，利于沟通，决策过程相对简单高效，但是可能会形成个人关系。

所以董事会规模较大的企业，董事会职责、决策效率难以较好发挥，选择限制性股票这种约束力较强的方式作为股权激励的工具具有相对优势；董事会规模较小的企业，决策效率较高，选择股票期权这种激励效果较为明显的方式作为股权激励的工具具有相对优势。

（3）董事长和总经理对企业生产经营具有十分深远的意义，董事长是股东的代表，而总经理是管理者的代表，董事长、总经理两职合一情况是公司治理中被重点关注的问题之一。董事长、总经理两职合一利于降低代理成本，减少股东与管理者之间的利益冲突，相对提高经营效率，促进企业决策权集中，但董事会对总经理的监督会没有其他企业强，董事会自身的作用会

被降低；董事长、总经理两职分离利于充分发挥监督作用，规避损害企业利益的行为，但是可能会降低决策效率，导致决策不及时而影响企业发展，甚至引发利益冲突。

所以董事长、总经理两职合一的企业，选择股票期权这种不占用企业现金、约束条件少、激励效果较强的方式作为股权激励的工具具有相对优势；董事长总经理两职分离的企业，选择限制性股票这种对总经理约束条件较强的方式作为股权激励的工具具有相对优势。

2. 股权结构的诊断

股权结构主要由企业股东构成、股东稳定性、股票的集中度及持股比例等因素组成，对股东权利的行使方式以及董事会对企业控制权市场作用的发挥起到十分重要的作用，是公司治理的基础因素。股权结构可以从股权集中度、终极控制人、流通股比例等维度进行衡量。

（1）股权集中度反映了企业各股东的实际控制力，从而影响其实际行为，对企业的经营决策具有很大的影响。股权集中度一般可以按照第一大股东持股比例、前十大股东持股比例平方和等作为衡量指标。股权集中度如果较高，可以使股权激励计划的开展更有优势，加强大股东们对公司监督的积极性，减少经营者的逆向选择成本和风险。因此在进行股权激励时首先要考虑的是如何最大限度对管理者进行激励，而不是防止管理者利用股权激励计划谋取个人利益。

所以较高股权集中度的企业，选择股票期权这种激励效果较为明显的方式作为股权激励的工具具有相对优势。

（2）终极控制人从概念上讲是指在企业中具有最终控制权且不被任何人所控制的股东。当终极控制人为国有性质时，企业在最大程度上会避免利益受到的无端侵害，并在税收政策、各类补贴和具体实施上得到一定优惠。然而，正是由于国有性质的相关属性，为了避免出现非法侵占国有资产或国有资产流失，一定程度影响了企业生产效率的提高，影响了充分发挥市场的自由调节作用，同时国有企业在计划和实施股权激励时会相对保守和谨慎，会采取一定措施避免股权激励成为管理层攫取个人利益的手段，以及股权激励的实施被操控。

所以终极控制人为国有性质的企业，选择限制性股票这种约束力更强、监督效果更明显的方式作为股权激励的工具具有相对优势。

（3）流通股比例是指市场流通股份与总股本的比例。非流通股不能在市场流通，非流通股股东拥有的企业利益不能完全用股票的价值衡量，因此非流通股股东为企业提升绩效的动力不足。另外，如果企业非流通股比例较大，市场中可能会出现有实力的机构或投资者掌握企业大部分甚至全部的流通股，进而操纵股票价格的现象，严重影响股票市场的稳定性，对企业生产经营造成十分不利的影响。因此应降低非流动股比例，增加流动股比例从而加大实施股权激励的空间，促进股东产生更大的动力。

所以流动股占比较高的企业，选择股票期权这种激励效果较为明显的方式作为股权激励的工具具有相对优势。

（三）企业薪酬分配现状诊断

薪酬是各个企业最基本、最普遍的激励方式，在企业发展中起着重要作用。一个好的薪酬体系，对于员工的激励作用是非常明显的，对于企业高速发展的助推作用也是非常关键的。开展股权激励之前，诊断公司薪酬分配的现状，能够明确股权激励的着力点在什么地方，有针对性地去弥补薪酬体系中较为薄弱的环节，能够使公司的激励体系更加全面、充实，从而达到更好的效果。我们一般可以通过以下几点，对公司的薪酬分配情况进行较为全面的评估。

1. 薪酬策略

简言之，薪酬策略就是企业薪酬分配的倾向性，更倾向的群体自然付出的薪资也多，其他群体薪酬倾斜的程度就相对较小。薪酬分配倾向哪些人，是股权激励对象确定的基本因素。

薪酬分配倾向的群体多数是公司业务部门群体，因为这些部门直接创造价值，薪酬倾斜政策能够起到较大程度的激励效果，所以很多企业对于主营业务部门相关人员薪酬倾斜程度较高。然而从企业发展的角度来讲，许多处

于夕阳行业或是行业已趋于饱和的企业来说，想要进一步发展或维持住领先地位，薪酬过多地倾向于主营业务部门的员工并不明智，将在互联网的大潮中，不进反退。股权激励即适合这些更多地需要关注发展和进步的公司，将股权激励对象更多地设定为公司的核心研发人员、核心管理人员，能够将公司的关注重心转移至创新、进步。对于股权激励工具的选择，限制性股票更加适合对核心技术、管理人才使用，能够起到较好的人才保留作用；而对于市场人员，则应选择成本较小、收益较大的股票期权，对其激励效果更佳。

国有企业所处的行业大多已较为成熟，并且大多是国家需要重点管控的关键行业，不仅仅担负着重要的政治使命，又需要兼顾企业发展转型，既要求稳也要求新，难度很大。这时的国企需要将激励的核心转向核心技术人才、核心管理人才，而非仍仅仅关注业务。在与外部薪酬无法匹配的情况下，内部的激励倾斜显得尤为重要。

2. 薪酬标准

薪酬标准是薪酬管理中相对重要的方面，因为这关乎着员工的实在利益，也关乎着企业内外部公平性的平衡，所以标准的制定就需要关注企业内外部环境以及薪酬历史等因素。股权激励是对公司薪酬支付标准的又一次洗牌，能够从内部和外部对企业薪资公平性问题起到较好的平衡作用。

对内部而言，股权激励其实并不会过多地关注薪酬公平性的问题，更多的关注点还是在于公司的导向，然而股权激励考核若能合理设计，对激励对象的绩效表现给予恰当正向的反馈，则股权激励的内部公平性可以从侧面得到保证。对外部而言，股权激励是一个非常好的调整薪酬公平性的工具，尤其对于国企而言，工资总额限制着公司工资的总量，在员工薪酬受到一定限制的情况下，股权激励能够在提高员工收入的同时不突破工资总额，这无异于打开了另一扇门。国企规模体量较大，一般都具备一套较为完善的大型集团管控的薪酬体制，这在过去叫作"铁饭碗"，目前仍有国企在按照如此体系来发薪。但在目前的市场环境下，这样守旧的薪酬政策不但无法照顾原先的内部公平性，反而会抑制员工的奉献精神，抑制员工创新和提效的动力，干多干少一个样，无法体现贡献的多少。目前国企普遍较低的工资，已经无法匹配市场，这种体系也成为员工收入提高的"拦路虎"。这时股权激励的出现就成为国企打破限制的突破口，为多元化员工激励措施带来了可能。

对于在外部采取不同薪酬策略的公司而言，选取股权激励的作用也不尽相同。若公司采取薪酬领先战略，公司整体薪酬水平要高于市场，股权激励可能并不会产生较大的作用；但是对于薪酬水平本身就低于市场的企业而言，股权激励对于公司员工的激励作用以及对人才的吸引作用，就会明显增强。

二 市场环境

（一）法律及政策配套程度

国家对国有控股上市公司股权激励政策的不断完善，对于规范股权激励的开展有着积极的助推效果，也使得上市公司股权激励有法规可依。国务院国资委、证监会、全国人大常委会、财务部、国家税务总局等国家有关部门和机构在公司治理、激励指导、激励政策等多方面提出工作要求和意见指导。

表 1 国务院国资委相关政策及法律法规

序号	颁布时间	政策及法规
1	2006 年 3 月 1 日	《国有控股上市公司（境外）实施股权激励试行办法》（国资发分配〔2016〕8 号）
2	2006 年 9 月 3 日	《国有控股上市公司（境内）实施股权激励试行办法》（国资发分配〔2016〕175 号）
3	2008 年 10 月 24 日	《关于规范国有控股上市公司实施股权激励制度有关问题的通知》（国资发分配〔2018〕171 号）
4	2010 年 7 月 13 日	《国有控股上市公司实施股权激励工作指引》
5	2014 年 7 月	《国有控股上市公司实施股权激励工作指引（征求意见稿）》

表 2 证监会相关政策及法律法规

序号	颁布时间	政策及法规
1	2005 年 12 月 31 日	《上市公司股权激励管理办法（试行）》
2	2009 年 5 月 10 日	《股权激励有关事项备忘录 1 号》
3	2008 年 5 月 6 日	《股权激励有关事项备忘录 2 号》
4	2008 年 9 月 16 日	《股权激励有关事项备忘录 3 号》
5	2010 年 4 月	《股权激励有关事项备忘录 4 号》

表3　全国人大常委会相关政策及法律法规

序号	颁布时间	政策及法规
1	2006 年 1 月 1 日	修订后的《中华人民共和国公司法》于 2006 年 1 月 1 日起正式实施
2	2006 年 1 月 1 日	修订后的《中华人民共和国证券法》于 2006 年 1 月 1 日起正式实施

表4　财务部、国家税务总局相关政策及法律法规

序号	颁布时间	政策及法规
1	2005 年 3 月 28 日	财政部、国务税务总局《关于个人股票期权所得征收个人所得税问题的通知》(财税〔2005〕35 号)
2	2006 年 2 月 15 日	《企业会计准则第 11 号——股份支付》
3	2006 年 3 月 15 日	财政部《关于〈公司法〉施行后有关企业财务处理问题的通知》
4	2006 年 9 月 30 日	国家税务总局《关于个人股票期权所得缴纳个人所得税有关问题的补充通知》
5	2009 年 1 月 7 日	财政部、国家税务总局《关于股票增值权所得和限制性股票所得征收个人所得税有关问题的通知》
6	2009 年 8 月 24 日	国家税务总局《关于股权激励有关个人所得税问题的通知》

（二）经理人市场健全性

股权激励的有效性很大程度取决于经理人市场的健全性和完善程度，只有在合适的条件下股权激励才能发挥引导经理人长期行为的正向作用，但是目前我国职业经理人的培养、选拔、使用和退出尚缺乏机制约束和契约保障。

经理人能否正确履行责任和义务，其行为是否符合股东的长期利益，除内在个人利益驱动外，还受到各类外在机制体制的影响，因此经理人的最终行为是内、外在共同影响而达到动态平衡的结果。所以要建立并逐步健全经理人市场，引入市场竞争机制，转变聘任方式，加快市场培育，一切从市场角度出发，采取有效措施建立公平、公开、公正的经理人选拔聘用机制，促进较高素质和业务水平的经理人队伍形成、聚集和发展，为推进股权激励计划实施创造条件。

股权激励是影响经理人行为的外在因素之一，需要各种环境和机制作为支撑，主要包含但不限于政策法律环境、市场选择机制、市场评价机制、控制约束机制和综合激励机制等。

1. 政策法律环境

政府有义务通过法律法规、政策制度等形式，为各项机制的形成和强化提供政策层面的支持，建立一个可行的良好的顶层政策环境。在我国目前实施的股权激励中，在现实操作的情境中，最大的问题还是符合法律要求的同时，如何确定股票来源和出售途径；在市场环境方面，需要通过加强资本市场监管、改革经营者聘用方式、消除不合理垄断保护、促进政企分离等举措，促进形成良好的政策法律环境。

2. 市场化机制

以市场化的竞争和选择机制对职业经理人进行激励约束，对其能力和素质的提升与长期发展具有很明显的激发效果；而以行政任命或非市场选择确定的经理人，较难与企业股东的长期利益保持一致，较难发挥激励约束机制的实际作用，因此对这样的经理人进行激励不符合企业股东的利益。

目前我国职业经理市场提供了较好的市场选择机制，积极的市场竞争将促进不合格的经理人的退出和淘汰。在这种机制下经理人的价值是由市场因素确定的，这样股权激励才可能是积极有效的。经理人在企业经营过程中，会充分发挥主观意识，发挥在整个市场化环境中的重要价值作用，来规避经理人短视行为、消极行为等情况的出现。

3. 市场评价机制

客观合理的市场评价是对企业价值和经理人业绩做出评估的重要因素。如果没有公正的市场评价机制，经理人市场选择和激励约束就无法实现，股权激励也不可能发挥作用。在社会审计体系完备、资本市场操作合理、政府干预适度的前提下，通过规范高效的市场化运作，以股价确定企业长期价值，以股权激励的方式合理激励和评价经理人，充分发挥市场评价机制的正向作用。

4. 控制约束机制

控制约束机制是通过法律法规政策、企业章程和制度规定、企业内部控制机制等实现对经理人的限制，其约束作用是激励机制无法替代的。合理有效的控制约束机制能够保证企业的健康平稳发展，防止经理人不利于企业和

股东的行为，尤其对国有控股企业经营管理者来说，要加大控制约束力度，加强法人治理结构建设，不断提高控制约束机制的监督效果和执行效率。

5. 综合激励机制

综合激励机制通过薪酬、福利、教育培训、职业晋升、股权激励、良好工作环境等综合手段实现对经理人行为的正向激励和引导。不同的企业环境、经理人、业务等对应的最优激励方式不同，激励方式带来的导向和效果也不同。因此企业要根据实际情况，设计和配置激励组合，力求最大程度发挥激励效能，其中股权激励要结合激励成本和收益综合考量，选择合适的工具、方式和大小等。

6. 经理人管理模式

国有企业干部体系与其他职业经理人体系相比有较大的不同。首先国有企业体系内的干部受到较强的管控，这种管控不是来自市场的反馈，而是源于国有企业内部的诸多限制，本身对于干部业务行为就有了很强的约束作用，一方面能够保证足够的稳定，但另一方面大大限制了干部自身的业务操作空间。能否利用好职业经理人，恩威并施，在强管控与大胆创新之间找到一个平衡点，成为股权激励是否成功的关键。

（三）证券市场有效性

证券市场假设是证明股权激励能够产生效果的重要基础，股票价格能够客观公正地反映公司真实的经营状况和未来发展的趋势是证券市场假设的主要观点。然而，我国股票市场发展时间较短，尚未达到弱型市场要求，只能称为准弱型市场。这是由于目前股票市场遭到人为干预的情况较多，投机性还很强；股价非理性的变化常常存在，但是政府和市场也没有有效的手段来进行合理的干预。

根据现在弱有效性证券市场的情况，企业特别是国有控股企业就要遵循谨慎公平的总体原则，设计弹性调节、趋利避害的评估评价体系，加强监督管理力度，利用市场内在调节、约束和制衡机制，确保股权激励的持久性、有效性和合理性，最大程度规避或平滑各类风险因素。

三 尽职调查

在确定公司实施股权激励计划的必要性之后，为确保股权激励方案的合法性、可执行性、公平性等因素，有必要在方案设计之前由专业机构对公司进行尽职调查和评估，重点在于了解公司各方面的事实情况，尤其是公司的人力资源、薪酬管理、绩效考核等方面，对于公司实施股权激励的目标进行进一步的分析和考量，为开展股权激励计划打好坚实的基础。

（一）尽职调查的信息收集与研究

主要收集拟实施股权激励公司的公开资料、真实资讯和公司资信情况、经营能力、市场情况、人员结构、财务状况等信息，在此基础上进行信息整理和分析，根据拟实施股权激励公司的类型和所处行业，研究法律法规、行业政策，对可能涉及的具体行政程序进行系统调查，并与拟实施股权激励公司的法人、董事长、主要股东、人力资源部门负责人等逐一面谈，以便直观了解股权激励拟达到的效果及期望，考察在实施过程中实际存在的障碍等问题。

（二）尽职调查主要内容

股权激励尽职调查的结果对公司可以采用的股权激励模式、对象范围等股权激励计划的重要内容有着重要的参考意义，尽职调查内容要尽可能地详尽，为出具设计方案或相关法律意见书提供信息来源，为公司决定实施股权激励计划提供重要依据。股权激励尽职调查主要包含但不限于以下内容。

（1）公司设立及变更文件资料，包括工商登记材料及相关主管机关的批件。以上文件能够证明拟实施股权激励的公司是否为独立法人，并且确认公司每一次工商登记材料的合法性以确认公司经营的合法性和公司存续期的问题。若拟实施股权激励公司为上市公司，公司存续合法性这一点上不必过多关注。关注重点可放在该公司的上级单位对于该公司实施股权激励的大体

意见和导向上，是否有上级单位的批件，这对评估股权激励方案实施开展的阻力及时间规划有较大的参考意义。

（2）拟实施股权激励公司的公司章程、议事规则、规章制度。公司章程对于股权激励的意义很大，在章程中可了解到该公司主营业务情况，对该公司所处行业的发展趋势产生一个基本的判断，对公司实施股权激励合适的工具，以及未来可能产生的效果做一个基本的预估；此外，要关注该公司董事会、监事会人员的设置情况，在国务院国资委、证监会出台的股权激励相关政策中明确规定，公司独立董事及监事不能成为股权激励的激励对象，需要在后续报批过程中重点关注。

（3）公司的股权结构、主要股东与组织机构情况。公司股权结构情况从侧面反映了该公司受控制的情况，一方面需要看大股东对于股权激励的导向、态度；另一方面，其他股东对于是否开展股权激励可能会持不同的意见，因为股权激励的开展实质上对现有股东的利益造成了影响，在股东会上需要权衡各方利益，才能最终通过草案。

（4）公司的主要业务及经营情况、行业地位、近三年的财务报告、未来五年的战略发展规划。公司主营业务是公司未来几年内发展的根基，深入了解拟实施股权激励公司的行业现状，对于开展股权激励工具选择、解锁期制定、激励额度、激励范围等内容有着较大的参考意义；而行业地位分析是评估公司实力的重要关注点，同时也是如何设计股权激励计划的一个重要因素，企业是处于追赶者的姿态或是领先者的地位，对于激励方案的设计有着一定的影响。

近三年的财务报表则是企业近年来业绩直观的体现，同样作为股权激励方案设计的重要参考依据，是公司是否有实力、是否适合进行股权激励的一个重要指标；公司未来五年的发展规划，同样是股权激励方案制定的重要因素，从发展规划中能够得出公司对于激励对象的倾向性，对解锁期的设计有着较大的参考意义。

（5）公司员工激励制度和绩效考核标准及实际运行效果存在的问题。对于拟实施股权激励公司的现有激励制度及实施现状的分析是股权激励开展最重要的步骤之一，因为多数情况下股权激励的开展正是由于现行激励制度的激励力度不够，或是实施情况不好。股权激励作为中长期激励的一种重要模式，可以弥补现有激励制度的诸多缺陷，例如对员工长远绩效的激励影响较弱等，这些要点则是股权激励要重点解决的问题；同时，绩效体系也是股权激励方案设计中的重点、难点，在了解目前的绩效考核标准之后，结合公司战略，才能得出股权激励解锁的考核标准，才能起到较大的激励作用，提高员工绩效、提升公司业绩，并使员工获得实际收益。

（6）公司与员工签订的相关合约，如劳动合同、保密协议、竞业限制协议等，首先能够看出公司用工的合法性，也可从侧面体现员工在择业上所受到的限制，对于员工可能的流动性做出预判。

（7）启动股权激励的内部决议案与决策文件，包括但不限于股东会或董事会决议、上级主管部门文件、中央及地方相关政策文件等。实施股权激励对于整个公司而言都是一件非常重大的决策，内部的意见一致非常重要，若没有公司顶层的支持，股权激励是绝对难以开展的。上级主管部门文件及中央、地方相关政策则是股权激励实施开展的必要内容，股权激励草案及其他审批文件必须得到上级主管部门审批同意以及证监会、国资委等审批机关的同意，才能够合法合规实施开展。

（8）公司对股权激励初步拟定实施的时间、范围、对象、基本情况、拟实现的战略目标及初步思路。对于激励对象的选择，是公司未来较长一段时间战略发展规划的重要体现。提前调查明确拟定授予股权的范围、对象以及基本情况，能够对股权激励方案的设计产生重要的指导意义。

（9）公司对股权激励的基本要求、针对性要求、操作模式、实施时限、股权归属方式、提取及终止条件等内容。拟实施股权激励的公司对于股权激励所期望达到的激励效果，在事先都会有一个预期，但最终并不一定能够完全按照公司的思路去执行。因为很多政策法规对公司所有制、授予股票上限等内容有明确的规定，所以及时了解公司的预期和要求，对公司未来设计股权激励方案有较大的帮助。

（10）公司认为应重点关注的问题、不可规避的状况与可能存在的障碍。

（11）股权激励实施方案所需要的其他相关资料文件（公司成长性、盈利能力、对人才的依赖程度等）。

四　内部制度完善

公司为顺利实现股权激励计划，必须具备规范、完备的内部制度，并根据实际情况不断完善改进。

（一）完善公司治理机制

公司治理以保护股东合法利益为核心理念，明确职责、协调运转、有效制衡，规范股东、董事、监事、债权人等公司相关方参与公司事务的权利和义务。有效的公司治理机制能够平衡各利益相关方的关切，实现股东的长期投资价值与利益最大化。公司治理可以从公司基本情况和股权结构、公司权力机构规范运作情况、公司内部控制情况、公司独立性情况等方面进行考察分析，不断完善公司治理结构和机制，确保股权激励方案顺利实施。综合来看，公司治理应达到以下九点基本要求，见表5。

表5　公司治理九点基本要求

序号	基本要求
1	将股东、董事、监事和经理之间权责彻底分明，建立股东和董事之间的长效畅通的沟通渠道
2	建立控股股东行为约束的长效机制，规范公司控股股东行为规范，行使出资人权利合法化，减少同行业竞争
3	明确公司股东大会职责，制定议事规则并严格执行
4	确保董事会职责、权力合理合法，健全董事会结构，保证董事能够对公司有明确的监督以及在战略决策上的指导
5	建立各级专业的委员会作为董事会下属的专业委员会机构，并聘用相应的外部董事
6	公司高层人员能够正确地履职，完成好自己的任务
7	公司监事会职责清晰，全体监事切实履行职责，议事规则明确且严格执行；监事会考核作用需要得到切实履行，用薪酬激励的设计激发公司员工的潜能
8	公司建立了完善的内部控制制度、财务管理制度、重大投资决策、关联交易决策和其他内部工作程序，严格、规范，定期对内部控制制度进行检查和评估
9	公司杜绝越权决策或不履行内部决策程序的事项，建立了完善的内部约束机制和责任追究机制，各个事项有明确的责任人

（二）完善公司相关章程

为了保护现有股东、激励对象、利益相关方的利益，依法规定在公司相关章程中，通过公司章程将股权激励计划的实施和相关授予等问题予以规范、合法化，股权激励计划实质上是现有股东为了长期利益而将自己的股份权利部分让与核心员工以换取其超额努力的一种系统性制度，一般需要确定股权激励计划的合法权和授权基础，明确股权激励计划的执行机构以及激励对象的持股利益分配方式。

（三）完善公司人力资源管理制度

股权激励计划作为员工长期收入的一种形式，结合月薪工资短期收入和年度奖金中期收入，形成了公司员工薪酬短、中、长有机组合，同时兼顾公司整体利益，实现短期、中期和长远利益相结合。股权激励计划必须配备与之配套的规范、完整的人力资源管理制度，一般从人力资源规划、招聘与配置、培训与开发、薪酬与福利、考核与绩效、劳动关系管理六大模块入手，及时予以配套化的完善和改进，确保股权激励计划有效实施，保护各方利益，给股权激励实施提供人力资源内部管理支持环境。一般可从以下六个方面进行制度完善。

1. 人力资源规划

首先需要建立一套统一的符合公司战略的岗位价值体系并有效执行，人力资源规划是一项系统的战略工程，以公司战略目标为指导，通过核查公司现有人力资源情况、分析公司内外部环境条件，来预测公司对人员的未来需求以及为满足人员需求而准备采取的策略。

2. 招聘与配置

员工招聘包括渠道选择、人员筛选和录用等环节；员工的合理配置应坚持正确识别、岗位对应、才能互补等原则，通过人员匹配、岗位匹配等方式达到合理优化配置。只有在关键岗位存在相应关键的人才，股权激励才能真正发挥作用。

3. 培训与开发

建立以企业文化培训、规章制度培训、岗位技能培训、管理技能培训等

为主要内容的培训体系，同时为了适应市场形势和公司战略变化，不断调整培训开发计划。

4. 薪酬与福利

薪酬与福利集中体现公司对员工的物质激励，是在市场经济中公司用来吸引、留住、激励所需人才的重要手段之一。薪酬福利体系对外须具有一定竞争力，对内须保证相对公平，同时要体现员工因胜任能力不同所产生的收入差距。这种薪酬与福利的导向和股权激励是相同的。

5. 考核与绩效

绩效考核是公司为了达到指定的战略经营目标，运用各种科学的方式、标准，来指定指导各级员工优质完成工作的过程。绩效考核体系和薪酬管理体系相辅相成，可以有效提升激励效果。

6. 劳动关系管理

劳动关系是指员工与公司为实现劳动目的而发生的劳动力与生产资料相结合的社会关系。劳动关系管理须以国家相关法律法规为基础，主要包括劳动合同管理、劳动就业管理、内部规章制度管理、劳动安全卫生和劳动保护管理、劳动争议管理等内容。

（四）完善公司财务审计管理制度

股权激励计划需要有规范、健全的财务和审计管理制度作支撑，不断强化公司财务和审计管理制度职能，避免出现公司财务规章制度未正确执行或有效落地、日常违规操作、公司内部审计部门独立性差或审计流于形式等现象。要求不断完善公司财务管理制度、预算及授权批准控制制度、内部审计制度等，规避公司内部风险，确保激励对象合法权益如期实现。

B.8
国有上市公司股权激励方案策划

吴　晶　陈　飞　执笔*

摘　要： 随着我国关于上市公司股权激励的政策法规、制度机制、实践经验不断积累完善，上市公司实施股权激励计划的总体比例越来越高，采用的激励形式、方案设计更加丰富和多元化。从国有企业改革发展和做强做优做大来看，国有上市公司作为国有企业的重要力量，其股权激励与职业经理人机制相结合的不断探索与发展，必然会为国企改革带来更加广阔的发展空间和新的科学发展思路。本文以成功组织开展国有上市公司股权激励计划为目标，由浅入深，全面详细介绍股权激励的相关概念、特征与作用。通过股权激励国内外发展情况，深入分析发展趋势及股权激励机理，对比分析国有上市股权激励的各种激励模式和适用性，提出了股权激励的设计思路、目标与策划。方案设计部分先对计划方案设计的各个要素进行政策解读、分析，之后对制度设计、实施操作、管理运维、实施效果评估等做了介绍，最后基于未来视角分析了可能出现的股权激励创新。本文股权激励实践方案，以航天信息股份有限公司股权激励实践为蓝本。

关键词： 国有上市公司　股权激励　国企改革

---

* 吴晶，航天信息股份有限公司人力资源部；陈飞，航天信息股份有限公司人力资源部。

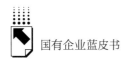

一 股权激励设计思路、目标与策划

（一）股权激励的设计思路

航天信息股份有限公司从 2016 年组织开展公司第一期限制性股票激励计划开始，其设计团队很多时间都是在边学习、边咨询、边实践中度过的。而通过成功授予限制性股票，我们逐步认识到股权激励计划的成功绝不仅仅是计划方案设计的成功、授予的成功乃至解锁的成功，股权激励的最终目的是激发创造力与创新力，通过实施股权激励计划，实现对激励对象工作热情与积极性的激发，并进一步提升他们的绩效能力，从而实现公司战略发展目标，实现公司的可持续发展与基业长青。在提出设计思路时，我们考虑的不仅是一个设计思路，而是将股权激励作为一个项目，针对股权激励全生命周期，进行系统设计、实施、运行、评估、改进的 PDCA 过程。从激励视角来看，要实现股权激励的成功即收益最大化，就应当充分发挥股权激励中的人才盘点、考核评价和激励作用。因此，也需要不仅仅把股权激励作为一个孤立的任务来看，而是把它当作战略人力资源管理中的有机组成部分，充分与岗位价值分析、人才盘点、人才开发、绩效考核、通道设计等相结合。

根据首期实践和理论研究的情况，我们建议将大方案设计分为工作目标设计、计划方案设计、制度设计、实施方案设计、运维管理方案设计和实施效果评估六个组成部分。

1. 工作目标设计

工作目标设计主要是通过问题与需求分析确定股权激励的工作目标，这里的目标要从公司发展、业务开展、人才队伍等方面来深入研究分析存在的问题，针对公司未来发展战略与发展目标，分析目前的差距和需要；以此定位实施此次股权激励的具体工作目标，这是一个定位的过程，清晰的定位有助于在计划方案设计阶段开展方案要素的工作。实际上，实施基础的评估工作的目的就是要确定能不能做和怎么做，也是确定工作目标的过程。

2. 计划方案设计

计划方案设计主要针对股权激励计划的具体方案设计。通过定激励模式、定激励对象、定激励额度、定激励价格、定激励来源、定时间安排、定约束条件、定调整与变更计划程序、定会计税务与异动处理这"九定"来进行方案的完成设计。

3. 制度设计

针对方案涉及的激励计划管理办法和考核评价办法进行相关制度的设计。明确计划方案实施、管理的具体程序和规范要求，明确基于股权激励对象的具体考核评价要求，用以兑现行权或者解锁的收益。

4. 实施方案设计

实施方案设计主要是针对方案审批、过会、授予等过程，明确其全部流程与相关部门，确定责任人，制订严谨的工作计划，以确保能够按照时间进度顺利推进股权激励计划的实施，并以完成授予登记等工作为节点。

5. 运维管理方案设计

运维管理方案设计是针对之后的禁售期和解锁期（行权期）的各项日常相关工作，明确回购、调整等具体出现事项的处理程序，确保日常运维管理工作及时有效。

6. 实施效果评估

实施效果评估是在开始解锁（行权）期间，结合公司业绩、人才队伍流失等情况对实施效果进行评估分析，对组织开展股权激励的过程、程序、流程等进行综合分析，促进股权激励整体工作水平与能力的提高，同时找出存在的问题，为开展下一期工作提供充分借鉴。

（二）股权激励的设计目标

基于股权激励大方案的思路，大方案的设计目标要考虑两点：一是面向问题与需要，二是不应局限于人力资源视角。

第一点是问题导向，大方案的各个子方案都要紧密围绕公司在战略要素

中遇到的问题和未来发展的需求，这本身也体现了以战略为导向；第二点是把股权激励作为公司战略的一项重要措施，不仅仅从人力资源角度，也要从公司整体管理的角度看待股权激励与公司资本运营、财务管理、经营发展、生产与研发等之间的联动关系，不做财务指标的表面文章来实现解锁或行权，而是真正从系统工程角度提升企业的核心竞争力，这才是国有上市公司实施股权激励要达到的根本目的。

（三）工作策划

在确定股权激励设计思路和设计目标的基础上，进行顶层设计、统筹规划、策划方案思路，对组织开展股权激励工作进行整体工作方案策划，工作策划是开展方案设计之前的准备工作，是对股权激励项目的时间进度、资源保障等的具体策划。结合我们之前在股权激励启动会前开展的组织准备工作，建议其设计的主要内容包括背景与意义、工作机构设置与具体工作职责、工作原则与目标、工作阶段、计划安排、经费安排、保障措施、外部合作等。以下为工作策划的模板。

例：××年度股权激励工作策划

为深化××公司薪酬激励机制，构建中长期激励，充分调动核心人才的积极性，进一步提升企业核心竞争力，落实公司转型升级迫切要求。拟于××年××月启动公司股权激励机制工作，计划方案如下。

1. 成立股权激励工作组，明确工作职责

（1）组成人员

组长：

组员：

（2）工作职责

工作组主要职责：股权激励工作调研与分析，专项工作计划的制订明确，相关素材的收集汇总，草案及具体方案的撰写，专项工作讨论及评审，向公司主要领导、党政联席会、董事会、股东会进行汇报，与国资委、集团公司相关部门的沟通与协调，方案执行落地等。

部门分工：总部人力资源部是股权激励工作的主责部门，起到整体统筹的作用，主要负责股权激励草案及方案的组织撰写、会议组织、沟通请示等工作；战略部全面参与草案、方案的制定撰写，在工作经费上给予支持；资产部、财务部、经营管理部负责公司业绩条件的测算和成本摊销测算；资产运营部负责董事会、股东会的上会事项，负责与集团公司相关部门进行沟通，证监会审核备案等；审计法律部负责对开展股权激励工作的相关法律事项审核把关；纪检监察部负责对开展股权激励全过程的合规性和规范操作监督把关；各部门负责参与配合股权激励草案和具体方案的制定与把关，负责在股权激励工作范畴内与本部门业务相关的部分内容撰写、审核工作，负责可能涉及的向公司领导、董事会、股东会、集团公司、国资委的相关解释沟通协调、审批审核等工作。

2. 工作原则与工作目标

（1）工作原则

股权激励方案策划的工作原则主要包括激励约束原则、利益相关原则、依法依规原则与循序渐进原则，必须全盘考虑、深入谋划、顶层设计，具体原则如表1所示。

表1　股权激励方案设计工作的具体原则

工作原则	具体内容
激励约束原则	坚持激励与约束相结合，风险和收益相对称，形成奖惩激励机制、风险管控机制和能力贡献回报机制等，强化对核心人才的激励力度
利益相关原则	坚持股东利益、公司利益与管理层利益相一致，有利于促进国有资本保值增值，有利于维护中小股东利益，有利于公司的可持续发展
依法依规原则	坚持依法规范，公平公正，公开透明，遵循相关法律法规政策和公司章程规定
循序渐进原则	坚持从实际出发，审慎起步，循序渐进，不断完善

（2）工作目标

股权激励方案设计工作的具体目标如表2所示。

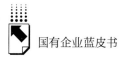

表2 股权激励方案设计工作的具体目标

主要目标
完成股权激励草案及具体方案的设计
力争获得国资委批复,准予执行
形成完整详尽的股权激励工作过程文件及结果文件并归档

	分解目标
草案	开展股权激励工作的目的与意义(简)
	政策、法律法规要求
	股权激励模式确定
	激励对象确定原则与方法
	激励额度确定(总额度和单个激励对象激励额度)方法及测算
	确定股权激励的激励标的价格确定原则
	确定股权激励的来源(激励标的的来源和购股资金的来源)
	激励计划时限
	股权激励计划的约束条件(授予条件与行权条件)
	股权激励计划的调增与修改、变更及终止机制
方案	国有上市公司股权激励的现状
	开展股权激励工作的目的与意义(全)
	政策法律法规约束要求
	激励方式、股票来源与股票数量
	股权激励对象名单及单个激励额度
	有效期、授予日、禁售期、解锁期等
	调整条件
	股权激励对象名单及个人激励额度
	股权激励模式及总额度和单个激励对象激励额度确定
审批与审核	工作组审核
	主要领导审阅
	党委会审批
	董事会审议
	集团公司审核
	国资委审批
	证监会审核备案
	股东大会通过
文件(成果)	相关国有上市公司股权激励方案及实施情况
	股权激励相关政策法规文件汇编
	关于股权激励草案的说明(对内部)
	股权激励草案(对外部)
	关于股权激励方案的说明(对内部)
	股权激励方案(对外部)
	对于公司业绩考核与员工考核解锁的管理办法
	对标企业经营指标基本情况

续表

	关于《公司股权激励计划(草案)》的请示
	股权激励计划管理办法
	集团审核意见书(模板)
文件	董事会会议决议公告
(成果)	独立董事关于公司股权激励计划(草案)的独立意见
	监事会会议决议公告
	董事会薪酬与考核委员会实施细则
	工作组例会、里程碑会议的会议纪要及其他过程文件

（3）分阶段推进工作计划，确保按时完成工作目标

计划目的按时间进度要求，分阶段推进工作计划，确保在既定时间内完成相关工作，主要分为草案制定、方案制定、实施三个阶段（见表3）。

表3　国企改革工作计划三阶段

主要阶段	工作计划	里程碑
草案制定阶段 （　至　）	1. 外部咨询机构招标合作 完成时间:"××时间"前完成 责任部门:人力资源部	
	2. 由外部咨询机构根据工作经验及公司需求准备草案,在"××时间"工作组审核 责任部门:××工作组(以人力资源部为主汇总)	
	3. 完成草案的研讨及修改完善,报公司主要领导审阅。在"××时间"前完成 责任部门:××工作组	里程碑1
方案制定阶段 （　至　）	1. 股权激励草案报集团公司相关部门及国资委审阅,进行初步沟通与政策咨询 完成时间:"××时间"前完成 责任部门:人力资源部、资产运营部	里程碑2
	2. 由外部咨询机构撰写股权激励具体工作方案 完成时间:"××时间"前完成 责任部门:人力资源部	里程碑3
	3. 根据草案提出的核心人才盘点方案,同步启动具体盘点总部及分、子公司核心人才工作,提出实施首次股权激励的人员名单,明确激励额度 完成时间:"××时间"前完成 责任部门:人力资源部 工作组及相关单位部门领导参与	里程碑4

主要阶段	工作计划	里程碑
方案制定阶段 （　　至　　）	4. 报公司党政联席会审议 完成时间："××时间"前完成 责任部门：××工作组	里程碑5
	5. 进一步修改完善方案，报公司董事会、监事会审议。同步与集团公司相关部门和国资委沟通 完成时间："××时间"前完成 责任部门：××工作组	里程碑6
	6. 进一步修改完善方案，报集团公司审核 完成时间："××时间"前完成 责任部门：人力资源部、资产运营部	里程碑7
	7. 集团公司批复后，呈国资委审批，在预计时间内完成 完成时间："××时间"前完成 责任部门：人力资源部、资产运营部	里程碑8
实施阶段 （具体信息待之前里程碑完成后进一步明确，并可进一步分解阶段）	1. 制订方案实施工作计划，明确新的工作组织机构，明确工作职责与分工	里程碑9
	2. 国资委批复后（预计时间前），启动实施计划，按照实施工作安排，部署实施股东大会审议（预计时间前）、报告集团公司实施、国资委备案、公告、授予（预计时间前）等工作	
	3. 外部咨询机构配合××公司开展股权激励实施工作，并完成后续文件成果的撰写与归档	

3. 保障措施

第一，参与股权激励工作的各部门明确本部门1名具体参加同志，报总部人力资源部备案，以便于具体工作的有效推进与开展。"××时间"前完成。

第二，股权激励作为××年的一项重点工作列入相关部门考核之中，与各部门、参与人员考核挂钩。"××时间"前完成。

第三，开展此项工作的经费预算由工作组在特定时间前明确，在年度预算调整时提出，确保股权激励的各项工作顺利推动。

第四，设置专项工作里程碑，明确工作阶段要求和节点，进一步细化具体工作的分工与职责。建立半月例会制度，工作组成员定期沟通工作推进情况，确保工作沟通顺畅。建立股权激励微信工作群。"××时间前"完成。

第五，明确2~3名外部顾问，并安排一家有过相关经验的外部咨询机构参与工作，确保草案及工作方案的可实施性、权威性。"××时间"前完成。

第六，建立工作风险预判及响应机制。梳理股权激励工作中的各项关键风险点，提前提出解决策略，根据情况变化快速响应。"××时间"前完成。

二　方案设计

（一）方案设计原则

股权激励的目的，一是让员工有权利和机会分享企业的剩余价值，让员工清楚自己到底在为谁工作，并激活他们处于"睡眠"状态的潜能。二是从人才管理的角度来看，对内，股权激励可以留住有能力的员工，调动他们的主观能动性，使其持续为企业服务；对外，可以吸引行业内有能力的人才加盟。三是通过股权激励机制，整合企业与人才的期望目标，让两者形成合力，推动企业快速发展。

一套完整的股权激励在设计之前，应当明确它的"根本目的"是什么，为了明确这一目标，应当从以下几个问题思考，并以此向外发散思考，确定一个合适的股权激励方案。

问题1：股权激励是一种福利吗？

对企业自身合适的股权激励，对激励对象起到的结果是正向的。什么是"自身合适"？就是能够覆盖所有应该得到激励的企业核心员工、业务骨干等相关人员，避免让股权激励沦为经营管理者为自身谋划福利的工具。

问题2：股权激励有哪些好处，又有什么风险？

股权激励的优势在于企业在制订股权激励计划时都会设置较长时间的"锁定期"，因此需要企业的经营者注重企业的长期发展，劣势则是实现股权激励的成本较高。

由于资本市场的弱有效性，二级市场的股价容易受到其他因素的影响，不能很好地反馈企业的真实发展情况。此外，如果股权激励一定要设计严格

的约束条件，否则在业绩条件、考核要求、退出机制上不断放宽条件，将造成激励计划的失效与失控，激励计划变为部分人的福利计划，不但造成激励的负效果，还为企业未来的发展埋下隐患。

问题3：如何权衡股权激励实施过程中，数量及分配方式的平衡？

股权激励的总额较少，或分配不均，都会导致股权激励达不到预期效果。相反数量太多的话，不仅对企业来说是一种浪费，还有可能对之后的施行造成影响。因此如何根据公司岗位与职级把控激励者及如何合理分配数额，是股权激励的设计者需要深思的问题之一。

问题4：如何科学制定业绩标准？

股权激励的设计者在制定业绩标准时，需要合理把握业绩的内部标准（每股盈利增长、股东回报提升）及外部标准（地位相似的同业市值上升水平）。上市公司还需关注公司股权结构、股价等因素，明确确定合理的业绩标准至关重要。

问题5：如何完善自身企业管理者管理环境？

股权激励的效果体现主要需要自身管理者的不断努力。只有在适当的条件下，股权激励才能引导企业的经理人长期效力，起到模范带头作用。

在国有上市企业内部，建立完善的干部管理聘用、考察、选拔、任用、晋升、函询、诫勉和淘汰机制是极为重要的。

围绕以上问题，结合国有控股上市公司的特点，其股权激励方案的一般设计原则如表4所示。

表4　股权激励方案的设计原则

序号	原则
1	坚持激励与约束相结合,风险与收益相对称,结合国有企业工资总额等限制,通过股权激励强化对国有企业上市公司核心人才的激励力度
2	坚持股东、公司和管理层利益一致的原则
3	坚持依法规范,公开透明的原则
4	坚持从实际出发,审慎起步,循序渐进,不断完善的原则
5	以市场化驱动人才激励为导向,与职业经营管理者机制有机结合

序号	原则
6	激励力度适中,充分考虑激励对象的整体报酬水平和结构,考虑与未获得股权激励员工的对比差异,确保在内部理解与认可基础上实现激励效果最优化
7	激励计划方案根据企业发展不同时期可以相应动态调整,股权激励计划按照激励对象分类分层实施梯队化激励

（二）方案设计要求

股权激励方案需要设计者根据公司自身情况精心设计。在设计过程中,虽然股权激励有多种方式方法进行灵活选择,但最终结果需要合理合法有效,就应达到以下几点要求。

1. 股份（股票）的来源应合法

法律允许的国内上市公司股份来源的合法方式主要有"增发新股以及向股东回购股份"两种。非上市公司股份的主要来源则是股东转让以及公司增资扩股的形式。

2. 约束与激励并重

实施股权激励时,激励与约束相结合,风险与收益相对称。发挥财务审计以及薪酬委员会的作用,建立强而有效的约束机制。

3. 设计的条款应合法、科学、合理

股权激励设计最基本的要求是合法合规,在法律规定的范围内施行。同时,相关激励条款的设计必须遵循相关规律与人才发展规律,做到合法合规基础上的合规律性。避免股权激励方案因违法而无效,或者造成股权激励纠纷事件。除此之外,具体条款应尽可能地科学、合理,符合股权激励的内在约束性。

4. 建立包括股权激励在内的多层次激励机制

把各种股权激励方式有效结合,综合运用,不仅要着眼当下,更要放眼未来,激发激励对象的主人翁意识,实现公司的长期发展。

（三）方案设计指导

1. 确定激励模式

在上市公司中,存在一般上市公司和国有控股上市公司的区分,在非上

市公司中，存在有限责任公司与股份有限公司的区分。上市公司的股权激励模式的选择，考虑到我国政策变化性以及法律风险，上市公司与非上市公司相比，可选择的股权激励模式比较少，根据《上市公司股权激励管理办法》规定，国内的上市公司只有股票期权、限制性股票和股票增值权三种模式可以选择使用，上市公司实施这三种股权模式均要通过中国证监会的备案。上市公司实施股权激励计划存在一些特例，有的公司已经先后实施过两种模式的股权激励模式。比如，房地产企业万科集团在2006年和2010年先后两次分别实施了限制性股票和股票期权模式的激励计划模式；有些上市公司在实施一次股权激励计划中，针对不同的激励对象，同时采用两种股权激励模式。但从总体分析来看，无论是非国有上市公司还是国有上市公司，采用限制性股票方式的相对较多，期权形式其次，股票增值权使用的比较少。

（1）政策

根据《国有控股上市公司实施股权激励工作指引》，国有上市公司股权激励方式包括股票期权、股票增值权、限制性股票，以及法律、行政法规允许的其他方式。

上市公司应当根据实施股权激励的目的，按照股票交易上市地监管规定，结合所处行业及企业特点确定股权激励的方式方法。

在我国境内的上市公司可以选择股票期权、限制性股票等方式。境外上市公司按照股票交易上市地监管规定及市场实践选择激励方式，股票期权适用于境外注册的境外上市公司（以下称境外红筹股公司），股票增值权适用于境内注册、发行中国香港上市外资股的上市公司（以下称境外H股公司）。境内外上市公司可以结合市场实践进展，探索试行其他激励方式。

（2）分析

选择合适的股权激励工具，应该综合分析企业当前情况、发展战略、发展阶段、发展目标、人才战略，甚至是同行业企业所采取的股权激励手段，综合对比各类股权激励工具的优点，从战略契合、人才认同、激励效果、成本问题（财务情况）、实施难度、政策形势、激励对象、奖惩力度、公共形象等各个方面综合平衡与定位最合适的激励工具。可采取调查问卷、专家评审的方法，通过综合评分形式进一步量化确定拟采取的激励工具类型（见表5、表6）。

表5 三种常用股权激励工具对比

	发行限制性股票	授予股票期权	授予股票增值权
定义	激励对象按照股权激励计划规定的条件，从上市公司获得的一定数量的本公司股票	激励对象具有在未来以预先确定的价格和条件购买本公司一定数量股份的权利	如果公司股价上升，激励对象可通过行权获得相应股价升值的差额收益
审批机构	国资委审批、证监会备案	国资委审批、证监会备案	国资委审批
授予标的	上市公司股票	以确定价格购买股票的权利	获得股票升值收益的权利
授予价格	不低于市价的70%	市场化定价	市场化定价
资金占用	需现金购买，并持有一段时间，资金占用时间长，且高管受每年减持25%限制	行权时需现金购买，非高管人员短期内可出售获利，资金占用时间短。高管每年减持25%限制	行权时，公司直接向激励对象兑付现金，激励对象无资金占用
股票来源	上市公司增发或回购	上市公司增发或回购	不涉及实际股票交易
收益来源	二级市场转让，市场买单	二级市场转让，市场买单	公司支付激励成本，对公司利润和现金流形成一定压力
限制时间	有较长限售期，通常为2年	授权日与首次可以行权日有法定时间间隔，通常为2年	授权日与首次可以行权日有法定时间间隔，通常为2年
优点	1. 能够更好地留住激励对象 2. 即使股价下跌仍有价值 3. 需要在授予时支付现金，与经营者利益实现更好的绑定	1. 将经营者报酬与公司长期利益"捆绑"，实现经营者与资产所有者利益高度一致性 2. 可以锁定股票期权持有人风险，不行权没有任何额外损失 3. 实施股票期权激励的企业在即期可以用较少工资成本，获得企业发展所需的人力资源 4. 股票期权根据二级市场股价波动实现收益，因此激励力度比较大 5. 股票期权在行权时，可以增加公司的现金流量	1. 操作简单 2. 无须解决股票来源问题

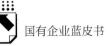

续表

	发行限制性股票	授予股票期权	授予股票增值权
缺点	1. 相对来说,缺乏一个推动企业股价上涨的、具有实质性作用的激励机制 2. 草案制定、回购实施相对复杂 3. 回购可能会对利润产生影响	1. 股票价格往往容易受到一些经营者不可控因素影响 2. 与经营者利益绑定的效果相对限制性股票较弱	1. 激励对象不能获得真正的股票,激励效果相对较弱 2. 由于我国资本市场的弱有效性,股价与公司业绩关联度不大,以股价上升来决定激励对象的股价升值,可能无法做到"奖励公正",相反还会引致操纵股价问题
适用性	1. 处于成熟期的企业相对适合实施限制性股票激励计划 2. 适用于风险厌恶者	1. 高风险高回报,适用于处于成长初期或扩张期的企业 2. 股票期权对于业绩改善明显的公司价值大于业绩稳定处于较高水平的公司的价值	1. 必须给公司内部经营者 2. 会给公司现金支付带来压力

表6 三种股权激励工具优缺点分析

	分类	选择股权激励模式因素分析	限制性股票	股票期权	股票增值权	备注
公司类型	上市公司	《上市公司股权激励管理办法(试行)》规定的只有股票期权、限制性股票和股票增值权三种模式。股票期权实施相对较多,其次是限制性股票,股票增值权较少	√	√	√	
	非上市公司	可选择性多,相对灵活性大	√	√	√	可以有其他形式
决定因素	激励对象范围	如包含外籍高管,应选择股票增值权			√	
	奖惩力度	奖罚力度大,选择限制性股票;无奖罚力度,选择股票期权	√	√		
	公共形象	已有负面新闻,慎用限制性股票,可以选择股票期权形式			√	
发展阶段	初创期	资金紧,人才少,制度不规范				奖励、赠予股份,技术入股
	发展期	销售增长迅速,营收迅速增加,可选择力度大的激励模式			√	扩大激励范围

	分类	选择股权激励模式因素分析	限制性股票	股票期权	增值权	备注
发展阶段	成熟期	有稳定客户群和营收,市场增长缓慢,竞争激烈,降低成本为主要工作,需要稳定现有管理和骨干人员,不能带来太大资金负担	√	√		或延期支付性质股权激励
	衰退期	销售下降,产能过剩,利润下滑,需要裁员并保留关键岗位关键人员				岗位分红权
所有制	民营企业	灵活模式	√	√	√	可以有其他形式
	国有企业	增量分配,避免公众对国有资产流失的担忧	√	√		

国有上市公司处于不同发展阶段,其资金、人员、制度、市场情况不同,发展的战略也不尽相同,也会导致对股权激励方式的不同选择。

在初创期,企业往往在人财物方面短缺,制度也不是很完善,一般这个时候是没有上市的,采取的激励方式也是奖励股份、赠予股份或者技术入股等形式,相对比较简单但是有吸引力。

在发展期,企业销售与营收发展迅猛,并已经建立了较为完善的企业制度,这一阶段的激励目的就是强化激励公司现有的管理人员和骨干员工,实现企业快速可持续发展,上市公司可以采取限制性股票和增值权等模式。

在成熟期,企业拥有稳定的客户群,成熟的产品,但是市场增速已经放缓,竞争日趋激烈,降本增效和寻找新的经济增长点成为需要。企业实施股权激励的核心目的就是稳定企业的管理、研发与市场骨干,同时不能占用太大的资金。上市公司适合采用限制性股票的方式,通过奖惩手段实现"金手铐"的效果。

在衰退期,销售下降,利润下滑,裁员的同时,还要考虑保留关键岗位人才的目的,一般上市公司由于业绩原因已经不适合开展股权激励,非上市公司可以考虑岗位分红权对人才进行保留。

相对来说,限制性股票比较适合主板或新三板上市公司且股票价格相对

稳定或二级市场变化激烈的情况。限制性股票授予价格可以有最高 5 折的折扣，对于价格稳定的股票也可以有稳定的收益，而对于价格浮动较大的股票，可以一定程度抵御由于股票价格过低带来的收益风险。

股票期权与国内高新技术企业发展密切相关，适合前景较好、现金流不充沛、利润有限且有市场机制退出规划的创业公司。股票增值权适合现金充沛、利润丰厚且稳定、净资产增值快速的企业。

当然，公司也可以设计一个评分表，选取公司高管、中层、分子公司高管、部分核心员工为评分者进行综合评分，汇总计算对不同激励工具的评分，原则上选择评分高的工具（见表7）。

表7　股权激励模式选择对比

	说明	分数	权重	限制性股票	股票期权	股票增值权
公司中长期经济目标	经济目标实现压力大的,需要绑定效果强,限制性股票的分数应该高于股票期权或股票增值权	5	0.3	5	4	3
公司中长期战略	战略转型要求高的,对经营者能力素质转型要求高的,限制性股票分数应该高于另外两个	5	0.2	4	3	2
实施难度与风险	限制性股票涉及回购等问题,难度相对较大,风险相对高,分数低	5	0.15	4	5	5
同行业企业采取情况	同行业企业如采取该种激励工具较多,则分数高	5	0.1	5	2	1
员工认同度	结合对激励工具的理解,提出对该种工具的认同度。认同度高的打分高。该项目由评分群体打分确定	5	0.15	3	4	4
预期收益	希望收益高的,建议限制性股票分数高	5	0.1	5	4	4
综合评价分数				4.35	3.75	3.15

注：评分表需要结合公司战略发展的实际进行设计，将公司比较关注的与股权激励方式有关的项目放入进行评分，还可以包含公司形象、奖惩力度等，本表仅供参考。

以表7为例，根据评分高低可以参考选择限制性股票方式，当然需要结合企业实际进行评分设计和评分。

对激励方式的选择本身也是在股东利益、公司利益、个人利益上的一种平衡，需要综合考量，还可以更为细致地进行分析，比如对股东现有股权的稀释作用，对公司现金流的影响，对激励对象的资金压力，对激励对象的持有风险，包括相应的收益权、分红权和表决权，更为细致的分析有助于实现多方利益达到平衡，避免之后实施工作带来的不认可风险。

（3）实施

具体实施中，公司结合当前正处于产业调整的发展阶段，对于激励对象实现强绑定的目的以及与股东和国资委沟通的建议，结合公司领导希望将中长期经济指标进一步与经营管理者绑定的要求，选择限制性股票作为激励方式。

总结经验，国有上市公司在开展股权激励时，应尽早通过投票或评分方式采取明确的激励方式，以确保工作不出现大的往复，不对方案设计进度造成大的影响。

2. 确定激励对象

公司股权激励必须控制在合理的范围之内，掌握度的原则。根据管理学中的"二八"定律原则，股权激励的对象应是企业中那些做出重要贡献并具备突出能力的20%的员工，而对其他80%的员工来说，企业应该为其做出合理的职业规划，培养他们从人员成长为人才，进而成为人力资本，最终在未来成为可以与企业分享股权的对象，由此搭建一个人才梯队。

在选择激励对象时要着重考虑以下方面，一是激励有能力为未来做出贡献的关键（业务、技术、支持部门）员工，二是激励有贡献的老员工。通过让老员工转岗进入管理委员会的方式，使其退出重点岗位，同时让有能力的新人获得独当一面的机会，通过股权激励让他们为企业的不断发展发光发热。

公司有很大的灵活性去决定员工是否有资格成为股权激励的对象。但是一般情况下，企业需要考虑的两个因素是自身当前的发展阶段以及员工自身的能力水平。在确定激励对象的时，要注意企业的发展情况，因为在不同的时期，企业的发展重心是不一样的。确立激励对象也不能只看员工过去的成绩，更应关注当下或未来那些在企业价值链中能起到关键作用的人。

一般情况下，激励对象包括公司董事会成员、高级管理人员、中层管理人员以及董事会认为需要激励的其他核心技术、业务等骨干人员，但不包括监事、独立董事以及由公司控股股东以外的人员担任的外部董事。所有参加本激励计划的激励对象不能同时参加其他任何上市公司的股权激励计划，已经参加其他任何上市公司的股权激励计划者，不得再同时参加本激励计划。同时，如在实施过程中出现相关法律法规及本计划规定不能成为激励对象的情形，将取消参与本计划的权利，并不获得任何补偿。

股权激励对象原则上限于上市公司董事、高级管理人员以及对上市公司经营业绩和持续发展有直接影响的管理、技术和业务骨干，不得随意扩大范围。

上市公司确定激励对象，应当根据企业发展需要、行业竞争特点、岗位职责、绩效考核评价等因素综合考虑，并说明其与公司业务、业绩的关联程度，以及其作为激励对象的合理性。

在上市公司担任除监事以外职务的，可以且只能参加一家任职上市公司的股权激励计划，此种情况应当根据所任职上市公司对控股股东公司的影响程度、在上市公司担任职务的关键程度决定优先参加其中一家所任职上市公司的股权激励计划。禁止激励对象以"代持股份"或者"名义持股"等不规范方式参加上市公司股权激励计划。为法律法规明确禁止不得参加上市公司股权激励计划的人员，如表8所示。

表8　下列人员不得参加上市公司股权激励计划

序号	人员
1	未在上市公司任职、不属于上市公司的人员
2	上市公司独立董事、监事
3	在权益授予日任何持有上市公司5%以上股份的主要股东或者实际控制人及其近亲属，经股东大会表决通过的除外
4	证券监督管理机构规定的不得成为激励对象的人员

（1）政策

根据《上市公司股权激励管理办法》，激励对象可以包括上市公司的董事、高级管理人员、核心技术人员或者核心业务人员,以及公司认为应当激励的对公司经营业绩和未来发展有直接影响的其他员工,但不应当包括独立董事和监事。在境内工作的外籍员工任职上市公司董事、高级管理人员、核心技术人员或者核心业务人员的,可以成为激励对象。单独或合计持有上市公司5%以上股份的股东或实际控制人及其配偶、父母、子女,不得成为激励对象。下列人员也不得成为激励对象,见表9。

表9 下列人员亦不得成为上市公司股权激励对象

序号	对象
1	最近12个月内被证券交易所认定为不适当人选
2	最近12个月内被中国证监会及其派出机构认定为不适当人选
3	最近12个月内因重大违法违规行为被中国证监会及其派出机构行政处罚或者采取市场禁入措施的
4	具有《公司法》规定的不得担任公司董事、高级管理人员情形的
5	法律法规规定不得参与上市公司股权激励的
6	中国证监会认定的其他情形

根据《国有控股上市公司实施股权激励工作指引》,上市公司确定激励对象,应当根据企业发展需要、行业竞争特点、岗位职责、绩效考核评价等因素综合考虑,并说明其与公司业务、业绩的关联程度及其作为激励对象的合理性。

中央和国务院国资委党委管理的中央企业负责人暂不参加国有控股上市公司股权激励。市场化选聘的职业经理人可以参与任职企业的中长期激励。

(2)分析

股权激励是对企业战略发展贡献更大一部分人才的中长期激励,符合二八法则,目的是将企业经营者、重要管理者、核心研发技术骨干、其他关系主业发展的重要岗位人才利益与企业长期绑定。

股权激励具有以下特点:激励人员数量不多,占企业员工总量比例一般都不超过5%;中长期激励;补充激励(相对于传统短期激励);可以分期激励,采取不同的人才侧重策略。

因此,针对以上特点,建议在股权激励对象选择上可以把握几个原则,

实现激励效果最大化。关注未来，重在发展；兼顾类别，综合成长；业绩为先，长期绑定；围绕短板，适当补强；平衡战略，生态长青；少数激励，有所侧重。概括来说，可以提出确定激励对象的几个原则。

①价值原则。按照员工对公司的价值贡献大小来确定是否成为激励对象。这里的价值既是过去的价值，也包括未来的价值。要评估这种价值，既可以采用业绩考评的办法，以结果为导向进行评估；也可以采用岗位评估的办法，对企业内部不同岗位的价值进行评估，例如岗位排序法和岗位评估要素评分法。基于企业人才管理的体系不同，可以采取不同的确定形式。

②标准化原则。可以采用结合企业发展实际的多个标准来确定激励对象的范围，如绩效考核结果、职级、司龄等，但需要避免多义性的标准出现，需要确保标准的清晰可执行和透明度。

③分阶段原则。股权激励计划方案往往不是一次执行就结束了，而是一个不断激励的过程，这就需要做好股权激励多个阶段激励对象选取的顶层策划，在一个阶段难以满足激励整体范围的情况下，采取分阶段激励的方式，已经持有第一期股权的人不一定就必须是第二期的激励对象，也要通过岗位价值等因素判断，结合公司业务战略规划，分阶段兼顾与公司未来发展密切相关的核心群体，在宣贯时实施宣传，使相应的人员产生一定心理预期，产生一定的暗示型激励效果，能够使还未获得激励的群体不懈努力，为组织未来发展与个人进步全力拼搏。

公司首期股权激励计划的激励对象确定过程如下。

首先需要考虑本次激励方案的激励人数总量的概述，这个需要结合股东、国资委和公司自身实际进行综合考虑。

其次给最希望激励的对象排序，确定每一类人员的确定原则，一般是考核情况、司龄等，初步匡算出各类人数。

最后对剩余的人数，可以重点向在本期倾斜支持的人群分配，根据分配量进一步明确分配的原则、分配指标数。

据此可以撰写激励对象推荐通知，对于总部已经确定的中层以上人员，人力资源部直接确定；对于总部核心人才和分、子公司核心人才，需要请各公司组织推荐，总部需要对推荐程序、严谨性、民主性及人选基本条件提出要求，确保推荐人选过程的公平公正有效。

又如海康威视，总公司和分、子公司都采用了一套职级体系，不同类别和不同层级的职级有自己的系数，该系数其实体现了岗位价值，可以直接采用职级来匡算人员对象，简单、直接、公平，但是这建立在职务级别体系统一规范的基础上，需要从岗位价值分析、职务级别设计的源头入手，公司需要综合考虑自身管理体系的基本情况，统筹考虑时间等因素，可以在首期结合公司实际采取可行的选择方式，待首期开展后再逐步从根本上重新构建体现岗位价值的任职资格体系。由于时间非常紧迫，此种方式难以保证项目的按时实施，部分公司采取了总部提出原则性要求，各分、子公司推荐的形式，这种方式其实会有推荐人员情况参差不齐，公平性、一致性较差的情况，或者是大家抽签的形式，没抽到的下次激励再轮，无法通过股权激励工作实现人才盘点的效果。

如果系统采用岗位价值评估的方法，可以使用岗位评估排序法，这也是薪酬体系中以岗位确定薪酬的一种工具方法，是一种根据工作的负责程度，以组织贡献大小等标准对各个岗位的相对价值进行整体比较，进而按照整体相对价值高低排列次序的岗位评价方法。排序法可以分为三种：交替排序法、直接排序法和配对比较排序法。

岗位排序法主要是通过大家的感觉和印象判定岗位价值，优点是简单、容易操作、省时省力，主要适合小企业。缺点也很突出，这种方法依赖主观评价，有明显的主观性；此外无法准确获得岗位之间的相对价值差距。

岗位评估因素评分法可以在排序法基础上准确评估岗位之间的价值差距，它运用明确定义的因素，如知识技能、能力、工作环境等，每个因素被分为几个等级层次，赋予一定的分数，把各个因素分数加总可以得到工作岗位的总分数值。通过厘清职能、划分岗位、选择和定义因素、分级和赋值、因素加权、因素评分等程序，可以实现较为清楚、客观、系统地定义岗位相关因素，对参评者要求不高，结果稳定。但是，该方法操作相对复杂，提取岗位因素和因素分级定义的难度很大。

以上两种方法都是通过定岗位价值的方法来确定激励对象。也可以采取人才队伍盘点的方式全面评价人才队伍的业绩、能力和潜力，将盘点结果作为挑选当期激励对象和后续激励对象的重要依据。岗位价值高的人不一定是业绩、能力、潜力突出的人，因此需要在岗位价值评估的基础上来看岗位匹配度，匹配度过低的不能够获得激励，然而也存在另一种情况，就是岗位价值评估不高，但是本人在岗位上取得了突出的业绩，公司应该具备科学有效的人才盘点体系，及时将此类人才盘点出来，按照公司后备人才（继任者计划）及时提供培养与合理晋升和岗位调整机会，对于特别优秀的高潜力人才，需要设置政策优待，放入股权激励计划，尽早实现人才的中长期激励绑定。

综合来看，股权激励的激励对象应该是战略价值人才，即对公司战略发展有促进作用的各类核心人才。这些人才拥有核心技术、核心业务、核心能力、核心资源，因此，可以设计针对人才的综合评价模型（标准），来综合评价人才的价值，结合以上的一些思考，可以包括岗位价值，即评价人才所处的岗位的价值，还可以评价人才的能力素质与知识，分析人才针对岗位的胜任能力；此外可以通过既往业绩分析人才的历史贡献，综合岗位价值、能力素质和历史贡献，可以更为综合地考虑是否将其列为激励对象，对于人才的评分结果也可以作为之后确定不同个体激励额度的依据。

（3）实施

与国资委预沟通，其会给出建议激励人数。结合公司领导提出的激励导向，以经营管理者和各项主要指标的直接或间接承担者、分解者为主要激励对象，在此基础上向核心研发人才倾斜。最终公司决定采取总部提出人选条件建议和具体指标，由各分、子公司推荐的模式。除去公司管理人员，剩余60%以上的名额进一步考虑总部核心人才以及分、子公司核心人才和重点倾斜的研发人才三部分。

总部核心人才的选拔标准根据各部门员工数按比例申报，同时为了确保选出的激励对象具备正导向、正能量的基本条件，还可以附加其他条件，例如司龄、任职资格等级、最低年度绩效考核成绩等规定。

分、子公司核心人才，采用的是对拟激励分、子公司进行分类，根据贡献程度（如利润、人员规模等）由高到低分为几档，各个档次的激励人数不同的方式。

剩余的名额可以向公司体系内做出突出研发贡献的人才倾斜。可以请公司相关部门对各产业本部和分、子公司的研发贡献度进行测算，再根据贡献度比例，对其他研发贡献度高的单位进行分配，计算出可以重点倾斜的研发人数。

确定激励对象之后需要撰写通知。总结其他国企上市公司经验，可以考虑附件指标通过公司 EHR 系统发放并汇总，海康威视就是采用的此种方式，既提升了工作效率，也保证了私密性。

在选拔激励对象时，对核心员工设置基本条件和否决条件，把住底线，确保优秀。基本条件包括任职资格、年度考核结果；否决条件包括司龄、退休、处罚或惩戒等情况。

在实施后进行反馈，根据总部与分、子公司意见，后续进行调整。

3. 确定激励额度

确定激励额度其实就是确定股权激励的股份数量的过程，包括确定股权激励的总量（激励计划将授予的股权总量）和个量（激励对象获授的股权数量）。确定过程中需要考虑股权架构的约束，也要考虑激励力度的问题，如果激励力度只是基本满意，就难以实现激励和约束的作用。

（1）确定股权激励的总量

股权激励总量的确定是企业实施股权激励的首要条件，但影响激励总量的因素也有很多方面，主要包括以下几方面内容。

①政策约束。

②公司整体薪酬水平。如果公司当前薪酬所处行业水平较高，可以将股权激励总量设计的少些；如果公司薪酬水平较低，可以考虑股权激励总量高一些，使得股权激励预期的总收益加薪酬和福利达到或超过行业平均水平。

③公司设置的业绩目标。如果业绩解锁条件较高，实现难度较大，需要付出更多的努力，可以将股权激励总量设置的高些；反之可以设置的少些。

④股东意愿。股权激励涉及原股东股权的稀释和权利让渡，必须了解股

东能够接受的股权稀释的最大程度。

⑤公司发展规模和阶段。公司发展规模大、阶段好,其股权激励的比例可以低一些,实际股权数量不低;相反,公司发展规模小、阶段低,股权激励的比例可以高一些,以实现激励作用。

除此以外,还需要考虑激励对象人数、竞争对手的激励额度、公司资本运作战略、人力资本依附性、母公司意愿等。

面对多元化业务的国有上市公司,还涉及将股权激励总量分配到各个业务板块的情况,一般要考虑历史贡献、现有团队的未来发展潜力和业绩贡献、品牌影响力、相似级别人员工作差异性、潜在激励对象占比等因素。

(2)确定激励的个量

单个激励额度的确定是指在企业激励总量范围内,明确每个激励对象可以获得的股权激励数量。激励额度确定的关注点,一是要符合国家相关法律法规的要求,二是找准工具,公平地对激励对象进行评估,三是对激励对象的综合收入进行分析,以确定激励的切入点。在总量分配之后,个量的分配可以考虑表10中的一些因素。

表10　个量分配应考虑的因素

因素	解释
公平性和效率	避免不同层级差异过大,按照贡献度确定激励额度
与实际薪酬水平相适应	合理幅度
历史贡献	如年度考核结果、司龄、表彰情况
岗位重要性(价值)	体现岗位价值贡献度
可替代性	关键性作用
发展潜力	成长性

(3)政策

《国有控股上市公司实施股权激励工作指引》规定“在股权激励计划有效期内,上市公司授予的权益总量应当结合公司股本规模大小、激励对象范围和股权激励水平等因素合理确定”。上市公司全部有效的股权激励计划所涉及的标的股票总数累计不得超过公司股本总额的10%。不得因实施股权激励导致国有控股股东失去实际控制权。上市公司首次实施股权激励计划授予的权益所涉及的标的股票数量原则上应控制在公司股本总额的 1% 以内。中小市值上市公司（总市值一般不超过 200 亿元人民币）可以适当上浮。首次实施股权激励的权益授予数量占总股本的比例，原则上应控制在公司股本总额的 3% 以内。[①]

上市公司任何一名激励对象通过全部有效的股权激励计划获授权益（包括已行使和未行使的）所涉公司的标的股票数量，累计不得超过公司股本总额的 1%，经股东大会特别决议批准的除外。

上市公司实施股权激励应当采取分期授予方式，循序渐进，避免一次授予数量过多，以充分体现激励的长期效应与整体效应。每期授予权益数量应当与公司股本规模、激励对象人数，以及激励对象同期薪酬水平和预期收益水平等因素相匹配。上市公司实施股权激励原则上不得预留股份。

参与市场充分竞争的企业或高新技术企业，确因特殊原因需为拟市场化选聘人员预留股份的，预留比例不得超过该期股权激励计划拟授予权益数量的 10%，并在计划中就特殊原因及预留股份管理规定予以说明。预留股份应当在授予日后的 1 年内授出，不得重复授予本期计划已获授的激励对象。上市公司应当合理估算授予激励对象的股权激励预期收益，按照下列办法确定。

①上市公司董事、高级管理人员个人获授的股权激励预期收益，根据业绩目标确定情况，标的股票在境内上市的，应当控制在授予时薪酬总水平的 30% 以内；标的股票在境外上市的，应当控制在授予时薪酬总水平的 40% 以内。

②上市公司管理、技术和业务骨干等其他激励对象的股权激励预期收益应当比照本条上款办法，根据上市公司岗位序列、岗位职责确定。

在行权有效期内，激励对象股权激励收益占本期权益授予时本人薪酬总水平的最高比重，对境内外上市公司比例做了原则上的规定，境内上市公司

---

① 《国有控股上市公司实施股权激励工作指引》，国务院国资委，2014。

及境外 H 股公司原则上不得超过 40%，境外红筹股公司原则上不得超过 50%。股权激励计划拟定的权益生效业绩目标高于公司近三年平均业绩水平，且上市公司实际完成经营业绩超过目标值 50% 的，可以按照股权激励收益增长与公司经营业绩增长相匹配的原则，因地制宜，在股权激励计划中约定收益调控上限的上浮比例，最高不得超过薪酬总水平的 75%。

（4）分析

激励额度的关键是总量与个量，就是要确定股权激励的总量是多少和每一个激励对象的分配额度。这两个确定其实是相关的，过程是确定初步分配原则，通过粗算个体分配数量从而粗估总股数，再根据粗估的总股数，逐步细化分配模型，确定分配具体原则，进而计算具体到人的分配股数，并汇总成为最后确定的总股数。其中有一个技术性工作，就是对于期权价值和限制性股票预期收益的计算。只有计算出价值，才能对每个人的股数进行计算。

企业在确定股权激励的总额度时，可以重点考虑的一些因素，如表 11 所示。

表 11　确定股权激励的总额度应重点考虑的因素

序号	因素
1	法律的强制性规定，比如累计激励总额度的比例不超过 10%，还有单个对象不超过 1%，以及预期收益的要求
2	企业整体薪酬和福利的安排
3	业绩目标设定的高低
4	市场环境和竞争对手激励情况
5	股东的意愿
6	企业规模与净资产
7	激励对象的总人数

（5）实施

首先需要对激励总量进行倒推，首期激励总量不能高于总股本的 1%，这点是约束条件。其次，授予时测算收益不超过同期薪酬的 30% 也是一个约束，可以通过激励对象的实际年薪倒推进行测算。

①计算公式

激励总量测算值 = ∑单个激励对象授予数量，其中：

股权激励收益÷（单个激励对象同期年薪×3＋股权激励收益）≤30%

股权激励收益 = 授予的限制性股票数量×单位限制性股票公允价值（或单位期权的价值）

选择2年或者3年的标准是有效期内最近两次股权激励时间间隔，若时间间隔为2年，则采取2年的薪酬计算；若时间间隔为3年，则采取3年的薪酬计算。

取单个激励对象薪酬总额上限计算，股权激励收益等于单个对象年薪的9/7（授予时间间隔为3年）；如果是授予时间间隔为2年，则为6/7。

②总量推算及确定

公允价值按照（授予日收盘价 – 授予价格）计算，同期薪酬按照3年年薪＋股权激励收益计算，则通过以上计算公式可以计算出股权激励标的股份上限，并估计出占公司总股本的百分比。

根据以上比例，可以得出首期授予的总量占股本总额的比例。

③限制性股票公允价值的确定

单位限制性公允价值 = 授予日收盘价 – 授予价格 – 限制性因素带来的锁定成本（$P - C$）。

以往计算限制性股票公允价值按照（授予日收盘价 – 授予价格）计算，但是经国资委沟通反馈，计算公允价值时需要将限制性因素带来的锁定成本扣除，根据沟通，通常计算公式为：限制性股票公允价值 =（授予日收盘价 – 授予价格）×0.65（经验值）。

④个体额度确定

高级管理人员可以按照薪酬上限倒推授予量。并根据来司年限乘以调节系数。中层、三级公司负责人、总部、本部核心人员按照薪酬上限进行测算，其中三级公司负责人年薪以基本年薪＋绩效年薪为基数计算。

分、子公司核心人员和核心科研人员分配：可分配总包 = 授予总量 – 高管分配股数 – 中层分配股数 – 三级单位负责人分配股数 – 总部、本部核心人员分配股数。利用总包减去其他确定的分包，得出可以用的股数包。

再将此股数包除以拟分配的核心人员总量（分子公司核心人员＋核心科研人员），基本估算出每一个人平均可以拿到的股数。以此作为基数，加上根据岗位类别设置的调节系数和根据企业贡献度设置的分档系数，可以测算出每一个单位核心人员拟分配总股数，从而确定最后的总股数。因此，个人分配额度＝可分配总包×分、子公司分配系数×该激励对象综合评分÷∑（该单位激励对象综合得分）

4. 确定激励标的价格

在股权激励中，确定标的价格是不容小觑的一部分，它是根据赠予日或前X天的股票价格确定的。行权日的价格与赠予日价格的差额就是激励对象的实际收益。科学合理地确定行权价格是十分重要的，因为它要确保激励计划参与者与社会公众股东之间的公平性，既要使参与者获益，也不至于使股东权益被过度稀释。

（1）政策

根据《国有控股上市公司实施股权激励工作指引》，"上市公司拟授予的股票期权、股票增值权的行权价格，或者限制性股票的授予价格，应当根据公平市场价格原则确定"。公平市场价格原则上按表12所示方法确定。

表12　公平市场价格原则确定方法

序号	方法
1	境内上市公司定价基准日为股权激励计划草案摘要公布日。公平市场价格不得低于下列价格较高者:股权激励计划草案摘要公布前1个交易日公司标的股票收盘价、股权激励计划草案摘要公布前30个交易日公司标的股票平均收盘价
2	境外上市公司定价基准日为权益授予日。公平市场价格不得低于下列价格较高者:授予日公司标的股票收盘价、授予日前5个交易日公司标的股票平均收盘价
3	股票交易上市地监管规定和上市规则另有规定的,从其规定

股票期权、股票增值权的行权价格不低于按表12所列方法确定的公平市场价格，以及公司标的股票的单位面值。

限制性股票的授予价格依据业绩目标增长情况合理确定，不得低于公平市场价格的50％，以及公司标的股票的单位面值。境内上市公司通过定向增发方式授予限制性股票的，授予价格应当同时不低于定价基准日前20个交易日公司标的股票均价的 50%。

股票公平市场价格低于每股净资产的，限制性股票授予价格不应低于公平市场价格的 70%。股票公平市场价格高于每股净资产，但未高于每股净资产的 150% 的，限制性股票授予价格不应低于公平市场价格的 60%。

上市公司首次公开发行股票（IPO）时拟实施的股权激励计划，应当在股票发行上市满 30 个交易日以后，依据《国有控股上市公司实施股权激励工作指引》第二十五条、第二十六条规定确定其拟授权益的行权价格或者授予价格。

根据《上市公司股权激励管理办法》，上市公司在授予激励对象限制性股票时，应当确定授予价格或授予价格的确定方法。授予价格不得低于股票票面金额，且原则上不得低于表 13 所示价格较高者。

表 13　授予价格相关规定

序号	规定
1	不低于股权激励计划草案公布前 1 个交易日的公司股票交易均价的 50%
2	不低于股权激励计划草案公布前 20 个交易日、60 个交易日或者 120 个交易日的公司股票交易均价之一的 50%

上市公司采用其他方法确定限制性股票授予价格的，应当在股权激励计划中对定价依据及定价方式做出说明。

上市公司在授予激励对象股票期权时，应当确定行权价格或者行权价格的确定方法。行权价格不得低于股票票面金额，且原则上不得低于表 14 所示价格较高者。

表 14　行权价格相关规定

序号	规定
1	股权激励计划草案公布前 1 个交易日的公司股票交易均价
2	股权激励计划草案公布前 20 个交易日、60 个交易日或者 120 个交易日的公司股票交易均价之一

上市公司采用其他方法确定行权价格的，应当在股权激励计划中对定价依据及定价方式做出说明。

（2）分析

无论是限制性股票还是股票期权，假设草案公布日为 7 月 16 日，案例测算标的价格见表 15。

表 15　案例测算标的价格

单位：元/股

价格	金融
前 1 个交易日股票收盘价	24.61
前 30 个交易日股票平均收盘价	24.15
前 20 个交易日股票交易均价	24.31
前 60 个交易日股票交易均价	31.01
前 120 个交易日股票交易均价	46.47

根据证监会、国务院国资委相关规定，授予下列价格为价格较高者：激励计划草案公告前 1 个交易日公司标的股票收盘价的 50%；激励计划草案公告前 20 个交易日公司标的股票加权平均价的 50%；公司标的股票的单位面值，即 1 元/股；激励计划草案公告上一年度经审计的每股净资产值。

假设 2015 年末约为 8.8 元/股，如是限制性股票，应不低于 24.61/2 ≈ 12.31 元/股，如是股票期权，行权价格应不低于 24.61 元/股。

（3）实施

根据以上分析，确定股权激励草案公告日后直接计算即可。限制性股票需要根据业绩指标来确定打几折。设置的业绩条件越高，可以打的折扣越高，但最高不超过 5 折。一般来说可以遵循以下原则（见表 16）。

表 16　限制性股票打折规定

序号	规定
1	净利润增长率达到 15%,可以按照 5 折授予
2	净利润增长率达到 12% ~15%,按照 6 折授予
3	净利润增长率在 12% 以下,按照 7 折授予

5. 确定股权激励的来源

为了保持股权激励计划的持续性、完整性，行权所需的股票来源只能由公司提供，重点研究以上市公司为实施主体的提供股票来源的模式，根据惯例，主要有四种方式：一是股东转让，股东转让是国际上比较通行的股票来源方式；二是公司留存股票，比如期权池；三是上市公司回购本公司股票；四是直接增发新股，公司可以向证监会申请发行一定数量的股票。公司以回购方式获得股票，是国外上市公司实施股权激励计划重要的股票来源。由于回购股票的形式消耗现金，很少使用。一般使用第四种比较多，虽然会对股东的股权有稀释作用，但是在激励对象购买过程中可以收到资金，对于公司的现金是有好处的。

公司使用了目前较普遍的定向增发形式，这种形式不需要增加公司现金流支出压力，且公司资本金还会有一定程度增加。

当前《上市公司股权激励管理办法》《国有控股上市公司实施股权激励工作指引》规定，"根据企业实际情况，采取向激励对象发行股份（增量）、回购本公司股份（存量），以及法律、行政法规允许的其他方式，不得仅由国有股东等部分股东支付或者无偿量化国有股权"。

6. 确定激励计划的时限

股权激励计划是中长期激励计划，其激励计划的实施是有一系列时间点设计的，通过这些设置，才能实现激励与约束的长期性目的。具体时间点主要包括有效期、授予日、授权日、等待期、可行权日、行权窗口期和禁售期。

有效期是被激励对象可以行权的期限，有效期并没有官方规定，市场上施行的股权激励计划一般在 2 ~ 10 年。具体时间衡量是指股权激励计划从股东大会或审批生效，直至激励计划涉及的最后一批激励标的股票行权或解锁完毕，从而使激励计划完全终止的时间期限。

在设计股权激励计划有效期时，需要考虑以下一些因素。

一是企业的股权激励计划的有效期设计应该与企业的战略规划阶段性重点工程、项目的需要时限相联系，这种关联和统一有助于机遇企业战略目标的时间安排实现激励效果的最大化，而不是激励时间的错位。

二是根据国家法律政策，股权激励计划的有效期最短不低于 1 年，最长不超过 10 年。结合企业的实际情况，一般是 3 ~ 8 年。

授予行为发生的日期为授予日，授予是股权激励计划的第一个环节。在此期间公司将明确股权激励计划的宗旨、激励范围、激励额度等。授予日必须为交易日。在我国，定期报告公布前 30 日，重大交易或重大事项决定过程中至该事项公告后 2 个交易日，其他可能影响股价的重大事件发生之日至公告后 2 个交易日，以上时间不能作为授权日。如采用滚动式激励可以考虑以下一些授予日确定方式，比如激励对象的受聘日、激励对象确定晋升日、业绩评定日、取得技术成果的日子等。

一般情况下，激励对象获授权后，并不能立即行权（即以约定的价格购买公司股票），而是需要等待一段时间，直至可行权日，才能够一次性或逐步获得行权的权利，这段时间就是等待期。

可行权日就是指获授人可以行权的日期，这个日期必须为交易日，等待期满次日起至股权有效期之日止的期间就是行权期，这期间的每一个交易日都可以是可行权日，行权后，激励对象即可获得收益。

为了防止公司高管人员利用其信息优势从事内幕交易和操纵股价，有关法律将行权时机限定在一个时间段内，这个时间就是"窗口期"。在此期间，高管人员可以自由申请行权。

被激励对象行权之后，个人账户就会拿到约定的股票数额，对股票进行售出交易获取收益，但在通常情况下，公司会根据政策规定设立一个禁止交易的时间段，这个时间段就是禁售期。

（1）政策

根据《国有控股上市公司实施股权激励工作指引》，股权激励计划的有效期自股东大会通过之日起计算，一般不超过 10 年。股权激励计划有效期满，上市公司不得依据该计划授予任何权益。

在股权激励计划有效期内，应当采取分期实施的方式授予权益。每期权益的授予间隔期应当在 1 年（12 个月）以上，一般为 2 年，即权益授予日 2 年（24 个月）间隔期满后方可再次授予权益。

上市公司每期授予权益的有效期，应当自授予日起计算，一般不超过 10 年。超过有效期的，权益自动失效，并不可追溯行使。每期授予的权益在有效期内，区分不同激励方式，按照以下规定行使。

一是股票期权、股票增值权激励方式：应当设置行权限制期和行权有效期，行权限制期自权益授予日起至权益生效日止，原则上不得少于 2 年（24 个月），在限制期内不可以行权；行权有效期自权益生效日至权益失效日，由上市公司根据实际确定，但不得少于 3 年，在行权有效期内原则上采取匀速分批生效的办法。

二是限制性股票激励方式：应当设置禁售期和解锁期，禁售期自股票授予日起计算，原则上不得少于 2 年（24 个月），在禁售期内不得出售股票；禁售期满可以在不少于 3 年的解锁期内匀速分批解锁。

公司重大资产重组停牌期间，同时推出股权激励计划的，且股票授予价格低于非公开发行股票价格的，限制性股票禁售期不得少于 3 年。

限制性股票授予价格低于公平市场价格 70% 的，应当结合公司业绩考核目标，适当延长解锁期，与激励约束相匹配。限制性股票授予价格低于每股净资产的，解锁期不应少于 5 年。

为保护股东利益，限制性股票授予价格低于公平市场价格 70% 的，或低于每股净资产的，解锁时股票市场价格（前 5 个交易日公司标的股票交易均价，复权至授权日）应当不低于授予时股票公平市场价格。未达到的，可以延长解锁期，直至符合上述条件。

根据《上市公司股权激励管理办法》，在股权激励计划有效期内，每期授予的限制性股票，其禁售期不得低于 2 年。禁售期满，根据股权激励计划和业绩目标完成情况确定激励对象可解锁（转让、出售）的股票数量。解锁期不得低于 3 年。

授予董事、高级管理人员的股权，应根据任期考核或经济责任审计结果行权或兑现。授予的股票期权，应有不低于授予总量的 20% 留至任职（或任期）考核合格后行权；授予的限制性股票，应将不低于 20% 的部分锁定至任职（或任期）期满后兑现。

（2）分析

根据以上政策，一般情况下，限制性股票或股票期权都可以采取 2＋3

的时间安排，即 24 个月（2 年）的限制期（禁售期），3 年的行权有效期（解锁期），并在每年中均匀行权（解锁）。

要开展多期股权激励，一般间隔需要在 2 年及以上，授予间隔时间与之前确定额度部分的年薪计算有关系。

（3）实施

根据股权激励计划的时间安排，公司计划在当年完成授予，将在 2 年后至 4 年后分三期逐步解锁（行权），解锁（行权）比例为 4∶3∶3。

7. 确定股权激励的约束条件

股权激励的约束条件主要有：授予条件、行权条件。

上市公司只有在同时满足下列资格条件时，才可以实施股权激励："最近一个会计年度财务会计报告被注册会计师出具否定意见或者无法表示意见的审计报告；最近一个会计年度财务报告内部控制被注册会计师出具否定意见或无法表示意见的审计报告；上市后最近 36 个月内出现过未按法律法规、公司章程、公开承诺进行利润分配的情形；法律法规规定不得实行股权激励的；中国证监会认定的其他情形。"

（1）政策

股权激励的约束条件可以参考《国有控股上市公司实施股权激励工作指引》第四十五条、四十六条、四十七条相关规定。

根据《国有控股上市公司实施股权激励工作指引》，公司设置股权激励业绩考核体系时，应在下列三类指标中选择设置科学合理的指标和水平（见表17）。

表 17　股权激励业绩考核体系的设置条件

序号	条件
1	反映股东回报和公司价值创造等综合性指标,如净资产收益率、经济增加值回报率、投资资本回报率等
2	反映公司盈利能力及市场价值等成长性指标,如净利润增长率、营业利润增长率、营业收入增长率、经济增加值改善率、资本积累率等
3	反映企业收益质量的指标,如主营业务收入占营业收入比重、应收账款周转率、营业利润率、总资产周转率、现金营运指数等

（2）分析

①公司主要指标分析

根据以上政策要求，在确定业绩指标过程中，必须综合分析公司各项业绩历史情况（一般是要往回看3年，增长性指标看4年），分析未来指标变化情况（未来年度看3年）。通过全面的业绩指标情况，观察和分析哪些指标项符合政策的要求，即：授予点不低于公司前三年平均水平，相对上一年实际指标值较合理，解锁（行权）时增长率指标稳定并能够大于10%，解锁（行权）时绝对值指标需要相对原有指标稳中有升。

②对标企业选择

首先可以根据行业分类标准，选择属于本企业行业类别（例如WIND行业分类），通过标准上市公司分类软件初筛该行业企业信息。之后，需要剔除资产规模差距较大、主页不相关以及经营业绩波动较大的企业。

为提高行业对标企业的质量，增强业绩考核指标的可比性和科学性，需要对以上样本进行合理分析、筛选，剩余21家作为对标样本，进行业绩考核的行业比较，在年度考核过程中行业样本若出现主营业务发生重大变化或出现偏离幅度过大的样本极值，则将由公司董事会在年终考核时剔除或更换样本。

综合分析框选的对标企业近年相关业绩指标的50分位和75分位值。对比本企业与对标企业的情况，分析是否符合授予和解锁（行权）的条件。

③确定授予条件

根据以上分析，确定业绩指标项目，结合上一年度情况和前三年平均情况设定合理的授予条件。

④确定解锁条件（行权）

根据以上分析，确定解锁期（行权期）的每年条件，绝对值指标要保持稳中有升，增长性指标要确保稳定。

根据沟通结果，净利润增长率达到 15%，可以按照 5 折授予；净利润增长率达到 12% ~ 15%，按照 6 折授予；净利润增长率在 12% 以下，按照 7 折授予。

（3）实施

公司为了确定股权激励计划的授予条件与解锁条件，组织开展了大量工作，还为股东撰写了专门的指标确定说明。

从指标设计来看，主要考虑公司在"十二五"期间规划目标的完成情况以及过去稳定的发展情况为趋势判断提供依据，以此明确当前所处的时点是否合适开展股权激励。

在此基础上公司认真分析了当前面临着的复杂的内外部经济形势，在创建国际一流 IT 企业集团战略目标和转型升级战略方案的指导下，结合内外部形势，形成了"十三五"的方向性、全局性行动纲领，确定的各项规划目标及创新驱动、人才强企、资本运营等六大发展战略，明确了确保目标实现需采取的十二条保障措施。公司对未来的规划目标充满信心，结合具体的战略布局和业务开展，认为股权激励是有效促进规划目标实现的激励手段。

公司还将"十三五"规划的主要目标与系统内兄弟单位和同行业企业进行了深入对标。以"十二五"与"十三五"增长数据作对比，公司在收入与利润增幅方面仍保持了较好的先进性。

公司还对限制性股票的特点进行了详细分析，并对采取此种方式后集团公司的持股稀释情况进行了分析。公司认为限制性股票体现了激励与约束相结合的原则，比较适合当期开展，对于集团公司持股稀释的影响，利大于弊。而股权激励对于公司股票市值也是有帮助的。

此外，公司认真分析了关于业绩指标设计的平衡性问题，因此公司业绩解锁条件的合理设置尤为重要。如果公司业绩解锁条件设置过低，则不能实现与"十三五"发展规划挂钩，对公司来说，没有实现实施激励的初衷，在核心骨干层面形成新形式的"大锅饭"；如果公司业绩解锁条件设置过高，"蹦一蹦"也够不到，将使激励计划的实施授予出现困难，很有可能出现国资委、集团公司已经批复，但是核心骨干参与度不够，即使购买但是未来不能解锁，使激励计划不能完整实施，将降低投资者对公司未来发展的预期，影响公司整体形象，影响全体股东收益，股权激励计划整体不能解锁也将影响核心骨干乃至广大员工的工作积极性，作为已公告却未能激励落地的案例，在集团公司内部将不能起到探索示范作用。综合以上，选择合适的公司业绩考核条件是非常有必要的，业绩指标选择必须结合公司发展实际，立足现状，科学分析与预测，在预测指标的基础上做到"蹦一蹦"够得着，既要对激励对象施加一定的压力，也要给予一定的希望，才能较好实现绑定目标与调动积极性，进而实现激励与约束的效果。

将股权激励业绩考核指标与"十三五"力争值挂钩。"十三五"期间，公司将以技术创新为基础，以商业模式创新为核心，以管理创新为保障，推动产业升级和企业转型，夯实智慧企业发展基础，努力实现产品（业务）结构优化取得突破，资本（资产）结构优化取得突破，人才（智力）资源结构优化取得突破。为了进一步实现"十三五"规划目标落地，需要将转型升级各项业务发展与保障措施进一步与核心人才、骨干人才绑定，此次限制性股票激励计划中的业绩考核（公司解锁条件）将力争与"十三五"目标挂钩。

最后公司还对所属行业的特点和净资产收益率进行了深入分析，在对未来资本运作、可转债、收并购、正常经营带来的增值等进行全面科学预测的基础上提出了净资产收益率的预测值，并在此基础上自加压力，进一步提升公司价值创造能力。

8. 调整与修改、变更及终止机制

股权激励计划的调整是指在公司授予激励对象股权激励标的之后至激励对象行权之日，当公司的资本公积金转增股本以及派送股票红利或是公司股票拆细或缩股、配股时，公司对激励标的的价格和数量做出的调整等行为。[①]

① 参见《股权激励计划（草案修订稿）》。

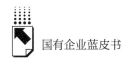

正常股份变动下的调整，一方面，公司因标的股票除权、除息或其他原因需要调整行权价格或股权数量的，可以按照激励计划规定的原则和方式进行调整。另一方面，公司发生重大行为时的调整，重大行为的界定，公司发生的重大行为主要是指公司在生产经营过程中可能出现并购、控制权发生变化等行为，对于实施股权激励计划的公司来说，明确公司发生并购行为时股权激励计划的调整特别重要。再有就是激励对象发生变化时的调整，激励对象不符合资格、雇佣关系终止、退休、丧失行为能力、死亡等激励对象发生重大变化的时候。

对已授予的股权的任何修改均需授权人同意，以保护受权人利益不受侵害，对股权激励计划做修改，需经公司股东大会表决通过，计划所有的内容、条款应符合相关证券法规、公司法及税法的规定，如有抵触，应被视为按相关法律法规已作修正。

（1）股权激励标的数量的调整方法

如公司进行资本公积金转增股本、派送股票红利、股票拆细事项，则调整后的股权激励标的数量＝调整前的股权激励标的的数量×（1＋每股的资本公积金转增股本、派送股票红利、股票拆细的比率）。

当公司发生缩股时，调整后的股权激励标的数量＝调整前的股权激励标的数量×缩股比例。如公司进行配股，则调整后的股权激励的数量＝调整前的股权激励标的数量×配股股权登记日当日收盘价×（1＋配股比例）÷（配股权登记日当日收盘价＋配股价格×配股比例）。

（2）股票激励计划调整的程序

调整的流程一般为：公司董事会被公司股东大会授权，根据股权激励计划列明的调整原因对激励标的的数量和行权价格进行调整。遇到调整时未上市公司只需通知激励对象，但上市公司还应进行审批或备案并及时公告。

（3）股票激励计划的修改

除了上述提到的原因调整股权激励标的的数量和行权价格外，因其他原因需要调整股权激励标的的数量、行权价格或其他条款的，应该认为其是对股权激励计划的修改，由于这种修改会严重影响激励对象以及股东的预期利益，所以这种修改应该征得激励对象的同意，由公司董事会做出决议并经股东大会审议批准。经常存在的对股权激励计划的修改有以下情形（见表18）。

表 18　存在对股权激励计划修改的情形

序号	情形
1	修改行权价格
2	改变授予资格
3	延长股权激励计划的有效期、行权有效期限
4	改变股权激励计划的考核标准
5	其他董事会认为需要修改的事项

三　会计、税务及异动处理

（一）会计处理

根据《企业会计准则第 11 号——股份支付》，上市公司需要将在限售期的每个资产负债表日，根据最新取得的可解除限售人数变动、业绩指标完成情况等后续信息，修正预计可解除限售的限制性股票数量，并按照限制性股票授予日的公允价值，将当期取得的服务计入相关成本或费用和资本公积。

表 19　会计处理规定

类型	规定
授予日的会计处理	根据公司向激励对象定向发行股份的情况确认股本和资本公积
锁定期内的会计处理	根据会计准则规定，在限售期内的每个资产负债表日，将取得职工提供的服务计入成本费用，同时确认所有者权益或负债
解除限售日的会计处理	如果达到解除限售条件，可以解除限售；如果全部或部分股票未被解除限售而失效或作废，按照会计准则及相关规定处理
限制性股票公允价值的确定方法	见《企业会计准则第 11 号——股份支付》

根据《企业会计准则第 11 号——股份支付》及《企业会计准则第 22 号——金融工具确认和计量》的相关规定，公司以 Black-Scholes 模型（B–S模型）作为定价模型，扣除限制性因素带来的成本后作为限制性股票的公允价值。

运用该模型以某日为计算的基准日，对首次授予的限制性股票的公允价值进行了预测算（授予时进行正式测算），可以测算得出每股限制性股票的公允价值，具体参数选取见表 20。

表 20　参数选取规定

参数	规定
标的股价	假设授予日公司收盘价
有效期	分别为:2 年、3 年、4 年(授予日至每期首个解除限售日的期限)
历史波动率	采用上证指数最近 2 年、3 年和 4 年的波动率
无风险利率	分别采用同期国债利率确定
股息率	分别采用公司最近 2 年、3 年、4 年的平均股息率确定

（二）激励计划对业绩的影响测算

公司确认股权激励计划的最终费用是根据一些估值工具来测算的授予日当天限制性股票的价值进行核算的。这部分费用需要在计划实施的日期按月均摊。而将激励成本列支在经常性损益中即可。

公司应当以当前信息进行初步估算，如果未发生股权激励计划，则将限制性股票费用按月均摊，然后统计对有效期内各年净利润的影响。

（三）税务处理

股份支付的会计处理必须以完整、有效的股份支付协议为基础。A 类以权益结算的股份支付，一般不做会计处理，除立即可行权时，应按权益工具的公允价值，借记相关资产成本或当期费用，贷记"资本公积——其他资本公积"。

①以权益结算的股份支付形成的成本费用不允许税前扣除

②以现金结算的股份支付形成的成本费用允许税前扣除

（四）异动处理

1. 异动处理的政策

上市公司如发生以下情形，股东可以行使股东权利，取消当年度可行使权益，同时中止实施股权激励计划，经董事会审议通过，自董事会决议生效之日起一年内，激励对象都不能获得新的权益。

①未按照规定程序和要求聘请会计师事务所开展审计的

②注册会计师对年度财务报告出具保留、否定意见或者无法表示意见的审计报告

③上市公司业绩或者年度财务报告被履行出资人职责的机构、监事会或者审计部门提出重大异议的

④上市公司存在重大违规行为，以及受到证券监督管理机构或其他有关部门处罚的

股权激励对象如果发生以下情形，上市公司国有控股股东可以提出终止授予新的权益、取消其尚未行使权益的行使资格，并追回已获得的股权激励收益。

①经济责任审计等结果表明未有效履职或者严重失职、渎职的

②违反国家有关法律法规、上市公司章程规定的

③发生损害上市公司利益等违法行为，并受到处分的

④激励对象未履行或者未正确履行职责，给上市公司造成资产损失的

股权激励计划实施过程中，上市公司的财务会计文件有虚假记载的，负有责任的激励对象尚未行使的权益不再行使，激励对象因股权激励所获得的全部利益应当返还给公司，不得再授予其新的权益。

上市公司应当按照前款规定和股权激励计划相关安排收回激励对象所得收益。

股权激励对象因调动、免职、退休、死亡、丧失民事行为能力等客观原因与企业解除或者终止劳动关系时，授予的权益当年达到可行使时间限制和业绩考核条件的，可行使部分可以在离职之日起半年内行使，半年后权益失效；当年未达到可行使时间限制和业绩考核条件的，原则上不再行使。尚未解锁的限制性股票，可以按授予价格由上市公司进行回购。

股权激励对象辞职、因个人原因被解除劳动关系的，尚未行使的权益不再行使。尚未解锁的限制性股票按授予价格与市场价格孰低原则进行回购，已获取的股权激励收益按授予方案或股权激励管理办法规定协商解决。

股权激励管理办法对上市公司回购限制性股票的具体情形及回购后股票的处理做出规定，股东大会在决议批准股权激励计划和股权激励管理办法的同时，可以授权董事会具体执行回购事宜。

2. 异动处理的分析

可以分为企业特殊情况与激励对象特殊情况两类。企业特殊情况根据指引处理，不再赘述。激励对象特殊情况主要是指异动。

3. 异动处理的实施

职务变更：激励对象职务发生变化，但仍在本激励范围内的，则已获授的限制性股票不作变更。

负面情况：激励对象已获授但未解锁的限制性股票终止解锁，按相应规定对于终止解锁的限制性股票进行回购注销。

未造成负面影响：授予的权益当年达到可行使时间限制和业绩考核条件的，可行使部分可以在离职之日起半年内行使，半年后权益失效；尚未达到可行使时间限制和业绩考核条件的，原则上不再行使。尚未解锁的限制性股票，由公司按授予价格回购后注销。

退休情况处理：激励对象发生退休的，对激励对象限制性股票将完全按照退休前本计划规定的程序进行，且董事会可以决定其个人绩效考核条件及分、子公司考核条件不再纳入解锁条件。

其他情况：其他特殊情况由董事会薪酬与考核委员会认定，来决定处理方法。

4. 基本原则

对于被激励对象的管理，必须根据业绩贡献创造的价值，不断进行股权动态调整以保障股权激励的有效性。动态价值管理遵行以下四个原则。

价值创造原则。企业每个年度都应与股权激励对象签订业绩承诺书，明确股权激励对象要创造的价值，确保将公司的"蛋糕"做大。

价值评估原则。对于股权激励对象，要以绩效管理为本，并进行业绩效评估，实时掌握激励对象创造的价值量。

价值分配原则。给予股权激励对象的股权多少，取决于其创造的价值量大小。对于达到业绩承诺标准的要按计划标准兑现，对于没有达到业绩承诺的应按计划降低股权激励标准。对于创造了超出业绩承诺价值的股权激励对象，可增加相应股份，让股权激励充分与激励对象创造的价值挂钩。

进退管理原则。对于业绩较差的员工来说，公司可以安排其退出股权激励机制。同时，让有能力的员工进入股权激励机制。以此确保激励机制的活力，使激励机制长期为有能力做出价值贡献的员工服务。

5. 配套工作

预期管理工作：根据绩效结果，对激励的对象进行思想沟通，同时对其进行预期管理工作，是非常有必要的。这样有利于预判企业与被激励对象双方的预期是否一致，根据实际情况进行后期的股权激励情况调整，最终实现双方共同发展。

四　风险控制

（一）时间进度风险

国有上市公司股权激励由于其审批对象较多，既有内部的经营层、党委会、职工代表大会，也有外部的上级大股东、集团公司和国资委，协调沟通对象也很多，内部涉及员工，外部需要协调董事、监事、股东，协调咨询机构、财务和法律意见书的第三方，还涉及证监会和中登公司，实施期还可能

需要联系银行等机构，实际的股权激励工作是一项相对比较复杂、时间周期较长、沟通汇报较多的复杂项目，其时间节点有很多需要审批、公告、会议周期等，有很多的时间要求和限制，而实际上当年的国资委审批时间是不能到年底的，这是因为如果接近年底，新一年的财报情况将很快出来，国资委将不予接受，而会要求企业明年财报出来再结合新一年的业绩情况组织撰写新的计划方案。基本上如果10～11月不能正式提交国资委，当年就不具备获批的条件了，因此，需要以上报国资委的时间为准制订严格周全的倒排计划，以周为单位推进股权激励计划执行。很多工作是串行的，一旦延期将直接影响进度，需要在计划阶段考虑留出一些时间余量，以防止出现推进风险而造成不能继续实施的问题。

从我们首次激励计划实施的实际情况看，尽管已经在8月就启动了股权激励方案设计工作并制订了计划，但是在预沟通、董事会、集团审批、国资委审批、授予等不同阶段，实际存在着几十项具体工作，工作执行时的时间控制有很大难度，各层审批都存在着时间的不确定性，最终审批和授予的时间已经接近国资委审批时间的底线。据此反思，既需要提早启动项目工作，也需要进一步做好各项工作的提前准备，分工合作，齐头并进，在外部协作、材料准备、汇报沟通上都要做好策划和准备，确保串行工作能够衔接紧凑，并行工作能够全面按时完成。

（二）证监会、交易所问询风险

在公司发布股权激励草案和正式方案的过程中，可能会出现证监会、交易所发问询函的情况，需要公司正视问询，实事求是地依照相关政策办法来答复，只要严格执行办法没有违反规定，实事求是地做好具体解释工作，证监会和交易所还是会理解并支持的。

（三）保密风险

股权激励的信息可能会给股票价格等带来一定影响，价格过早过高都对授予价格不利，因此还是需要在一定时期内严格保密，通过保密协议严格控制内部知情人。此外，在没有正式确定激励对象前，也应对激励对象情况严格保密。

（四）不透明、不公开风险

股权激励工作的保密和宣贯工作是需要相对平衡的，过度的保密也是有问题的。如果方案已经发了很久，但是公司员工还是对此事完全不了解，很容易造成员工对方案的质疑，影响方案的实施，产生大量负效应，产生很多对激励制定公平性、透明性的质疑。因此，一旦方案比较明确，需要尽快通过职工代表大会让大家有全面的了解，为了使股权激励工作形成正导向，让大家明白股权激励不是所有人都能够拿到，而是必须通过业绩表现证明自己的实际实力才有机会，让没有拿到的公司员工充分了解到没有拿到的原因和实际差距，真正形成股权激励对广大员工的目标激励带动作用。因此，多轮全体系的股权激励概念、意义、计划方案的讲解是很有意义的，也需要列入工作计划，及时组织开展。

（五）员工理解风险

股权激励需要获得广大员工的支持，从而形成正导向，发挥出其更广泛的激励效果，就需要在实施过程中高度关注员工对股权激励的理解和支持。股权激励不是普适性激励，而是针对公司核心人才的激励措施，大部分的公司员工是无法获得的。对于股权激励的信息、政策、机制不能采取对广大员工隔离的策略，而应该使股权激励的实施信息及时地让员工知道，让员工了解到股权激励对于公司的重大意义和公司未来的愿景。还需要让没有获得股权激励的员工清晰地知道为什么自己目前没有达到激励的标准，在业绩等方面还有哪些进步的空间，如何成为可以获得激励的对象。公司全体员工理解股权激励和支持股权激励，不只是获得激励的核心人才在积极为公司业绩指标而努力，而是全体员工都能围绕公司发展战略和与组织相契合的个人成长而不懈努力，逐步形成比学赶超的良好工作氛围，大家能够在相对公平公正的平台竞争进步，这才是公司合伙人机制发展的成功之处。

所以，需要在企业管理的相关环节充分渗透股权激励的内涵与理念，在人力资源管理的各个关节融入股权激励的导向。例如在校招、社招、面试、入职环节就可以加入股权激励的介绍；在员工手册中加入一定的股权激励方案内容；在股权激励的考核办法设计中要充分体现以公司战略为中心以业绩目标为导向的考核内涵；在职务晋升、职称评选、表彰奖励中设置与股权激励对象选取的政策性关联。形成公司激励考评体系的合力，在正导向的基础上进一步加强股权激励的激励效果和员工的重视程度，释放传统短期薪酬激励的压力，实现多维激励的新的平衡与优化。

（六）沟通风险

在首次开展股权激励计划方案设计与实施期间，需要与国务院国有资产监督管理委员会（或地方国资委）进行沟通，并进行审批。一般是在首期激励计划方案启动阶段就激励方式、激励人数、激励额度等先与国资委进行预沟通，在获得同意后，将沟通情况作为方案设计的输入。在召开第一次关于股权激励方案的董事会之后，还要向国务院国有资产监督管理委员会进行正式审批，提交草案修订案、单位介绍、计划管理办法、考核管理办法、授予要点说明、董事会决议等相关文件。其间国资委会组织内外部专家进行评审，提出评审意见，公司需要根据评审意见对方案进行修改完善，对部分提问做出解释，待国资委认可后将进行审批程序，对股权激励方案进行批复。

（七）大股东审批风险

作为国有上市公司，很多企业都有自己的国有大股东，因此股权激励计划方案也必须通过大股东的审批同意，才能提交国资委。要获得大股东对股权激励方案的理解和支持，不只是提交请示这么简单，需要在前期全面了解上级大股东的各个分管部门（如资产部、人力资源部等）对股权激励的意见和建议，了解上级股东的主要领导对股权激励的看法，对于不太了解股权激励方案情况的要多做汇报沟通，及时获得上级的理解和支持，对整体方案要能够清晰介绍，能够描述清楚开展股权激励对公司、股东的好处，分析可能的风险，便于大股东开展决策（一般属于重大突破，需要上报党委会或党组会）。待基本认可和同意，就可以提交正式的请示，报上级股东审批，请示一般包括背景与意义、合规性、激励要点、其他事项等内容，待上级股东逐级通过审批之后，可以继续组织开展董事会和公告等工作，对草案的后续修订要及时通报上级股东，所有相关文件要汇总并报大股东备案。

（八）财务意见书、法律意见书风险

方案需要财务与法律审查，需要律师事务所和具有财务审查的机构出具意见书是公告的前提条件，因此，需要提前联系好相关机构，确定好联系人，在方案设计与实施过程中能够及时提供相关材料，确保两份意见书能够及时提供，避免进度延迟造成方案不能执行的风险。

（九）咨询合作机构风险

由于股权激励设计有较高的专业性，且在国资委审批沟通中存在较大的通过风险，一般来说需要选取一家有过实施股权激励经历的咨询公司为宜，例如中智咨询、和君咨询、上海荣正等，这里不再赘述。咨询公司的加入可以对股权激励计划的实施提供专业咨询支持，降低法律风险与审批风险。

（十）公司业绩指标确定风险

公司业绩指标的确定是整个方案设计的难点，业绩指标设计过高将不能解锁，直接使股权激励计划不能实现激励，而如果业绩指标设计过低，将成为一种福利分配形式，对公司员工和公司形象造成负面影响，两种极端的情况都是不可取的，需要战略部门、人力资源部门、经营管理部门、资产管理部门协同配合，积极论证研究，深入研究公司的既往业务发展情况，深入分析历年经营情况，对标同行业经济指标，在公司战略发展的挑战性与经济指标的可实现性上找到平衡，通俗的说法就是"蹦一蹦"够得着。其间，公司需要对所有国资委认可的主流指标逐一进行梳理分析，要对特殊政策、特

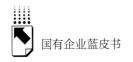

殊情况导致的经济指标突变进行剥离分析，在设计指标时可以采取三年平均值的方法进行平滑，同时还要与已经出台的规划指标、兄弟单位指标进行对比，与规划指标相比具有一定的相关性，与兄弟单位相比具有一定先进性，这也是能够获得上级大股东和国资委审批通过的基础。

（十一）其他事项

1.外籍人员

随着国有上市公司的不断发展，其国际化经营是做强做优做大的必然发展选择，随之就会存在对海外企业的收、并购，并带来公司人才的国际化，外籍员工能够否开展上市公司股权激励成为关注点。

从中国证监会监管的角度看，在《上市公司股权激励管理办法》实施之前，上市公司的外籍员工参与 A 股上市公司员工股权激励不存在禁止性的规定。在中国证监会对上市公司股权激励实施备案管理的时期，证监会曾对 A 股上市公司在中国境内与境外工作的外籍员工作为股权激励对象出具过无异议函。但是在实际操作层面，在 2013 年 4 月之前，中国证券登记结算有限公司（简称中国结算）规定，A 股账户仅限于国家法律法规和行政规章允许买卖 A 股的境内投资者开立。因此，除了外国战略投资者、合格境外机构投资者与人民币合格境外机构投资者可以开立 A 股证券账户外，其他外国投资者尚无法开立 A 股证券账户。也就是说，即使证监会对外籍员工股权激励计划无异议，但是因为外籍员工没有 A 股证券账户，实际无法操作授予工作。

2013 年 3 月中国结算发布通知，对《证券账户管理规则》进行了修订，自 2013 年 4 月 1 日起，放开在境内工作和生活的港、澳、台居民个人开立 A 股证券账户的限制，允许在境内工作和生活的港、澳、台居民个人开立 A 股证券账户。由此，上市公司外籍员工中在境内工作的港、澳、台居民个人，作为激励对象，不存在操作上的障碍；但是，其他类型的外籍员工，仍无法开立 A 股证券账户。结合以上政策情况，A 股上市公司主要通过实施股票增值权计划规避 A 股开户的问题。

2016 年 8 月执行的《上市公司股权激励管理办法》第八条第一款规定："在境内工作的外籍员工任职上市公司董事、高级管理人员、核心技术人员或者核心业务人员的，可以成为激励对象。"因此，中国证监会以部门规章的形式，明确规定上市公司董事、高级管理人员、核心技术人员或者核心业务人员中的在境内工作的外籍员工可以作为激励对象参与 A 股上市公司的股权激励计划。

而可以成为 A 股上市公司股权激励计划的激励对象的外籍员工必须满足外籍人员与上市公司或其子公司存在聘用关系，外籍员工的工作地点位于境内，以及外籍人员必须是上市公司的董事、高级管理人员、核心技术人员或者核心业务人员的相关条件。

根据《中国证券登记结算有限责任公司证券账户业务指南》，外籍员工申请开立 A 股证券账户时，需要提交其在中国境内工作的证明文件；这种证明文件就是境内工作的外籍员工与上市公司或其子公司签订的劳动合同或聘用合同、获得的合法有效的外国人就业证或外国专家证、外国人居留许可证件等。

2. 预留权益

《国有控股上市公司实施股权激励工作指引》指出，参与市场充分竞争的企业或高新技术企业，确因特殊原因需为拟市场化选聘人员预留股份的，预留比例不得超过该期股权激励计划拟授予权益数量的 10%，并在计划中就特殊原因及预留股份管理规定予以说明。预留股份应在授予日后的 1 年内授出，不得重复授予本期计划已获授的激励对象。《上市公司股权激励管理办法》指出，上市公司在推出股权激励计划时，可以设置预留权益，预留比例不得超过本次股权激励计划拟授予权益数量的 20%。上市公司应当在股权激励计划经股东大会审议通过后 12 个月内明确预留权益的授予对象；超过 12 个月未明确激励对象的，预留权益失效。

从以上政策来看，国有上市公司预留股权激励的权益原则上不可行，但又有特殊的说法可以操作，国有上市公司预留比例不得超过该期股权激励计划拟授予权益数量的 10%，且预留股份必须在授予日后的 1 年内授出。作为高新技

术企业和进一步在不同业务领域参与市场竞争的企业，还是需要考虑预留权益事项的，这是由其企业特点决定了其具有高流动性，这种高流动性会造成很多激励对象由于离职、调动等而被回购，仍然参加的激励对象人数有限，而新入职的核心人才又不能及时进入激励对象范围，没有充分体现以岗位价值为导向的股权激励优势，预留权益可以一定程度上解决此问题。

五　后续方案设计

通过对公司第一期股权激励开展情况进行总结分析，可以就第二期股权激励方案提出建议。

（一）激励模式选择

《上市公司股权激励管理办法（试行）》规定的三种激励模式在实施过程中，股票期权实施相对较多，其次是限制性股票，增值权则较少。此外，"股票期权＋限制性股票"也是上市公司使用较多的复合激励工具。在此次调研中，我们了解到目前就国有控股上市公司而言，政策上还不允许采用复合激励工具。就是说，如果第一期股权激励的开展选择的是限制性股票，那么在第二期股权激励可以继续选择限制性股票也可尝试股票期权，就是多种方式复合实施。

限制性股票和股票期权在报批流程上相似，适用范围上均适用于有稳定客户群和营业收入，市场竞争激烈，需要稳定现有管理和骨干人员，同时在资金方面不能带来太大负担的公司。相较而言，限制性股票在授予时需用现金购买，资金占用时间较长；股票期权则是行权时购买，资金占用时间短。激励效果方面，二者均可以更好地留住激励对象，减少激励对象的短期行为，但股票期权与经营者利益绑定的效果相对限制性股票较弱。

（二）激励对象确定

在第一期的股权激励方案中，激励对象的选择上以经营管理者和各项指标的直接或间接承担者、分解者为主，并在此基础上向核心研发人才倾斜。第二期的股权激励方案，建议在第一期的基础上，通过对人才的盘点，进一步加大对公司技术骨干、业务骨干、研发人才、营销人才及成长潜力股的激励。

对于第一期分、子公司提到的存在部分人员提名（升职）的情况，该部分人员提名（升职）后可进入激励对象范围，在授予日之前均可对激励对象进行调整。但根据国务院国资委《国有控股上市公司实施股权激励工作指引》，国有控股上市公司实施股权激励原则上不得预留股份，所以第二期股权激励，仍不能设置预留权。

（三）激励额度设定

根据《国有控股上市公司实施股权激励工作指引》，上市公司首次实施股权激励计划授予的权益所涉及的股票数量原则上应当控制在公司股本总额的1%以内，同时，上市公司全部有效的股权激励计划所涉及的标的股票总数累计不得超过公司股本总额的10%。在满足相关政策要求的前提下，第二期股权激励计划可授予的股权数量将大大增加。具体实施时，可依据薪酬上限来推测授予量。

（四）激励标的的价格设定

在标的价格的设定上，无论是限制性股票还是股票期权，均可以在草案公布时间的基础上，根据前1个交易日股票收盘价、前20个、前60个及前120个交易日股票交易均价来测算。在满足相关政策要求的基础上，选择对公司最有利的价格即可。

（五）激励标的的来源

激励标的的来源通常有股东转让、留存股票和增发新股。考虑到国有控股企业性质，建议依然选择第一期增发新股的方式，不增加公司现金流支出压力的同时，对公司资本金还有一定程度上的增加，更重要的是，可以避免公众对国有资产流失的担忧。

（六）股权激励计划的时限

上市公司每期授予权益的有效期，应当自授予日起计算，一般不超过10年。股票期权的行权限制期原则上不少于2年，行权有效期不少于3年。限制性股票的禁售期原则上不少于2年，解锁期不少于3年。

（七）约束条件设定

结合国有控股公司目前的企业发展阶段，针对第二期的股权激励的约束条件，建议从以下几个方面进行深入思考。

1. 结合发展战略，针对核心业务点设置考核指标

第一期的股权激励方在业绩考核方面，选取的业绩指标可以包括净资产收益率、每股收益和分红等能够反映股东回报、公司价值创造的综合性指标，以及净利润增长率、主营业务收入增长率等能够反映公司盈利能力和市场价值的成长性指标。在第二期的股权激励方案设计时，可以根据公司的发展战略、重点业务设置相关核心指标，通过中长期激励的手段对公司战略性业务的发展起到适当的引导作用。

2. 考核层次延伸到三级单位

在公司第一期的股权激励方案中，考核指标为公司整体的净资产收益率、经济增加值、营业收入复合增长率，上述业绩条件仅局限在公司本级，考核压力集中在本级，无法将考核压力传导到三级单位。在第二期的股权激励中，建议设置三级单位组织层面的考核。当公司整体组织层面的考核达标，而三级单位不达标时，则该三级单位所有激励对象均不能解锁。如在三级单位整体的目标责任书中设置相关业绩条件，并按照得分进行分档，设置不同的解锁比例。同时可由三级单位根据本单位激励对象的个人考核情况，自行设置本单位股权激励对象的个人解锁比例。

3. 其他

结合各部门业务情况，提取关键指标，并不一定局限于财务指标，对于对公司有重大影响的非财务指标也应进入考量范围，如劳动生产率等，以便

推动公司层面重大指标的实现。此外，可根据岗位任职资格，加强对激励对象个人业绩的考核。

（八）后续股权激励的风险及考量

在后续实施股权激励策划时，应着重注意以下几个方面。

一是激励对象的资格确认及相应权利的行使条件，均应非常严格并予以量化。资格确认上着重考量人力资本附加值、历史贡献和难以取代程度，激励对象的选择最好形成一套建立在岗位价值、职务级别统一规范基础上的标准，避免非股权激励对象的非议；行权条件界定上除考量总公司层面的业绩指标外，对于三级单位也应进一步细分考核指标，避免考核压力集中在总公司。

二是业绩指标的设定，避免过高或过低问题。在方案设计上，应充分考量未来将出现的各种风险，否则存在行权时股票价格跌破行权价而使股权激励变得毫无价值的风险，出现行权难的问题。同时，也应避免业绩指标过低，偏离股权激励人力资本和推进公司发展的宗旨。

三是管理制度上，应充分考虑已授权激励对象的各种异动情况，并规范处理流程，避免可能出现的制度风险和公司的损失。截至目前，第一期股权激励的授予对象已出现离职、职务调整等多种异动情况，异动出现时，在处理上相关部门缺乏成熟的处理规范，在处理流程、处理细节上的经验也比较欠缺。第二期实施时，在第一期的基础上，应结合实际情况，进一步优化处理流程，相关部门的协同性上也应进一步提升。

关于股权激励方案的实施工作内容见《国有上市公司股权激励的报批与公告》部分。

六　股权激励相关制度设计

（一）激励制度设计

激励制度指的是公司要配套出台的股权激励计划管理办法，从内容上看

一般包括组织单位、实施流程、日常管理流程、内部控制程序、激励对象业绩考核几个部分。以下是以限制性股票为例的具体介绍。

1. 组织单位

组织单位指的是参与管理及实施限制性股票激励计划（简称激励计划）的机构及部门，一般包括股东大会、董事会、董事会薪酬与考核委员会、监事会、董事会办公室、人力资源部门、财务部门和审计法律部门等。

在该部分要写明各个机构和部门的主要职责。

一是股东大会一般负责审批激励计划的实施、变更和终止；审批在激励对象符合条件时向激励对象授予限制性股票；审批激励对象的解锁资格和解锁条件；审批激励对象是否可以解锁；就激励计划的具体事宜对公司董事会进行授权，同时授权董事会作为激励计划的执行机构来处理具体相关事宜，其中第二至第四的职权可授予公司董事会审批。

二是董事会负责审议激励计划的实施、变更和终止，并提请股东大会表决；审议股权激励计划管理办法，并提请股东大会表决；审议公司股权激励对象绩效考核管理办法，并提请股东大会表决；依据股东大会的授权，审批与股权激励相关的其他事宜。

三是薪酬与考核委员会负责组织开展制定激励计划、《激励计划管理办法》和《航天信息股份有限公司股权激励对象绩效考核管理办法》，并报公司董事会审议；同时，负责提名激励对象名单并审核解锁资格和解锁条件；受董事会委托对激励对象进行考核。

四是监事会负责对激励计划的激励对象名单进行审核，负责对激励计划的实施是否符合相关法律法规、行政法规、部门规章和证券交易所业务规则等进行监督。

五是董事会办公室负责激励计划和《激励计划管理办法》的批准与实施过程中公司董事会、股东大会的组织筹划、议案准备、信息披露与投资者关系管理等工作；负责向中国证监会、上海证券交易所等监督机构报送公司股权激励计划的审核与备案材料，并跟踪相关事项进展情况；负责办理授权、登记、解锁、签订相关协议等日常工作。

六是人力资源部门负责草拟激励计划、《激励计划管理办法》和《航天信息股份有限公司股权激励对象绩效考核管理办法》；负责按照激励计划测算股权激励额度、授予数量等；负责提供激励对象的收入情况；在薪酬与考核委员会的领导下，负责组织相关职能与业务部门实施激励计划；负责制作股权激励对象管理名册。

七是财务部门负责激励计划相关财务指标的测算和预算，以及激励计划实施过程中涉及的会计核算工作；负责激励计划实施的资本金收取、验资（扣除必要发行费用后）等相关工作；协助激励对象办理相关税收申报、缴纳工作。

八是审计法律部门负责对激励计划和《激励计划管理办法》实施过程中的合规性提出意见，审核激励计划和《激励计划管理办法》制定与实施过程中公司签订的协议、合同等法律文件，并处理激励计划实施过程中可能出现的法律问题或法律纠纷。

2. 实施流程

（1）激励对象确定流程

提名：根据限制性股票激励计划规定和公司业务发展重点和导向，公司人力资源部初步提出激励对象范围，并提交薪酬与考核委员会审议。

确认：公司董事会根据薪酬与考核委员会的审议结果审定激励范围。

核实：公司监事会对激励对象名单进行核对核实。

（2）激励额度确定流程

激励计划中激励对象的数量及拟授予每位激励对象的股票数量由公司董事会根据岗位价值、绩效考核结果确定。

（3）授予流程

确定授予日：公司董事会办公室提请董事会确定授予日，并进行相关披露。

资格审核流程：激励对象相关资格的审核由公司人力资源部按照股票激励计划的相关规定在授权日前完成，并由监事会核实；必要时还需请律师对激励对象的相关资格进行审核，并出具独立的意见书。

签订股票协议流程：资格审核完毕后，公司人力资源部向审核通过的激励对象发送《股票授予协议》，约定双方的权利和义务。激励对象在5个工作日内确认是否接受协议，并返还书面协议。如员工在规定的期限内未能按上述要求回复或回复放弃接受授予，则视为自动弃权。

验资确认流程：激励对象将认购限制性股票的资金按照公司的具体要求缴付于公司指定的资金账户，并经注册会计师验资确认；公司根据激励对象签署的协议情况制作限制性股票激励计划管理名册，记载激励对象的姓名、授予数量、授予日、《限制性股票授予协议书》及《限制性股票授予通知书》编号等内容；公司董事会根据国务院国资委、证监会、证券交易所、证券登记结算公司的有关规定办理实施限制性股票激励计划的相关事宜。

（4）分配流程：（详见）人力资源部汇总明细分配表

上述激励对象确定流程、激励额度确定流程、授予流程和分配流程如图1所示。

（5）解锁流程

在解锁期之内，董事会确认实现解锁条件后，激励对象必须在董事会确定的解锁窗口期内，就当期可申请解锁部分的限制性股票向公司提交《限制性股票解锁申请书》。如激励对象未按期向董事会提交书面申请，视为激励对象自愿放弃解锁，相应限制性股票不再解锁并由公司按照授予价格回购后注销。

董事会和薪酬与考核委员会审查、确认申请人的解锁资格与条件是否达到。

董事会确认通过激励对象的解锁申请后，统一办理符合解锁条件的限制性股票及因该限制性股票而取得股票股利的解锁事宜，由公司向交易所提出解锁申请；经交易所确认后，向证券登记结算公司申请办理登记结算事宜；解锁之后，激励对象享有对相应限制性股票的完整权利。具体流程如图2所示。

同时，公司向激励对象支付授予日后、解锁日前该等限制性股票产生的并由公司以应付股利形式代管的现金股利。

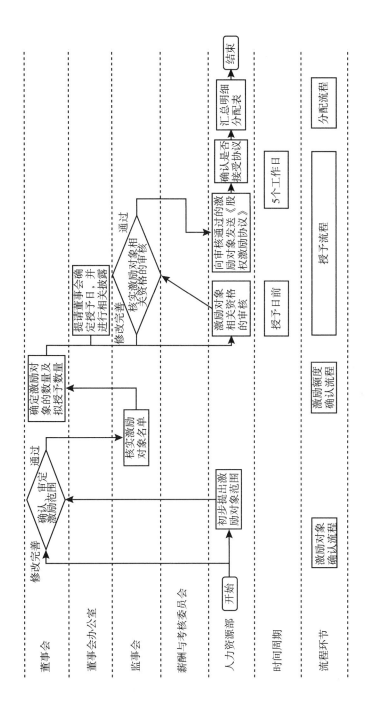

图 1　分配流程

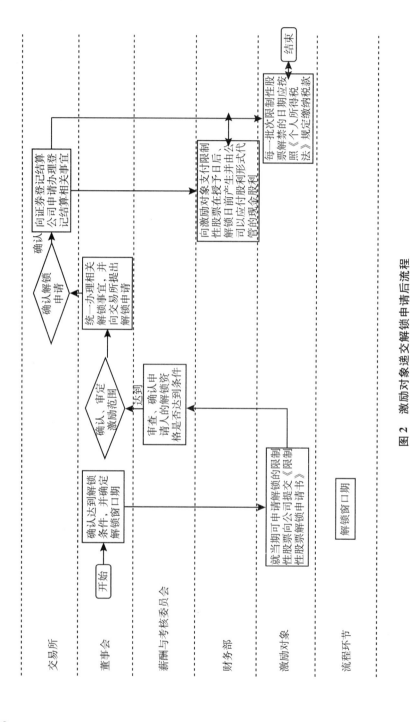

图 2 激励对象递交解锁申请后流程

在每一批次限制性股票解禁的日期，激励对象应按照国家税务总局《关于股权激励有关个人所得税问题的通知》（国税函〔2009〕461号）的规定缴纳税款，应纳税所得额的计算为：

$$应纳税所得额 = （股票登记日股票市价 + 本批次解禁股票当日市价）÷ 2 ×$$
$$本批次解禁股票份数 - 被激励对象实际支付的资金总额 ×$$
$$（本批次解禁股票份数 ÷ 被激励对象获取的限制性股票总份数）$$

激励对象可对已解锁的限制性股票进行转让，但若本次激励对象未来成为公司董事或高级管理人员，其所持股份的转让应当符合《公司法》《证券法》等法律法规及公司章程对于高级管理人员转让公司股票的相关规定。每年的第一个交易日，证券登记结算公司以该董事和高级管理人员在上年度最后一个交易日登记在其名下的公司股票为基数，按25%的比例计算其本年度可转让股份的法定额度；同时，对其所持的本年度可转让股份额度内无限售条件的流通股进行解锁。

3. 限制性股票激励计划的日常管理流程

限制性股票激励计划的日常管理涉及沟通、咨询与投诉处理，股票变动跟踪，账务处理，监督、审批、信息披露与备案等流程，具体如表21所示。

表21　限制性股票激励计划的日常管理

序号	日常管理
1	沟通、咨询与投诉处理：人力资源部门负责沟通材料的更新和发布，以及咨询答疑工作。审计法律部门负责处理法律纠纷等
2	发布授予和解锁通知以及追踪员工限制性股票变动：人力资源部门负责相关通知的发放和变动情况的记录
3	账务处理：财务部负责授予、解锁、税务处理和资金收付等环节的账务处理和对账
4	监督、审批、信息披露和备案：由董事会办公室完成监督、审批、信息披露和备案等日常管理工作

4. 激励计划的内部控制程序

（1）制度和流程控制程序

董事会是限制性股票激励计划的最终解释和审定机构。按职能设置各级

专门机构，负责专项事务。考核和资格审定等各项重要事务由不同的部门负责，互相监督。

（2）实施过程的控制

通过培训、咨询和投诉机制，保证计划的有效性和正确性。

5. 激励对象业绩考核

本部分要写明各类激励对象使用的考核办法以及相应的考核管理机构。在此基础上，阐述个人绩效考核的等级及与之对应的解锁比例。

（二）考核制度设计

这里的考核制度是指公司为配套股权激励计划而做的公司股权激励计划实施考核办法。一般包括总则、考核组织职责权限、考核体系等部分。

总则一般涵盖开展股权激励的目的、考核工作的原则及考核对象。考核组织职责权限一般包含董事会、薪酬与考核委员会、公司党委会、人力资源部门、经营管理部门、技术质量部门、分公司和子公司等部门单位对各自负责的单位或部门的考核职责权限。考核体系则囊括考核内容、考核指标体系及办法、考核周期、考核流程、考核结果管理等内容。

（三）其他配套制度设计

除了配套股权激励计划的考核制度与计划管理办法，还需考虑在已有的薪酬管理办法、干部考核管理办法、人才梯队培养管理办法中修订、完善股权激励的相关内容，以达到与人力资源管理各个模块形成联动关系的目的。

七　股权激励运行维护与管理

这里所提的股权激励运行维护与管理是指在完成股权激励实施工作之后（完成授予登记之后），在股权激励有效期内对股权激励项目的各项日常活动进行维护与管理，以确保股权激励全过程的有效实施，达到股权激励效果最优化。经研究，我们认为这一过程包括指标管理、异动人员管理、调整与修改管理、变更与终止管理、激励档案管理、认知管理、沟通管理、市值管理、激励对象开发与管理、风险管理 10 项内容。

（一）指标管理

在股权激励实施启动后，就应该立即开始管理各项公司业绩指标，深入研究例如营业收入增长率、净资产收益率、EVA 等各业绩指标对于年度目标的贡献。营业收入增长率应该考虑各业务板块，尤其是主营业务板块成长性，研究可能存在的业务风险，有针对性地提出保障措施。净资产收益率是公司税后利润除以净资产得到的百分比，能够反映股东权益的收益水平，可以衡量公司运用自有资本的效率。净资产收益率需要从销售、运营和资本结构三个方面考虑：一是提高销售净利率，主要是提高销售收入、减少各种费用等；二是加快总资产周转率，结合销售收入分析资产周转状况，分析流动资产和非流动资产的比例是否合理、有无闲置资金；三是权益乘数，反映的是企业的财务杠杆情况，尽量使企业的资本结构合理化。

战略规划部门、资产运营部门、经营管理部门、人力资源部门等均应对这些指标进行深入研究，提出每个年度的指标实现与控制的措施，全面监控指标变化情况，定期预警，以确保业绩指标的实现。

（二）异动处理与回购

对于禁售期和解锁期出现的异动人员事项，应该建立有效的信息收集、审核、处理机制，确保准确、全面搜集汇总如职务调整、离职、退休等不同的异动情况信息，形成异动人员情况报告，按照计划方案要求，及时通过内部审批、董事会、监事会、股东大会等程序，及时采取注销登记和签订回购协议等程序，按照回购价格计算，并确保回购工作顺利完成。

（三）股票数量调整

在股权激励计划有效期内，股票解锁前（行权），若公司发生资本公积金转增股份、派送股票红利、股票拆细或缩股、配股等事项，应对股票

数量进行相应调整。公司股东大会授权公司董事会，当出现前述情况时，由公司董事会决定调整股票数量。律师应当就上述调整是否符合管理办法、公司章程和限制性股票计划等相关规定，向公司董事会出具专业意见。根据信息披露要求，还需要在定期报告中披露期内限制性股票激励计划的实施情况。

（四）工作记录与档案

在开展股权激励工作期间，应建立有效的工作记录与档案管理机制。以项目形式对各个工作阶段的工作文件编号，对各次研究、审批、会议等规范记录，建立完整的激励对象管理档案，对激励对象授予、登记、异动、调整等全过程进行档案管理。

（五）市值管理

市值管理并不是一般意义上为了股权激励项目而实施的影响股价的低级行为，而是综合运用多种科学、合规的价值经营手段与方法，实现公司价值创造最大化和价值实现最优化的过程。科学的市值管理不但有利于上市公司长远发展，而且对股权激励工作有积极的促进和帮助作用。通过价值创造提升公司市值，必然是参与股权激励的所有对象最希望看到的结果，因为价格差异带来的个人收益变化强化了股权激励的效果。

（六）认知管理

对于股权激励计划，不同的激励对象必然对股权激励计划有着不同的认知。如果大部分激励对象对股权激励工作没有正面的认知，再好的股权激励计划也不会产生好的激励效果和作用。因此，需要在股权激励的全过程中对激励对象和广大员工进行积极引导。公司要密切关注激励对象和员工对股权激励的认同感，一方面，可以通过方案设计后的宣贯与培训提高员工的认同感，另一方面可以通过与其他案例对比分析、对解锁前收益的预测分析和解锁后的收益宣传，不断提升激励对象对股权激励的获得感。当然，如果股权激励的人才盘点能够与人才培养、表彰奖励、职务晋级、职称挂钩，激励对象在物质与精神上的获得感会进一步提高。

（七）沟通管理

股权激励是一个系统性项目，项目过程中涉及非常多的项目利益相关方，例如国资委、证监会、大股东、咨询机构，内部也需要各部门、单位的协同配合，因此很有必要建立有效的沟通机制。公司为了确保沟通管理完善，建立项目工作微信群及项目工作简报机制，对项目全过程进度进行监控和发布，确保相关人及时知情，推进到位。在运行维护阶段，这种有效的沟通机制可以确保股权激励具体工作及时到位，符合计划方案的各项管理要求，既包括规范性管理要求，也包括激励的效果不打折扣、激励的目的能够实现。

（八）激励对象开发与管理

从人力资源管理角度来看，股权激励的实施行为实际也是一种核心人才盘点与激励的行为。之前的研究指出，其股权激励核心目的就是企业通过股权激励的手段强化核心人才、战略人才的工作动机，促使他们更好地为实现企业战略目标而努力，同时也让核心人才享受公司发展的红利。拓展来看，股权激励要想获得成功，核心还是要实现公司业绩目标，这离不开所有激励对象的高绩效表现，而高绩效表现不单单来自积极性与主动性，更来自能力、素质、业绩的不断提升。从这个层面上讲，我们不能孤立股权激励的工作，而要把股权激励作为人力资源管理的重要组成部分，与其他管理模块有效联动与运转，通过人才开发手段进一步提升激励对象在股权激励有效期内的岗位胜任力，这有助于进一步促进股权激励目标的实现。因此，有必要在确定激励对象的基础上，精准分析所有激励对象的所在岗位，分析他们与所在岗位与未来岗位需求的匹配度，建立完整的学习地图，开展清晰的培训教育工作，通过交流、轮岗等锻炼激励对象的工作能力、价值创造能力。

（九）风险管理

结合此前的股权激励实践工作和理论研究，建立股权激励全过程的风险库，积极开展风险识别、风险估测、风险评价、选择风险管理技术和评估风险管理效果，定期对风险库进行补充与完善，提出可行的解决措施与预防方案，进一步降低股权激励的各类风险，为股权激励的成功实施提供保障。

八 实施效果评估

（一）评估原则

1. 符合法律、法规及规范性文件的要求

早在 20 世纪 90 年代，发达国家已经十分盛行股权激励，而我国从1999 年才开始股权激励的试点工作。作为一种可操作空间较大、涉及面较广的激励方式，股权激励存在着诸多风险，国家对于股权激励实施的管控相当严格。2016 年 8 月 13 日证监会施行的《上市公司股权激励管理办法》，以及 2008 年国务院国资委发布的 171 号文《关于规范国有控股上市公司实施股权激励制度有关问题的通知》都对股权激励提出了相当严格的要求。因此评估股权激励的实施，必须首先满足以上法律法规的要求，才能够保证股权激励工作的顺利开展。

2. 以股东利益最大化为导向

公司经营的意义在于为股东创造更多的价值，股权激励是公司层面的行为，其意义在于通过调动人的因素，来提升公司的业绩。所以股权激励实施评估的原则应以股东利益最大化为导向，不仅因为股权激励方案需要股东会审议通过，还因为激励对象在激励实施后一定意义上也将成为公司的股东，因此股东利益最大化就更是股权激励所必须遵循的原则。

3. 激励与约束并重

建立现代企业制度后，企业经营权和所有权相分离，容易导致逆向选择

和道德风险，产生代理问题。股权激励是应对经营权和所有权相分离的手段之一，通过让经营者持有股份来减少其短视行为。因此股权激励在作为一种激励的同时，也应该建立相应的约束机制，令激励对象真正以公司长远发展为己任，真正发挥提高企业业绩的效用，而非简单的工作达到一定年限即可以获得相应利益。

4. 可操作性强、易于实施

股权激励实施需要具备较高的可操作性，方便审批以及实施。股权激励方案至少需要经过集团公司、证监会、国资委的审批和报备，全部通过后才能够真正实施，所以在审批之前需要考虑好方案的可操作性，不能对公司股本及股权结构有较大的影响，且不能对公司及激励对象造成过大的资金压力。

（二）评估方法

1. 股权激励前期实施评估

根据股权激励方案制定的要点，我们可以从以下四个维度来对股权激励实施进行全面的评估，据此判断股权激励是否在开展的过程中达到了比较理想的结果。

（1）股权激励工具选择情况

（2）股权激励对象选择情况

（3）股权激励数量情况

（4）股权激励授予价格情况

2. 股权激励实施过程评估

从构建一个股权激励方案，到股权激励真正实施仍存在着较远的距离，这之间工作量庞大，评估这一过程是否高效，需要注意以下两点。

（1）团队确定（内部、外部）

（2）审批注意事项

3. 股权激励实施后效果评估

国内外通过分析实施股权激励公司的财务指标，对股权激励效应进行评

估的研究已经非常多，EVA、ROE 等财务指标能够较为直观地表现公司的整体经营情况，所以在评估模型中被广泛使用；并且股权激励对于大型国有高新技术企业的意义，主要是人才的吸引和保留。综上所述，我们将从财务指标（独立样本 T 检验）、人才保留（离职率分析）两个角度对股权激励实际效果进行评估。

（三）实施评估

1. 股权激励前期实施评估

（1）股权激励实施工具

实施工具选择评估，可从以下几个方面对股权激励实施工具的效果进行评估，若股权激励与公司的情况吻合度较高，则股权激励工具选择较为合理。具体情况如表 22 所示。

表 22　股权激励前期实施评估

方案名称	股票期权	折扣购买型限制性股票	业绩奖励型限制性股票
方案内容	根据既定的业绩目标授予激励对象在一定时间内按照预定的价格和条件购买公司股票的权利	以折扣价格授予激励对象一定数量的股票，在满足业绩目标和解锁条件后，方可处置获益	根据既定的业绩目标，奖励激励对象一定数量的股票，满足解锁条件后，方可处置获益
股票来源	1. 定向发行新股 2. 二级市场存量股份回购 3. 大股东转让	1. 定向发行新股 2. 二级市场存量股份回购 3. 大股东转让	1. 定向发行新股 2. 二级市场存量股份回购 3. 大股东转让
对股本及股权结构影响	1. 发行新股，稀释原股本 2. 使用存量股份，改变股权结构	1. 发行新股，稀释原股本 2. 使用存量股份，改变股权结构	1. 发行新股，稀释原股本 2. 使用存量股份，改变股权结构
资金来源及压力	1. 激励对象需自筹资金，严禁公司提供资金支持或担保 2. 采用公司回购二级市场存量股份，则公司有资金流出	1. 因购股价格有折扣，激励对象资金压力较小；严禁公司提供资金支持或担保 2. 采用公司回购二级市场存量股份，则公司有资金流出	1. 激励对象无须支付对价，因此无资金流出和压力 2. 公司有加大资金流出和压力

续表

方案名称	股票期权	折扣购买型限制性股票	业绩奖励型限制性股票
审批监管	1. 方案需证监会审查备案 2. 授予的股票期权需在中登公司登记,实施过程受监管 3. 单一对象授予不超过总股本1%	1. 方案需证监会审查备案 2. 授予的限制性股票需在中登公司登记,实施过程受监管 3. 单一对象授予不超过总股本1%	1. 方案需证监会审查备案 2. 授予的限制性股票需在中登公司登记,实施过程受到监管 3. 单一对象授予不超过总股本1%
信息披露	需按照证监会及交易所的要求履行信披义务	需按照证监会及交易所的要求履行信披义务	需按照证监会及交易所的要求履行信披义务
激励效果	1. 减少激励对象短期行为 2. 激励对象不行权则无资金损失	1. 买入价格较低,激励对象存在获益 2. 但股价走势不好,激励对象会产生实际损失	1. 因业绩目标设定较高,激励效果较好 2. 激励对象没有支付对价,获益空间较大
典型案例	青岛海尔 海信电器	光明乳业 海立美达	万科 宝钢股份

（2）股权激励对象

股权激励对象的选择需和公司发展战略高度吻合，除高级管理人员外，其余激励对象的选择需要符合一系列要求。若符合以下要求，则股权激励对象选取较为合适：公司战略重点关注的人员比例较大、激励对象职级较高、激励对象的平均业绩考核成绩较高。

（3）股权激励数量

总量上，新的证监会工作指引中明确指出，首次实施股权激励的，总量不得超过1%；预留不可超过授予总量的20%（根据新的证监会办法）。因此，可以通过评判股权激励总量占1%股本的多少来衡量股权激励数量是否合理，若占比越高，则第一期激励力度越大，效果可能越好。

（4）股权激励授予价格

授予价格、行权价格越低，则激励对象获得的收益越大，但证监会和国资委对授予价格、行权价格有相关规定，因此在遵循国资委、证监会规定的前提下，折扣越低则激励效果越好。

2.股权激励实施过程评估

（1）团队确定

采取内部、外部团队具有不同的优势和劣势，具体在团队确定时，可以

从以下几个角度进行评估权衡。

外部团队：有充足的股权激励申报经验，可以及时完善工作输入准备；容易引领工作组工作，确保工作进度；开展工作中可以少走弯路，提高工作效率，确保及时完成草案；外部咨询公司有国资委的资源，可以进一步加强沟通协调，同时专业工作将改善集团公司的印象。

内部团队：更了解公司实际情况，使股权激励草案能够更加"接公司地气"；有利于提升公司人力资源队伍自身素质；能够沉淀为公司自有知识财富，为后期实施多期股权激励或实施其他激励做铺垫。

（2）审批注意事项

确定激励人员：确定激励对象涉及原则，进行具体人员推荐，只有人员确定，才能确定最终的总激励额度。这一环节时间耗费最长，必须尽早开展，尽快过审。

确定业绩指标：业绩指标为集团公司和国资委最关注的要点，既需遴选对标企业，又需要对比自身历史情况，需要各部门协同研究业绩指标对解锁和获益情况有何重大影响。

确定激励方案：股权激励具体实施工具、方案，需尽早上报公司领导审批以明确；若在两种方案之间摇摆不定，同时开展将造成资源不足、时间紧张，不仅浪费了人力，最终还只能实施其中一种方案。

3. 股权激励实施后效果评估

股权激励作为现代企业委托代理问题的重要解决方式，其目的是为了让经营者更好地服务公司，减少经营者为了追求短期自身利益而采取的短视行为，最终实现公司业绩的提升，为股东创造更大的价值。所以目前大多数股权激励效果评估的关注点都放在公司业绩提升和剩余价值创造上，相对忽视股权激励带来的其他效应。但这些公司业绩指标提升之外的收获，对企业而言也可能具有重要意义。

航天信息既是国有控股上市公司，又是高新信息技术企业，兼具国企和高新技术企业的双重身份。因其多元的性质，本文将从不同角度探究其实施股权激励后的效果评估。

（1）财务指标

鉴于国内外研究结果的差异性，衡量航天信息股份有限公司股权激励更加需要采取较为科学的方式。首先，我们需要界定股权激励的不同方式，对使用股票期权和限制性股票的公司进行区分；第二要注意股权激励的时效性，中长期激励是股权激励的根本属性，所以股权激励效果的评估更应关注长期效应。

具体而言，可以采取以下方式。

通过 WIND 和巨潮网搜集与航天信息同期、在公司年报中公布实施股权激励的上市公司为研究样本。为确保实证检验的有效性和准确性，样本选择严格依照如下原则。

一是剔除发行 B 股、H 股以及同时发行多种股票的公司，保留只发行 A 股的上市公司，因为发行不同股票的公司在编制年度财务报告时依照的财务会计准则不同，其财务指标缺乏可比性。

二是剔除 ST、PT 公司，因为这类公司经营业绩较差，财务报告的风险较大，可信性值得怀疑，不具备分析价值。

三是剔除在股权激励实施期间进行资产重组、管理层有大幅度变动的以及被注册会计师出具过保留意见、否定意见和无法表示意见等审计意见的上市公司，因为以上情况可能对公司的经营绩效产生影响，使研究结论存在一定程度的偏误。

四是剔除数据缺失以及中途停止实施股权激励的上市公司。

选取净资产收益率（ROE）、总资产收益率（ROA）和主营业务利润率（ROM）3 个会计指标来评价公司业绩。为了消除行业、规模、资本结构以及股权结构对实证结果造成的影响，进一步研究股权激励对公司业绩增长的效果，可选取以下类型公司：一是所属行业相同，以中国证监会《上市公司行业分类指引》为标准划分；二是公司的规模类似；三是资产负债情况类似；四是控股股东性质相同。进行独立样本 T 检验，对样本公司的 ROA、ROE 和 ROM 进行推及分析。

另外，可综合考虑航天信息自身情况，选取工资产出比、劳动生产率等

因地制宜的考核指标，与实施股权激励前的年增长情况进行比较；或选取实施股权激励后相应指标与集团内未实施的单位进行比较。

（2）人才保留

对于航天信息而言，最大的资产毫无疑问是人力资本，然而人员流动率大一直是IT互联网企业的通病。如何留住核心技术骨干，激发技术研发活力，成为航天信息发展的重要问题。股权激励为航天信息开启了一扇大门，成为除薪酬之外吸引、留住人才的又一重要因素，对核心技术人才的倾向性也是航天信息股权激励计划的一大特点。因而将人才保留效果作为航天信息股权激励效果的重要评价要素。股权激励在保留管理人才方面具有显著效应，高新技术企业、非国有控股企业、低现金薪酬水平企业的股权激励效应更为显著。而航天信息作为受工资总额管控的高新技术企业，股权激励对其保有管理人才具有显著效果。以股权激励实施时间为自变量对全体激励对象、高管离职率进行统计分析，可以得出股权激励对留住人才的效应。

九　基于未来视角看国有上市公司股权激励的创新

（一）多种激励工具组合的激励形式

目前国有上市公司的股权激励模式仍然比较单一，以限制性股票为主，使用频率高的是股票期权，基本没有使用混合型激励模式的。但从国内上市公司整体看，组合式激励工具的设计比例正在逐步提高，2016年使用两种激励工具的有"限制性股票+股票期权"（7.3%）和"限制性股票+股票增值权"（0.8%），合计占比为8.1%，比2015年的合计占比高3.3个百分点。其实相比股权激励发展较成熟的发达国家，我国混合型激励模式占比仍然较低。多种激励工具的模式在美股上市公司中很常见，例如Facebook在"2012年度股权激励计划"中的激励工具就涵盖了股票期权、限制性股票奖励、限制性股票、股票增值权、业绩股票和股票赠送等几种类型。这说明我国组合式激励工具的应用比例有很大的进步空间。

2016 年 A 股上市公司中公布员工持股计划的公司数量为 172 家，相比 2015 年减少 51%。受 2015 年股灾影响，上市公司在 2016 年实施员工持股计划时显得更加谨慎。其实员工持股计划与股权激励相比有自己的优点，一是可以使用资金杠杆，二是员工持股计划的操作安排更为灵活。

随着我国国有上市公司股权激励相关政策的放开与进一步规范，相信会有更多的激励工具组合方式出现。

（二）激励周期模式更加灵活

中国证监会发布的《上市公司股权激励管理办法》（简称《办法》），与 2005 年发布的《上市公司股权激励管理办法（试行）》相比，政策有所放开。

《办法》规定，行权期不少于 12 个月，每个行权期的行权比例不超过所获期权总额的 50%，这种制度设置实际是为鼓励设计中长周期激励机制。此外，我们对期权行权价格也有了相对弹性的设计空间。

《办法》对实行股权激励相关信息披露的时间、内容及程序等进行了明确规定，明确了违法违规行为的界定。是我国股权激励法律法规的一次突破。

（三）业绩指标更加多元化

《办法》允许上市公司根据自身经营特点制定合理的考核指标及规则，并且不再局限于财务指标。从近两年业绩指标的变化发展来看，有着更加个性化和更加多元化的趋势，近两年产生了 10 多个新的财务指标和行业指标，例如航空业"单机利润"、应收账款周转率、净资产税息折旧及摊销前利润率（EOE，EBITDA/平均净资产）、利润总额复合增长率等。

员工持股计划方面，实施业绩考核的数量也在不断提升，包括净利润增长率和净利润两种财务指标。员工持股计划实施考核比例不断上升，说明上市公司对员工持股激励的认识在不断提高。

未来，随着国内资本市场的不断成熟，考核指标中市值指标占比将逐渐增加。

（四）职业经理人机制与股权激励的更好结合

从国外几十年的股权激励发展历史可以看到，股权激励的良好发展必须以充分竞争和市场化的职业经理人为环境基础。近年来国有企业正在积极探索职业经理人机制，制定职业经理人工作方案、积极试点先行等。随着职业经理人机制的进一步完善与推广，将其与股权激励制度进一步结合，加以通道的切换，将打破国有企业高管当前责、权、利不对等的不利局面，有助于吸引外部领军人才，打破工资总额管控的局限，进一步激发奋斗者的活力。同时，职业经理人更加市场化的薪酬待遇水平也有助于进一步加强股权激励对个体的激励力度，进一步拉开激励差距。在成就卓越企业的同时，也能成就卓越的优秀经营管理者享受业绩发展的红利。

（五）激励范围逐步放开

相比美国，我国的股权激励在上市公司的实施范围、激励力度较小。国有上市公司是股权激励市场的重要参与者，但是目前各项政策对国有上市公司实施股权激励的管制十分严格，例如2006年的《国有控股上市公司（境内）实施股权激励试行办法》《国有控股上市公司（境外）实施股权激励试行办法》规定，高管个人股权激励预期收益水平应控制在其薪酬总水平（含预期的期权或股权收益）的30%。这一规定体现了国资管理的严谨性，但是也使国企实施股权激励的热情不足。

自2013年党的十八届三中全会通过《中共中央关于全面深化改革若干重大问题的决定》以来，多家上市公司对员工持股计划进行了积极探索。虽然目前还未出台更明确的实施指导细则和税收优惠政策，但国务院国资委与地方国资委已经明确表示，只要不触犯法律和政策的红线，不涉及国有资产流失，国有企业可以充分探索股权激励的新模式。而参与市场竞争的企业，可以考虑先行一步，设计更加市场化的股权激励方案。

2016 年 2 月财政部等部门印发《国有科技型企业股权和分红激励暂行办法》，2016 年 8 月国务院国资委等部门联合印发《关于国有控股混合所有制企业开展员工持股试点的意见》，进一步推进国企股权激励的有效实施。

（六）股票期权的授予方式灵活

在期权授予方式上，国外公司已经在使用"多频次滚动式授予＋浮动式行权价＋行权周期长"的模式，能够迫使持有期权的高管兼顾短期业绩与长期业绩，不断提升公司的业绩和市值，形成激励对象与企业的持续、稳定、长期的利益捆绑。

美股中限制性股票的授予也很灵活。例如，苹果公司限制性股票的授予和到期时点都比较频繁，即，对除 CEO 之外的所有管理层，进行每 2 年 1 次的限制性股票发放，每次发放的限制性股票都分多个阶段、分批次到期。在这样的方案设计下，每 2 年都有新授予，每年有以前年度授予的解锁，激励对象处于频繁、持续的激励之下。

（七）经营管理者个人市值考核

美股市场上有些公司直接以个人持有所有形式股权的价值为考核目标，这样公司每次股价波动都会牵动高管的神经。市值考核方式直接绑定管理层利益与公司未来股价的表现，倒逼经营管理者持续地、频繁地关注公司市值信息。

十　结论

结合以上内容，对于国有上市公司实施开展股权激励的研究结论如下。

一是股权激励经历几十年的发展已经日趋成熟，国内虽然起步较晚，政策法规有待进一步完善，但必然会成为国有上市公司中长期激励的发展趋势，发展前景广阔。

二是应当充分结合公司所处行业、发展阶段、战略目标、人才情况、

薪酬策略等来设计股权激励计划方案，以定要素的方式确定方案的主体内容。

三是股权激励制度设计与实施是系统性工程，不应局限于激励模块，应充分与培训、配置、考核、梯次培养等相结合。从更高的视野来看，应该从公司整体运行和企业管理角度推进股权激励的实施，以推动企业战略目标的实现。

四是股权激励方案设计应该是大方案设计，不能仅仅设计激励计划本身，还应该从激励成功的角度，做好实施设计、运维设计、实施效果评估设计，对股权激励进行全过程管理，形成不断提升的管理闭环。

五是尽管从目前政策看，国有上市公司实施股权激励受到的制度约束较多，激励力度不足，激励形式相对单一，但是随着国际上股权激励的不断深化与创新，必然会对我国股权激励政策产生一定影响，激励工具将进一步多元化、组合化，激励周期更加灵活，业绩指标更加全面、灵活，结合企业实际进一步放宽激励范围。国有上市公司应该深入研究未来的发展趋势，未雨绸缪，并敢于在不违背政策的前提下，适度改革与创新。

六是股权激励不是简简单单的操作方案，要想获得成功，必须深入开展认知管理，使广大员工认同和理解股权激励，发挥正能量，通过一系列工作提升激励对象的物质与精神获得感，促进激励效果的不断提升。

附件：

股权激励计划问答手册

问题 1. ××公司在当前开展股权激励符合政策吗？合不合规？

答：××公司开展股权激励计划完全符合证监会、国务院国资委的政策要求。2013 年以来证监会、国务院国资委等下发了《关于进一步明确股权激励相关政策的问题与解答》《关于股权激励备忘录相关事项的问答》《国有控股上市公司实施股权激励工作指引》。2016 年 7 月 13 日，证监会下发了《上市公司股权激励管理办法》，文件明确指出，完善上市公司股权激励制度，对于促进形成资本所有者和劳动者的利益共同体，推动企业建立完善创新创业机制，提高核心竞争能力，优化投资者汇报，保护投资者合法权益具有重要意义。

近期国务院国资委、财政部、证监会联合下发了《关于国有控股混合所有制企业开展员工持股试点的意见》，文件提出中央企业二级（含）以上企业原则上暂不开展员工持股试点，根据与国务院国资委沟通情况，原有国有企业控股上市公司的股权激励及分红激励工作仍按照原有国务院国资委规定执行，不受此文件影响。

因此，××公司开展股权激励工作完全符合各项政策要求，与现行各项规定要求不冲突。

问题2. ××公司开展股权激励的时机合适吗？

答：××公司开展股权激励的时机是合适的。从内部看，××公司必须开拓新的业务实施转型升级，这对人才的质量、意识提出了更高的要求，××公司针对人才"选用育留"的更高要求匹配更合适的激励机制，为转型升级中的人才工作提供中长期的基础保障；此外，××公司经济指标实现的刚性相对较大，正是加强激励机制，加强绩效绑定的较好时机。从外部看，上市公司股权激励工作已经实施了几年时间，截至2016年7月，共有808家上市公司开展了股权激励工作，涉及股权激励计划1110家，其中229家推出两个或两个以上股权激励计划，尤其是对科技型、创新型公司的推动效果明显。因此，无论是从内部需求还是外部实施效果看，对于××公司实施股权激励的时机已经成熟。

问题3. ××公司开展股权激励会对上级集团公司有哪些影响？

答：一是实施股权激励有利于集团公司实现经营指标与各项战略措施落地。在开展股权激励过程中，确定授予价格和业绩考核指标设置的过程实际是业绩对赌过程，业绩考核指标直接与股票能否解锁的条件挂钩，这其实与集团公司对××公司的经营目标要求一致。因此，××公司开展股权激励将核心人才的考核激励进一步与经营业绩挂钩，进一步与各项管控要求挂钩，

是对业绩考核与集团以及××公司战略措施的进一步绑定，是对重点指标项目贯彻执行的进一步落地，有效促进"十三五"乃至"十四五"期间××公司的可持续快速发展。

二是实施股权激励有利于经济利益的实现。有挑战性的股权激励业绩指标解锁设置有助于推进公司经营业绩的实现，有利于公司股价的提高。

三是实施股权激励不影响集团公司对××公司的控制权。

问题4. ××公司开展股权激励向核心研发人才倾斜了吗？

答：××公司首次实施股权激励，重点向经营管理者和各类核心人才倾斜，研发技术类人才倾斜力度较大，激励对象中有30%以上为核心研发人员。

问题5. 国有控股上市公司有没有开展过股权激励？军工集团有没有类似经历？

答：据上海证券交易所的专题报告显示，13.03%的央企进行了股权激励，7.37%的地方国有企业开展了股权激励。

截至目前，十大军工集团公司中，有四维图新、长安汽车、风帆股份、海康威视、华东电脑、太极股份、中航电测7家军工集团的控股上市公司已经实施或是正在实施股权激励计划。大部分为高科技、创新型上市公司，其中四维图新、海康威视、华东电脑和太极股份与航天信息部分业务有一定相关性（物联网、智能交通、电子公文、IT服务、电子金融等）。实施激励的对象以公司的高级管理人员、中层管理人员以及公司认为应当激励的核心技术、业务骨干为主，业绩条件基本上以净利润增长率、营业收入增长率、净资产收入率为主，从2015年年报来看，均取得了不错的经营业绩。

问题6. 开展股权激励，能不能降低原有薪酬待遇？

答：建议不降。原因：实施股权激励的目的是补充原有薪酬待遇的不足，原有薪酬待遇是基础，如果原有薪酬下降，将大大降低激励效果；原有薪酬水平是基于同行业的分位情况确定的，体现行业内的岗位价值，不能随便降低。根据之前调研了解的情况，没有出现因为实施股权激励而降低原有薪酬待遇的情况。不同行业的类似级别不具有薪酬可比性。

问题 7. ××公司实施了股权激励，能否进一步加大经营业绩考核指标要求？

答：不建议。根据××公司设置的解锁指标，无论是指标本身还是指标全面性，均具有一定的挑战性。如果过度加大业绩指标，将使核心人才对股权激励的信心下降，反而失去了激励的吸引力和效果。

问题 8. 如果激励对象退休或出现其他特殊情况，如何处理？

答：激励计划草案对职务变化、离职、退休等不同情况的异动都提出了具体的处理办法和流程。根据不同情况采取按照一定价格回购等方式。

问题 9. 股权激励的核心内容是什么？

答：六定。激励工具、激励对象、授予价格、激励额度、时间安排、业绩考核。

问题 10. 限制性股票需要员工购买吗？折扣是多少？是不是当时就可以销售？

答：需要员工按照确定的授予价格购买股票，折扣一般不低于 50%，当时不能销售，禁售期是 24 个月。

问题 11. 股权激励的对象有哪些人？是不是可以随便激励？

答：根据相关规定，股权激励对象原则上限于上市公司董事、高级管理人员以及对上市公司经营业绩和持续发展有直接影响的管理、技术和业务骨干，不得随意扩大范围。

问题 12. 限制性股票的实施时间安排？

答："2+3"，就是 2 年禁售期，3 年解锁期，分批解锁，一年一批。

问题 13. 对标企业如何选择？一般多少家？能不能替换？

答：为提高行业对标企业的质量，增强业绩考核指标的可比性和科学性，需要对以上样本进行合理分析、筛选，剔除资产规模差距较大、主业不相关以及经营业绩波动较大的企业。一般为20~30家，对标企业原则上不能调整，如果出现退市或者主营业务发生重要变化等特殊原因需要调整的，需要由董事会确定，在年度报告或补充公告中披露与说明，报国资委

备案。

问题 14. ××公司分、子公司已经持有本单位股权的领导干部能再持有××公司的股票吗?

答:可以。上持下不行,领导干部可持有上级单位股份,不可持有下级单位股份。

B.9
股权激励考核设计

张婷婷　李伟　执笔*

摘　要：　企业实施股权激励，主要是为了最大程度调动激励对象的主动性，将其个人利益与公司利益紧密连接在一起。因此，在股权激励实施的过程中，行权或解锁条件的确定非常重要，而考核指标、考核方法在一定程度上决定了行权或解锁条件的有效性，最终也会影响整个股权激励计划的实施效果。在考核方案的设计上，既要考虑整个公司层面的业绩考核，也要考虑激励对象的考核以及股权激励考核要求的逐级分解与传递。本文从实施股权激励考核的目的与意义入手，对股权激励实施前应做的考核及实施的基本原则进行分析，同时列举了目前上市公司普遍选取的业绩考核指标和绩效考核方法，为不同类型的上市公司制定绩效考核方案提供了参考和依据。

关键词：　股权激励　绩效考核　业绩指标

一　实施股权激励考核的目的与意义

（一）分解业绩指标考核压力

股权激励考核方案的设计除了要针对公司实际情况，设置相适宜的业绩条件

---

* 张婷婷，航天信息股份有限公司人力资源部；李伟，航天信息股份有限公司人力资源部。

外，还要确保考核指标能够下放到每一个激励对象，将压力从公司层面逐级分解到每一个激励对象。在公司业绩条件整体解锁的情况下，如果激励对象的股权激励考核要求没有达到或者部分达到，其授予的股票也不能全部解锁（行权）。

（二）促进公司可持续创新发展

股权激励考核主要是对中长期激励实施过程的考核，它的考核内容既包括短期激励涉及的财务性指标，也包括关系公司长远发展的非财务性指标。其考核指标的设计与公司战略发展密切相关，对于股权激励的考核落地，实际也是对公司可持续创新发展的促进。

（三）实现对高绩效人员增量绩效的考核

股权激励不是普惠式激励，而是针对公司核心人才的激励机制，这种核心人才就是高绩效人才。核心人才为公司创造了更高的绩效，因此可以获得股权激励带来的更高收益。从责权利对等角度考虑，也应当提出更高的绩效考核要求，这里包括两个维度，一个是对原有考核指标的增量要求，另一个是对其他指标的新要求，从整体公平性上体现增量考核的特点。

（四）进一步盘点核心人才的中长期业绩和成长性

由于股权激励是中长期激励，时间周期长的特点决定了其考核可以覆盖激励对象较长阶段的整体工作情况，包括长期项目的推进情况、重点工作的运行情况等。由于这种长期性，也可以较为明显地看到其个人业绩的成长幅度，进而判断与其岗位相匹配的能力、知识等的成长程度。

二 股权激励考核设计的前期思考

（一）充分考虑与现有考核体系的关系

在设计股权激励考核时应该充分考虑公司现有考核体系的情况。从公司层面来说，在设定目标时应充分考虑已有的公司规划考核目标、上级公司制定的考核目标、年度正常经营业绩目标和各类各职能的总体考核要求。从所属单位层面来说，对于部门或所属单位的考核应充分考虑其对公司整体考核指标的层层分解。从激励对象个人层面来说，应该充分考虑原有的个人考核目标与考核办法，在原考核体系的基础上组织和设计股权激励针对性的考核，在原有的考核目标上考虑增量或新增类别的设计，在原有结果等级基础上考虑结果的应用。从管理机构层面来说，原有的公司考评组织应充分参与股权激励的考评中并结合股权激励考核计划，考虑是否增加其他考核管理机构。从考评程序与时间层面来说，应充分与原有考核安排相结合，避免考核工作效率的降低和重复性。

（二）实现激励效果最大化

实施股权激励考核的重要目标就是提高对单位或个人的激励水平，实现激励效果的最大化。为达成这个目标，股权激励考核方案的设计应在考核指标的选择上倾向于有一定挑战性的指标，同时可以进一步把考核结果与解锁（行权）比例挂钩，强化激励效果；新增的指标项可以融入原有的季度、年度考核评价之中，强化考核效果；对于考核不合格和给公司带来不良影响的情况，考核中应有明确说明，实现考核效果的正负导向全覆盖。

（三）建立以战略为中心的考核导向

股权激励考核的设计必须以公司发展战略为中心，而不是业绩指标简单的达成。对于公司来说，长期、可持续的发展才是企业在市场中立于不败之地的核心要务。企业只有以战略为中心，不断提高持续创新、持续发展的能力才能创造更大的价值。而实现战略目标，不仅是简单的市场开拓、完成指标，更需要企业在财务、客户、内部流程、学习成长层面综合发展，进而产生战略目标的实现效果和企业的可持续发展。

（四）考核指标的多维度设计

股权激励的考核项目可以包括业绩、能力、态度、潜力。业绩是个人所

取得的实际工作成绩，可直接从数量、质量、成本和时间这四个方面进行衡量；能力是结合岗位胜任能力要求来看其匹配性；态度是工作的主动性、积极性；潜力是指智慧、系统思考、自我激励、学习能力等。通过考核盘点判断激励对象的发展潜力，可以在一定程度上实现对人才未来价值的当期肯定和支付。整个考核的过程也是人才盘点的过程，通过股权激励考核工作，可以进一步看清楚之前所盘点出来的激励对象的各方面情况，为企业人才队伍建设提供依据。

（五）股权激励考核的分类与分层

由于不同类别、不同层次人才的特点不同，股权激励考核的指标、考核方法也存在差异，有必要对股权激励对象进行分类和分层，采取不同的考核指标和考核办法。例如，按照类别可以分为研发人才、经营管理人才、综合管理人才、市场营销人才；按照层次可以分为公司高管、公司中层、一线骨干。

三　股权激励考核设计原则

（一）公平客观原则

企业应根据客观资料进行评价分析，尽量避免主观臆断或掺杂个人感情，防止考核中可能出现的偏见及误差，保证考核的公平与合理。

（二）公开原则

绩效考核的过程、环节必须向考核对象公开，包括考核的内容和频次、考核的方法和程序、考核的机构和职责以及考核的评价标准和结果应用等。只有让激励对象对考核过程等情况充分了解，才不会对考核制度或考核结果产生抵触心理。

（三）量化原则

绩效考核要避免模棱两可，能量化的数据必须量化，使考核对象明确哪些工作应该努力完成以及需要完成到什么程度，避免考核对象在目标或结果的理解上存在偏差。

（四）奖惩结合原则

绩效考核必须坚持奖惩结合原则。如果只有奖励制度，则无法对激励对象形成约束；反之，只有惩罚制度，则会打击激励对象的积极性。只有将考核结果与激励对象的利益相关联，有赏有罚，能升能降，才能达到考核的真正目的。

（五）反馈修正原则

绩效考核的目的在于充分调动激励对象的工作积极性，因此，绩效结果应该及时向激励对象进行反馈，并根据反馈情况及时对工作方向或方法做出调整或改善，使激励对象能够在正确的轨道上良性发展，最终实现整体目标。

（六）体现企业战略目标原则

绩效考核应该与企业整体战略相适应，如果没有将战略目标作为基础，绩效管理也就失去了依托，无法发挥其应有的作用。企业要按照内部层级将整体战略目标层次分解，明确各层级的战略目标和考核原则，同时根据不同阶段的战略目标对考核方案进行及时调整。

四　公司业绩考核

根据国资委相关文件规定，公司业绩考核指标必须从以下三类中选择，一是关于股东回报和公司价值创造方面的指标，二是关于公司持续性成长能

力方面的指标，三是关于体现公司运营质量方面的指标。在这三类指标中，净利润增长率、净资产收益率、经济增加值是企业选取较多的指标。但随着上市公司整体环境、业绩发展、二级市场的变化，业绩指标的选取也在不断创新，逐渐向多元化发展。

（一）公司业绩考核的常用指标

在公司业绩考核中，最常用的指标有三种：净利润增长率、净资产收益率和经济增加值。

1. 净利润增长率

净利润也被称为税后利润，是企业利润总额扣除所得税后的剩余部分，它直接体现了企业最终的经营效益。如果企业净利润较高，表明企业的经营状况较好；反之，则表明企业的经营状况较差。

净利润增长率代表企业在一个周期内的净利润与上一周期相比的增长幅度，是衡量企业盈利能力的关键指标。如果净利润增长率较高，表明企业盈利能力较强；反之，表明企业盈利能力较差。

净利润 = 利润总额 − 所得税

净利润增长率 =（当期净利润 − 上期净利润）÷ 上期净利润 × 100%

2. 净资产收益率

净资产收益率（ROE）也被称为股东权益报酬率、净值报酬率，是指企业税后利润与净资产的比值。该指标是衡量股东资金使用效率和企业利用自身资本获得收益的能力的重要指标。如果净资产收益率较高，表明股东投资带来的净收益较高；反之，表明股东投资带来的净收益较低。

净资产收益率有两种算法，一种是全面摊薄净资产收益率，另一种是加权平均净资产收益率。不同的计算方法将得出不同的净资产收益率指标结果，故如何选择计算净资产收益率的方法就显得尤为重要。

全面摊薄净资产收益率 = 报告期净利润 ÷ 期末净资产

加权平均净资产收益率 = 报告期净利润 ÷ 平均净资产

平均净资产 =（年初净资产 + 年末净资产）÷ 2

3. 经济增加值

经济增加值（EVA）是指从税后净营业利润中扣除包括股权和债务的全部投入资本成本后的所得。该指标的考量角度是企业的各项资本投入都是有成本的，企业的盈利只有高于其资本成本（包括股权成本和债务成本）时才会为股东创造价值。该指标是一种评价企业有效使用资本和为股东创造价值、体现企业最终经营目标的业绩考核指标。

该指标的优点在于考虑了公司使用全部资本与含有企业外部的市场信息；针对现行的会计政策进行调整，真实反映企业经营状况；在企业规模扩张时，能较早发现企业的经营状况不佳。

该指标的缺点在于 EVA 是一种绝对值指标，不同规模企业之间没有办法进行直接比较；涉及的会计调整项目较多，主观方面的综合因素较多，不能帮助企业发现运营出现问题的根本原因。

EVA = 税后营业净利润 – 资本总成本 = 税后营业净利润 – 资本 × 资本成本率

其中，资本成本包括债务资本的成本和股本资本的成本。

（二）公司业绩考核的创新型指标

除了以上常用指标，也有上市公司采用一些创新性指标进行业绩考核，例如每股收益、市场增加值、经营性现金流等。

1. 每股收益

每股收益是体现上市公司盈利能力的财务指标，它代表普通股的获利水平。每股收益可以用于企业间的比较，以评价该公司的盈利能力高低；同时也能用在不同时期之间的比较，能够帮助了解企业盈利能力变化的趋势；也可以用于经营实绩和盈利预测的比较，以评价公司的经营管理能力。

每股收益 = 归属于普通股的当期利润 ÷ 当期发行在外普通股的加权平均数

2. 市场增加值（MVA）

市场增加值是指企业变现价值与原投入资本之间的差额，通过这个指标可以得出一个公司增加或减少股东财富的累计总量。换句话说，MVA 直接

体现企业股东创造财富的累积值。

如果 MVA 为负，则说明公司的经营投资活动所创造的价值低于投资者投入公司的资本价值，表明投资人的财务或价值在遭受损失。

$$MVA = 企业市值 - 累计资本投入$$

MVA 对上市公司而言是一个企业价值分析的好工具，但是不能用于分析非上市公司，原因在于无法获得非上市公司的市场价值数据。

3. 经营性现金流

与净利润相比，经营性现金流能更好地反映上市公司的经营状况，显示公司折旧等影响净利润却不影响现金流的因素。

$$经营性现金流 = 经营性现金流入额 - 经营性现金流出额$$

4. 销售收入增长率

销售收入增长率是体现企业实际经营状况、市场占有能力和业务拓展趋势的重要指标。指标数值越大，表示增长速度越快、市场前景越好。

$$销售收入增长率 = （本年销售收入 - 上年销售收入）÷ 上年销售收入$$

5. 利润总额

利润总额是指企业在生产经营过程中各种收入扣除各种耗费后的盈余，反映企业在报告期内的盈亏总额，是衡量企业经营业绩的十分重要的经济指标。

$$利润总额 = 营业利润 + 营业外收入 - 营业外支出$$

（三）公司业绩考核指标的选取

根据《关于规范国有控股上市公司实施股权激励制度有关问题的通知》（国资发分配〔2008〕171 号），上市公司授予激励对象股权时的业绩目标水平，应不低于公司近 3 年平均业绩水平及同行业平均业绩（或对标企业50 分位值）水平。上市公司激励对象行使权利时的业绩目标水平，应结合上市公司所处行业特点和自身战略发展定位，在授予时业绩水平的基础上有所提高，并不得低于公司同行业平均业绩（或对标企业 75 分位值）水平。故对于公司业绩考核指标的选取，应考虑以下几方面的内容。

首先，在选取公司业绩考核指标时，应对公司以往年度（至少 3 年）的业绩指标进行分析，同时对指标的变化情况进行预测。通过观察和分析，判断哪些指标项符合政策的要求，即授予点不低于公司前 3 年平均水平，解锁（行权）时增长率指标稳定并有所提高。

其次，确定公司业绩考核指标还需要关注对标企业的选择。首先可以根据行业分类标准，选择属于本企业行业类别（例如 WIND 行业分类），并通过标准上市公司分类软件初步筛选该行业的企业信息。同时，为提高行业对标企业的质量，增强业绩考核指标的可比性和科学性，初步筛选后，需要对样本企业相关数据进行分析，对资产规模差距较大、主业不相关以及经营业绩波动较大的企业进行剔除。一般保留 20 家左右企业作为对标样本，进行业绩考核的行业比较。在年度考核过程中，已选取的行业样本若出现主营业务发生重大变化，或出现偏离幅度过大的样本极值，则可由公司董事会在年终考核时剔除或更换样本。对标企业选取后，应计算所有对标企业近年度相关业绩指标的 50 分位和 75 分位值，并与本企业指标情况进行对比，分析是否符合授予和解锁（行权）的条件。

最后，选取公司业绩考核指标时，还要充分考虑现有的公司经营指标，以及原有的五年规划的指标要求，不能低于规划已经确定的指标要求，部分指标还需要适当上浮以争取国资委的批复。

近年来随着 A 股市场股权激励的持续升温，市场及监管机构对股权激励计划中考核指标设置科学性和合理性的关注度也逐渐提高。公司在选取业绩考核指标时，应尽可能体现公司实施股权激励的目的。对于同时实行多期股权激励计划的，各期激励计划设立的公司业绩指标原则上应保持可比性；对于明显低于同行业或公司历史业绩的，则应充分说明其原因与合理性。

股权激励作为一种对管理层、核心骨干中长期激励的有效方式，在公司治理中发挥着重要的作用，企业应充分考虑整体经济环境和本行业的发展状

况，同时结合自身目前的经营状况、业务规模、盈利能力、资产运营能力、未来发展预期等，制定有针对性且符合行业实际情况及公司财务特征的考核指标，切实达到激励与约束的目的，才能最大程度发挥股权激励的作用。

五　绩效考核工具

（一）目标管理法

1. 概念

目标管理法是一种将组织的整体目标逐级分解为下属单位和个人的子目标，最后根据考核对象工作目标的完成情况进行考核的绩效考核方式。

2. 优缺点

目标管理法的优点在于评价标准较为直观，可以对结果进行测算，且能够较为直接地反映员工的工作内容，操作性较强；同时，员工个人的目标与组织目标是保持一致的，对于整体目标的实现更容易；目标管理的过程是企业全体员工共同参与、上下级双向互动的过程，过程中的沟通和反馈也有助于提高员工工作的积极性，增强其工作责任感，同时也有助于改善组织内跨部门协作。

目标管理法的缺点在于目标分散在不同部门、不同员工之间，由于各个部门职能之间存在差异性，很难在部门、员工之间进行横向比较。另外，在目标划分的过程中，也很容易出现授权不足或部门职责划分不清等问题。

3. 实施步骤

目标管理法一般按以下步骤实施。

（1）根据企业发展需求，确定考核期内的整体目标。

（2）根据职责分工，确定考核期内各个部门和员工要实现的工作目标，包括工作内容、时间期限、考核标准等。

（3）各个部门和员工按照计划去实现目标。

（4）企业根据原先制定的考核标准核查目标实现情况，并确定下一期的考核目标或讨论目标未达成的原因。

（二）关键绩效指标

1. 概念

关键绩效指标（KPI）是用来衡量企业战略实施效果的系统性关键指标，它由战略目标层层分解产生，并由此建立一种机制，将企业的发展战略转化为内部管理过程，从而不断增强企业核心竞争能力，确保企业的可持续发展。

确定关键绩效指标的一个重要原则是 SMART 原则。SMART 原则是指指标是具体的（Specific），指标是可衡量的（Measurable），指标是可达到的（Attainable），指标是要与其他目标具有一定相关性（Relevant）的，指标是有明确截止期限（Time-bound）的。

2. 优缺点

KPI 优点在于以企业战略目标为导向，将企业的战略目标层层分解，然后通过各项指标进行整合和控制，使员工的绩效行为与企业要求相一致，有力保证了企业战略目标的实现；KPI 提倡客户价值实现的理念，对企业形成以市场为导向的经营思想有一定的帮助；KPI 将公司战略目标分解到每个部门和每个员工身上，使其成为个人的绩效目标，员工在实现个人绩效目标的同时，也在实现公司总体的战略目标，有利于二者利益达成一致，创造共赢的局面。

KPI 的缺点在于它更倾向定量的指标，如果没有专业的工具和手段，很难界定这些定量的指标是否对企业绩效产生关键性的影响；KPI 有时会使考核方式过于机械，忽视人为因素和弹性因素，过分依赖考核指标，以致产生异议和纠纷；KPI 不是万能的，由于其对指标量化的过分强调，并非适用于所有岗位。

3. 实施步骤

KPI 的实施一般分为以下四个步骤。

（1）根据企业所处行业、发展阶段、自身优劣势、发展规模、综合实力等因素，建立长期的愿景与战略。

（2）各部门主管依据实际情况和部门职责分工，将企业战略目标分解为部门级目标，分析绩效驱动因素，明确实现目标的工作流程，确定评价指标体系。

（3）从部门职责和岗位职责中提取成功、关键因素，并通过精简、调整、分类、赋值等一系列措施将其转化成关键绩效指标，KPI权重通过不小于5%、不超过30%。

（4）通过相关性分析，剔除不合理指标或重复指标，确保关键绩效指标能够全面、客观地反映考核对象的绩效，而且易于操作。

（三）平衡计分卡

1. 概念

平衡计分卡（BSC）是一套包括整个组织各方面活动的绩效评价系统，是对企业整体战略的衡量。它将战略地图目标转化为指标和目标值，并为每一个目标确定行动方案，通过执行行动方案，战略得以实现。先用战略地图对公司战略进行描述，然后利用平衡计分卡从四个层面对战略进行衡量。战略地图是一种战略可视化的表示方法，战略地图描述了企业在财务、客户、内部流程和学习与成长四个层面的战略，并阐述了四个层面目标之间的因果关系，关键流程为目标客户创造并传递企业价值主张，促进企业财务层面的生产率目的。平衡计分卡将企业战略与绩效评价紧密结合，对员工行为起到更好的导向作用，有助于战略目标的实现。

2. 优缺点

BSC优点在于能够克服单纯财务指标评估方法的短期行为，为企业的长期发展提供评价基础；有助于各级员工对组织目标和战略的沟通与理解，提高组织的整体管理水平；能够有效地将组织的战略目标转化为组织各层的绩效指标和行动，使整个组织行动一致，服务于战略目标；有利于企业内部的学习和成长以及核心竞争能力的培养，实现组织的长远发展。

BSC缺点在于能够将企业战略目标和衡量指标有机结合，但却不能指导管理者如何确定绩效的衡量指标及提高绩效；平衡计分卡很难自动化，当企业战略目标或组织机构变更时，需要重新调整指标体系；平衡计分卡的开发时间较长，执行时间也较长，另外还要一段时间去调整、优化结构，整个流程耗时过长，执行存在一定难度。

3. 实施步骤

（1）根据企业所处行业、发展阶段、自身优劣势、发展规模、综合实力等因素，建立长期的愿景与战略。

（2）依据企业的愿景和长短期发展需要，设定科学、合理的绩效衡量指标，并征求各方、各层次人员的建议，改进指标体系，使其达到平衡，保证所有指标都能反映和代表企业的战略目标。

（3）利用各种不同的渠道（如定期或不定期的刊物、信件、公告栏、标语、会议等），让各层员工知道公司的愿景、战略、目标与绩效衡量指标，为平衡计分卡的顺利实施打下基础。

（4）建立绩效指标体系后，应结合公司的计划和预算，确定绩效衡量指标的具体数字，并关注各类指标间的因果关系、驱动关系与连接关系。

（5）根据企业的实际情况，重点考察指标体系是否科学，能否真正反映企业的发展水平及目标。不全面的指标要补充完善，不合理的指标要剔除。通过反复优化，使平衡计分卡体系更加规范，更好地为企业战略目标服务。

（四）目标与关键成果法

1. 概念

目标与关键成果法（Objectives Key Results），O 代表组织目标，来源于组织愿景或战略，是能够驱动组织朝期望方向前进的一种定性描述。一个好的目标应是有时限的、鼓舞人心的、能够激发团队达成共鸣的。KR 代表关键成果，是衡量是否完成目标的定量描述。KR 的重点在于要从众多事务中梳理出最重要、最应该被关注的成果，且必须对目标中模糊或模棱两可的部分进行量化。

OKR 并不是简单的绩效考核工具，它可以被理解为聚焦战略目标、关

注可衡量成果，促进沟通和紧密协作、绩效提升和组织成长的一种管理工具。它通过持续且较快的频率对最核心业务指标进行识别，并通过可量化的关键成果衡量目标达成情况，管理过程中充分调动团队和个人的积极性与能动性，最大化地促进团队和个人进行协助并与整个组织保持一致，最终达到促进绩效提升和组织成长的目标。

2. 优缺点

OKR 的优点在于其周期较短，有利于企业提升敏捷性和应对变化的能力；利用 OKR 可以对最优先的事项进行识别，把有限的精力聚焦在影响公司运转和业务发展的关键任务中，有利于企业战略分解和聚焦关键目标；OKR 的透明性能够促进企业内部的相互协助和目标一致性，最终促进战略执行；由于 OKR 的目标是极具挑战性的，故有利于企业开拓创新，促进前瞻性思考；实行 OKR 则有助于缓解缺乏发展计划的困境和与上级主管紧张的关系，有利于吸引和保留核心人才；OKR 模式更提倡自下而上由员工提出工作目标，有利于调动员工主观能动性。

OKR 的缺点在于 OKR 模式更适合高度自由的企业文化，而对于相对传统、存在集权式、"官本位"或"平均主义"等倾向的企业文化来说，将对现有文化和制度产生一定冲击；由于 OKR 是以内在动机驱动作为核心基础的，所以 OKR 模式更适合喜欢主动工作、想在工作中有更大发挥空间、受内在动机驱动更强的员工。而且 OKR 的公开透明性会将团队中所有计划、工作积极性和总体贡献暴露出来，管理者自身要具有自我否定的勇气和发展创新思维的能力。

3. 实施步骤

（1）目标应当以公司战略为导向，先设定年度目标，再分解到季度目标。通过制定和分解战略目标，将整个公司战略层层嵌入具体落地实施中。设定目标的过程中要充分鼓励员工主动参与，保证一定比例的目标是自下而上获得的。

（2）目标既要有年度关键结果，也要有季度关键结果。年度关键结果统领全年，但并非固定不变，可根据实际情况进行适度调整，季度关键结果一经确定就不能改变，但措施和方法可以不断改善。关键结果的设定同样必须是管理者与员工直接充分沟通后达成的共识。

（3）以目标为导向，围绕关键结果制定一系列待执行的任务，交给不同的员工负责。通常应设置关键结果负责人，负责组织协调其他员工执行任务。

（4）每个季度对完成情况进行回顾和评估。员工需要给自己的关键结果的完成情况和完成质量进行打分。打分一般不用于绩效评估，而是用于提醒哪些任务没有完成以及在下一周期如何改善。

总结：股权激励的考核设计是股权激励计划实施过程中的一个重要问题，虽然本文已列举了目前上市公司普遍选取的业绩考核指标和绩效考核方法，但考核方案的制定还要根据企业自身实际情况进行调整和完善。此外，要在企业内部形成一套科学、完善的考核制度，并严格按照股权激励计划中的考核内容进行定期考核，以确保股权激励计划真正发挥激励和约束作用。

B.10
国有上市公司股权激励的报批与公告

张晓倩　执笔*

摘　要： 国有上市公司的股权激励计划，必须经过国资委和证监会双重审批。国有上市公司制定科学合理的股权激励方案，并顺利通过审批，是方案实施的前提条件和重点环节。信息披露是证监会加强对上市公司监管的主要途径，是上市公司与其利益相关者相互了解或对话的渠道和桥梁，是影响公司行为和保护潜在投资者利益的有力工具。国有上市公司在开展股权激励过程中，需按照相关规定进行信息披露。本文主要介绍国有上市公司股权激励计划的审议程序、股权激励计划的申报程序、股权激励计划的撤销、终止和重新申报，并针对股权激励计划开展过程中首次草案公布、授予、登记、行权、解除限售、方案调整、方案终止、回购注销等环节的信息披露要求进行了详细阐述。

关键词： 股权激励　方案审批　信息披露

一　股权激励计划审议程序

国有上市公司通常包括国务院国资委和地方国有资产监管机构履行出资人职责的企业直接或间接控股的国有控股上市公司，以及由各级国有资产监管机构直接持有股权的国有控股上市公司。

　＊张晓倩，航天信息股份有限公司人力资源部。

国有上市公司的股权激励计划，必须经过国资委和证监会双重审批。国有控股股东在国有上市公司开展股权激励│计划的过程中，依法履行出资人职责，指导国有上市公司科学制订股权激励计划、规范履行决策程序，并根据履行出资人职责的机构意见，审议表决国有上市公司股权激励计划，做好实施股权激励计划的管理工作。股权激励计划的审议主要包括以下程序。

（一）国有上市公司内部审议

国有上市公司董事会或其下设的薪酬与考核委员会拟定股权激励计划草案并提交董事会审议，并由董事会提交上市公司股东大会批准。国有上市公司应按照相关法律、行政法规和公司章程的规定，履行内部审议程序。

国有控股股东在国有上市公司董事会审议股权激励计划之前，应就相关政策向履行出资人职责的机构进行咨询。独立董事应就股权激励计划草案是否有利于国有上市公司的持续发展，是否存在明显损害国有上市公司及全体股东利益的情形发表独立意见；拟为激励对象的关联董事应在董事会审议表决股权激励时予以回避；持股5%以上的主要股东或实际控制人及其近亲属经股东大会表决通过（拟为激励对象的股东或者与激励对象存在关联关系的股东须回避表决），才可成为激励对象。

（二）专业机构出具相关意见

律师、独立财务顾问等专业机构出具法律意见书和独立财务顾问报告时，应就股权激励计划的规范性、合规性以及相关数据的真实性、准确性，是否有利于国有上市公司的持续发展，以及对股东利益可能产生的影响等发表专业意见。

律师出具法律意见书，应对股权激励计划是否符合相关法律、行政法规及相关规定，是否存在损害国有上市公司和股东利益的情形，是否履行了拟定、审议、公示等法律法规规定的程序，国有上市公司是否已按照证券监督管理机构要求履行了信息披露义务，激励对象范围及资格是否符合相关规定，股权激励管理办法是否对计划终止、激励对象资格取消等特殊情形的处理做出规定，以及该规定的法律风险等发表意见。

聘请独立财务顾问出具独立财务顾问报告，应对股权激励计划是否符合相关法律、行政法规及相关规定，是否存在损害国有上市公司和股东利益的情形，实施股权激励计划的可行性（如财务测算、对上市公司持续经营能力、股东权益的影响），权益授予数量是否符合相关规定，是否存在为激励对象提供任何形式的财务资助、绩效考核体系及考核办法是否合理等发表意见。

（三）注意事项

董事会表决股权激励计划草案时，关联董事应予回避。如董事均参与股权激励计划，则需符合《公司法》第一百二十五条的规定，即出席的无关联董事不足3人的，应将该事项提交股东大会审议。

国有上市公司如果选择分期授予的授予方式，在每次授予前均须召开董事会，确定本次授予的权益数量、激励对象、授予价格等相关事宜，同时对本次授予的情况进行披露。授予价格以该次召开董事会并披露摘要情况前的市价为基准。

同时采用限制性股票和股票期权两种激励方式的国有上市公司，还应聘请独立财务顾问对股权激励方案发表意见。若激励对象为董事、高管人员的，须披露其姓名、职务、获授数量，其他激励对象须通过证券交易所网站披露其姓名、职务，预留股份激励对象经董事会确认后，需参照上述要求进行披露。目前，国有上市公司不能采用组合激励的方式，原则上也不能预留股份。

二　股权激励计划申报程序

董事会审议通过股权激励计划草案（或分期授予方案）后，国有控股股东应在股东大会审议之前，将股权激励草案（或分期授予方案）及管理办法等相关材料按股权关系逐级报送审核，经履行出资人职责的机构审核同意后，提交国有上市公司股东大会审议。随着国家机关的简政放权，后续调整时有可能会取消履行出资人职责机构对股权激励方案的审批，直接由国有控股股东进行审批。

目前，无论是履行出资人职责的机构还是证监会，均对股权激励事项持积极推动的态度。整体的沟通、审批流程加快。证监会进一步落实备案制度，使整体审批时间大大缩短。2012 年以来，从董事会公告到股东大会通过议案正式实施平均时间为 4~5 个月。

航天信息股份有限公司开展第一期限制性股票股权激励，审批周期为 5 个月。股权激励工作正式启动是 2016 年 6 月 23 日，成立了股权激励工作小组。在此期间，拿到国资委的批复仅用了 14 天。

（一）国有控股股东履行的程序

国有上市公司实施股权激励，国有控股股东需向履行出资人职责的机构提供一系列文件，包括国有控股股东关于上市公司实施股权激励的请示（必须）等。

国有上市公司股东大会召开前未获得履行出资人职责机构批复的，国有控股股东应按照有关法律、行政法规和相关规定，提议国有上市公司股东大会延期审议股权激励计划草案。国有控股股东在国有上市公司召开股东大会时，应按照履行出资人职责的机构出具的批复意见，对国有上市公司股权激励计划进行表决。

1. 国有控股股东的请示文件

国有控股股东关于国有上市公司实施股权激励的请示主要包括以下内容。

（1）国有上市公司简要情况，主要包括历史沿革、上市时间、经营范围、主营业务及所处市场地位等情况；股本结构、公司治理结构、组织架构、员工人数及构成、薪酬管理制度及水平情况；近三年主要财务指标情况等。

（2）国有上市公司实施股权激励条件的合规性说明。

（3）股权激励方案内容要点，应当由股东大会审议的事项及其相关说明，包括股权激励计划和股权激励管理办法等，以及当期授予实施方案的内

容概要。

（4）权益授予数量和预期收益的说明，应当就国有上市公司选择的期权定价模型及股票期权、股票增值权和限制性股票公允价值的测算，激励对象股权激励预期收益及占授予时薪酬总水平的比例等情况进行说明。

（5）业绩考核条件说明，包括国有上市公司绩效考核评价制度及业绩目标水平的确定过程，公司历史业绩水平、同行业企业或对标企业业绩水平的数据比较和分析情况。

（6）各级国有控股股东对国有上市公司实施股权激励及其股权激励计划等方案内容的审核意见。

2. 国有控股股东需提供的其他申报资料

国有控股股东需提交的其他申报资料包括国有上市公司股权激励计划（必需）、股权激励管理办法（必需）、股权激励授予方案（必需）、董事会决议（必需）、独立董事意见（必需）、法律意见书（或选）、独立财务顾问报告（或选）、地方国有资产监管机构的审核意见（地方必需）等。

在股权激励计划时间比较紧迫、相关人员经验不足的情况下，可邀请专业机构介入。专业机构在此过程中可以起草、拟订股权激励计划草案及相关法律文书，出具实施股权激励计划必需的法律意见书，处理激励对象与公司之间相关股权激励纠纷、员工薪酬纠纷和劳动合同纠纷，作为外部董事或独立董事参与股权激励计划。专业机构的介入能够有效加快整个股权激励计划的推进进度，缩短股权激励计划的实施周期。

（二）履行出资人职责机构审批程序

1. 履行出资人职责的机构

（1）国务院国资委审批。国务院国资委对所监管的中央企业履行出资人职责，对中央企业控股上市公司实施股权激励进行分类指导、分级管理。

中央企业及其所出资企业控股的国有上市公司，由中央企业按照国有控股上市公司实施股权激励有关办法规定的程序报国务院国资委审核批准后，其股权激励计划方可报股东大会审议表决。

中央企业所出资三级以下企业控股的上市公司，由中央企业按照国有控股上市公司实施股权激励有关规定要求进行审核，在股东大会审议表决前，报国务院国资委备案。

（2）地方国有资产监督机构审批。地方各级国有资产监管机构对所监管的企业及其所出资企业控股上市公司（简称地方国有控股上市公司）的股权激励计划，按照国有控股上市公司实施股权激励有关规定要求进行审核，严格设置绩效考核体系。

地方国有控股上市公司股权激励计划，经其国有控股股东报履行出资人职责的机构审核批准后，提交上市公司股东大会进行审议表决。

省级以下国有资产监管机构在对上市公司股权激励计划批复同意前，应当取得本省（或计划单列市）国有资产监管机构对计划的批复或备案意见；并且应当就上市公司对意见的执行情况进行反馈说明。

各省级（含计划单列市）国有资产监管机构在对上市公司股权激励计划的审核过程中，可以向国务院国资委提出政策咨询，国务院国资委对地方国有控股上市公司股权激励计划提供政策指导。

地方国有控股上市公司股权激励计划，未突破相关政策规定的，由各省级（含计划单列市）国有资产监管机构进行审核，不再报国务院国资委备案。计划内容突破相关政策规定的，由各省级（含计划单列市）国有资产监管机构向国务院国资委做出说明，违反政策规定的，应当予以纠正。

2. 股权激励方案评审

履行出资人职责的机构在方案评审时，主要审核实施条件、实施程序、实施方案和考核管理四个方面的合规性。

（1）针对实施条件的评审。在实施条件评审方面，主要针对公司治理结构、基础管理制度、财务状况及持续能力等进行评审（见表1）。

表1　针对实施条件的评审要点

序号	类别	评审项目	评审要点	评审标准描述	合规与否
1	实施条件	公司治理结构	股东会、董事会、监事会和经理层	组织架构健全、职责明确、运作有效	是/否
2			外部董事（含独立董事）	占董事会成员半数以上，非控股股东人员担任的外部董事人数	是/否
3			董事会薪酬与考核委员会、审计委员会	全部由外部董事构成，议事规则健全	是/否
4		基础管理制度	劳动用工、薪酬福利制度及绩效考核体系	符合市场经济和现代企业制度要求	是/否
5			内部控制体系和基础管理制度	制度健全、运作有效	是/否
6		财务状况及持续能力	发展战略和实施计划	发展战略目标和实施计划明确，持续发展能力良好	是/否
7			财务状况和经营业绩	资产质量和财务状况良好，经营业绩稳健；近三年无财务违法违规行为和不良记录	是/否
8		其他	证券监督管理机构规定的其他条件	按照相关规定评审	是/否

（2）针对实施程序的评审。在实施程序评审方面，主要针对内部审议程序、国有控股股东意见等进行评审（见表2）。

表2　针对实施程序的评审要点

序号	类别	评审项目	评审要点	评审标准描述	合规与否
1	实施程序	内部审议程序	董事会决议	审议表决情况	是/否
2			关联董事回避情况	按照要求回避表决	是/否
3			独立董事意见	按照要求发表独立意见	是/否
4			监事会意见	按照要求对名单进行核实	是/否
5		国有控股股东意见	国有控股股东发表意见	按照规定审核议案并发表意见	是/否
6			与国资委政策咨询情况	按照规定向国资委进行政策咨询	是/否
7			向国资委申报情况	按照规定及时向国资委申报	是/否
8		其他	董事会召开、公告等事项	符合证券监管规定	是/否
9			财务顾问或律师意见	按照要求发表独立意见	是/否

（3）针对实施方案的评审。在实施方案评审方面，主要针对一般规定、股权激励对象、权益授予数量、行权价格、授予价格和公允价值、股权激励收益、计划有效期、行使时间等进行评审（见表3）。

表3　针对实施方案的评审要点

序号	类别	评审项目	评审要点	评审标准描述	合规与否
1	实施方案	一般规定	申报资料的完整和合规	按照要求提供申报资料	是/否
2	实施方案		股权激励计划内容	要素完整、资料翔实	是/否
3	实施方案		所选股权激励方式	符合文件规定和政策导向	是/否
4	实施方案		标的的股票来源	来源明确、合规	是/否
5	实施方案		行权或购股资金来源	来源明确、合规	是/否
6	实施方案	股权激励对象	激励对象范围、重点和人数	符合文件规定，人数从严控制	是/否
7	实施方案		激励对象资格	不存在不合资格人员；提供详细名单、职务及拟授权益数量，并按照规定进行披露和公告	是/否
8	实施方案	权益授予数量	权益授予总量和首次授予数量	符合文件规定并与公司总股本、激励范围和激励水平相匹配	是/否
9	实施方案		个人获授数量	符合文件规定，并按照股权激励预期收益和公平市场价格测算确定	是/否
10	实施方案		分期授予和预留股份	符合相关规定	是/否
11	实施方案	行权价格、授予价格和公允价值	行权价格、授予价格和认购价格	符合公平市场价格原则；限制性股票的授予价格不低于公平市场价格的50%	是/否
12	实施方案		单位权益的公允价值	采取的估值模型或者计算方法、相关计算参数符合规定；专业机构出具意见	是/否
13	实施方案	股权激励收益	股权激励预期收益	控制在授予时总薪酬水平的规定比例内；授予时总薪酬水平的计算符合规定	是/否
14	实施方案		股权激励实际收益	按照规定进行调控，并在计划中载明	是/否

续表

序号	类别	评审项目	评审要点	评审标准描述	合规与否
15	实施方案	计划有效期、行使时间等	计划有效期和授予间隔期	符合文件规定	是/否
16	实施方案		每期权益有效期和行使安排	行权限制期（禁售期）和行权有效期（解锁期）符合文件规定；匀速分批生效（解锁）	是/否
17	实施方案		董事、高管出售、转让股票限制	符合《公司法》相关规定	是/否

（4）针对考核管理的评审。在考核管理评审方面，主要针对业绩考核条件、股权激励计划管理进行评审（见表4）。

表4 针对考核管理的评审要点

序号	类别	评审项目	评审要点	评审标准描述	合规与否
1	考核管理	业绩考核条件	业绩考核体系及运用	公司、个人层面均有业绩考核；在授予、生效（解锁）环节双重挂钩	是/否
2			公司业绩考核指标和目标水平	业绩指标齐全；业绩目标与自身历史业绩和同行业绩水平比较均具挑战性	是/否
3			个人绩效评价及运用	个人绩效评价与授予、生效（解锁）挂钩；负责人绩效评价符合相关规定，权益行使与任期考核挂钩	是/否
4		股权激励计划管理	计划终止，激励对象资格取消	相关条款符合文件规定	是/否
5			激励对象离职、公司股本变动时的处理	符合文件规定	是/否
6			未行使权益的处理	符合文件规定	是/否
7			财务资助	公司不得提供任何财务资助	是/否
8			信息披露和实施备案	相关条款符合文件规定	是/否

3.案例

航天信息股份有限公司（简称航天信息）成立于2000年11月1日，是由中国航天科工集团有限公司（简称航天科工）控股、以信息安全为核心技术的 IT 行业高新技术国有上市公司，是中国 IT 行业最具影响力的上市公司之一。2003 年 7 月 11 日，航天信息在 A 股市场成功挂牌上市（SHA：600271）。2016 年，航天信息实施第一期限制性股票股权激励。就报批环节而言，主要分为以下几步。

（1）航天信息董事会薪酬与考核委员会组织拟订计划草案，将计划草案报国有控股股东航天科工，经沟通无异议，由航天科工报国务院国资委。

（2）国务院国资委沟通无异议，计划草案报董事会审议，独立董事发表意见、律师发表法律意见；航天信息召开监事会会议，审议通过股权激励计划（草案），并对股权激励计划的激励对象名单进行核实，确定激励对象的主体资格是否合法有效。

（3）将董事会审议后的计划草案报航天科工、国务院国资委审核，同时报证监会备案；国务院国资委经过方案研究评估、公众评议和专家评审、审批等环节后，出具批复（备案）意见；证监会自收到完整的股权激励计划备案申请材料之日起 20 个工作日内未提出异议，董事会发出召开股东大会的通知，审议并实施本次股权激励计划，同时公告法律意见书；独立董事就本次股权激励计划向所有的股东征集委托投票权。

（4）按国务院国资委批复（备案）意见，航天信息召开股东大会审议股权激励计划，监事会向股东大会说明激励对象名单的核实情况。股东大会在对本次股权激励计划进行投票表决时，提供现场投票方式和网络投票方式。股东大会对本次股权激励计划中的相关内容进行逐项表决，每项内容均经出席会议的股东所持表决权的 2/3 以上通过。

（5）将股权激励计划的有关材料报证监会备案，并抄报证券交易所及当地证监局。股东大会批准股权激励计划后实施，并将实施情况向航天科工报告、向国务院国资委备案。

（三）境内、外国有上市公司报批程序

境内上市公司开展股权激励，其股权激励计划经履行出资人职责的机构

审核同意后，报中国证监会备案以及在相关机构办理信息披露，登记结算等事宜。境内上市公司股权激励的实施程序和信息披露、监管和发布应当符合中国证监会《上市公司股权激励管理办法（试行）》的有关规定。

境外上市公司按照股权激励计划实施的分期授予方案，国有控股股东应当在董事会决议授予权益前报履行出资人职责的机构批准。境外上市公司股权激励的实施程序应当符合当地证券监督管理机构的有关规定。

三　计划的撤销、终止和重新申报

在股权激励计划备案过程中，国有上市公司董事会在召开股东大会前撤销股权激励计划或者股东大会审议未通过股权激励计划的，国有上市公司国有控股股东应当在决议公告后5个工作日内，向履行出资人职责的机构提交撤销原股权激励计划审核（备案）的报告。上市公司董事会自决议公告之日起3个月内，不得再次审议股权激励计划。

国有上市公司终止已实施的股权激励计划，应当由股东大会或者股东大会授权董事会审议决定，说明终止理由、对公司业绩的影响并公告。国有控股股东应当在决议公告后5个工作日内，向履行出资人职责的机构提交终止原股权激励计划的报告。自决议公告之日起6个月内，国有上市公司不得再次审议股权激励计划。

国有控股股东在国有上市公司出现终止股权激励计划、实施新计划、变更股权激励计划相关重要事项，或需要调整股权激励方式、激励对象范围、权益授予数量等股权激励计划主要内容等情况时，需重新履行申报审核程序。

四　信息披露及报备

信息披露是公司与其利益相关者相互了解或对话的渠道和桥梁，是影响公司行为和保护潜在投资者利益的有力工具。强有力的信息披露制度有助于提高上市公司和证券市场运作的透明度，减少信息不对称，强化对信息披露主体的监督和监管，降低上市公司的道德风险和机会主义行为，促进上市公司的规范运作，推动公司治理机制的不断改善，起到维护投资者对资本市场的信心，减少投资者的投资风险，实现资源优化配置的作用。

根据《证券法》第六十七条，发生可能对上市公司股票交易价格产生较大影响的重大事件，投资者尚未知情时，上市公司应当立即将有关该重大事件的情况向国务院证券监督管理机构和证券交易所报送临时报告，并予以公告，说明事件的起因、目前的状态和可能产生的法律后果。此处的重大事件包括：公司的经营方针和经营范围的重大变化，公司的重大投资行为和重大购置财产的决定，公司发生重大债务和未能清偿到期重大债务的违约情况，公司发生重大亏损或者重大损失，公司生产经营的外部条件发生重大变化等十二项内容。总的来说，对公司的经营活动具有实质性影响的事件均被称为重大事件，这些事件将通过对公司业绩或投资者预期的影响而引致股价波动。

信息披露是证监会加强对上市公司监管的主要途径。中国证券监督管理委员会第126号令明确指出，上市公司实行股权激励，应当符合法律、行政法规等规定，应当严格按照有关规定的要求履行信息披露义务。虽然《证券法》并未将上市公司实施股权激励定位为重大事件，但股权激励的实施会对国有上市公司的各利益相关者产生重大影响。在实践中，上市公司实施股权激励应停牌。

就上市公司实施股权激励而言，主板上市公司、中小企业板上市公司和创业板上市公司对信息披露的要求也存在差异。主要文件依据有中国证监会《上市公司股权激励管理办法》《股票上市规则（2014年修订）》《主板信息披露业务备忘录第3号——股权激励及员工持股计划》《中小企业板信息披露业务备忘录第9号：重大经营环境变化》《中小企业板信息披露业务备忘录第12号：上市公司与专业投资机构合作投资》《创业板信息披露业务备忘录第8号：股权激励（股票期权）实施、授予、行权与调整》。上市公司实施股权激励应在以下环节进行信息披露：审议程序，限制性股票、股票期权的授予、登记，股票期权行权，限制性股票解除限售，股权激励方案的调整，股权激励方案的终止，股票期权、限制性股票的回购注销等。

下面以主板为例，阐述信息披露及报备的有关要求。

（一）审议程序及首次信息披露要求

上市公司拟筹划股权激励的，应当做好内幕信息管理工作，可根据需要发布提示性公告进行分阶段披露。提示性公告应包括股权激励的基本形式，股权激励的计划所涉及的标的股票数量（上限）及占公司股本总额的比例，激励对象是否包括公司董事、高级管理人员，股权激励尚需履行的程序、存在的不确定性和风险，预计披露激励草案的时间等。

上市公司应及时披露董事会审议通过的股权激励计划草案及其摘要，同时披露董事会决议、股权激励计划考核管理办法、独立董事意见、监事会意见、股权激励自查表。同时应提交内幕信息知情人名单、上市公司关于披露文件不存在虚假记载的承诺、有关部门的批复文件（如有）等。

上市公司应在召开股东大会前，通过公司网站或者其他途径，在公司内部公示激励对象的姓名和职务。公示期不少于10日，股东大会召开日期不得早于公示期和结束日。监事会应当对股权激励名单进行审核，并充分听取公示意见。上市公司应当在股东大会召开前3～5日披露监事会对激励名单的审核意见及对公示情况的说明。

股权激励计划草案披露后，公司在发出股东大会通知时，应同时披露法律意见书。聘请独立财务顾问的，还需披露独立财务顾问报告。股东大会决议披露的同时应披露激励对象前6个月买卖公司股票及衍生品种情况的自查报告。

（二）限制性股票、股票期权的授予、登记

上市公司应按照股权激励计划方案的规定，自股东大会审议通过股权激励计划之日起60日内（有获授权益条件的，从条件成就后起算）授出权益并完成登记、公告等相关程序。董事会审议授予事宜后，应及时披露授予相关公告。

公司刊登审议股权激励计划授予登记的董事会决议公告后，办理授予登记相关手续，并至少在《上市公司股权激励管理办法》第四十四条规定的

最后期限 7 个交易日前，向交易所提交股权激励计划授予登记申请书并提交相关材料。公司应及时联系结算公司办理登记手续并刊登授予完成公告。

在实际操作中，以航天信息第一期限制性股票股权激励为例，将一定数量的限制性股票授予激励对象时，与激励对象签署《限制性股票授予协议书》，以此约定双方的权利义务关系。《限制性股票授予协议书》作为授出股权激励的证明文件，一般应载明姓名、身份证号码、住所、通信方式、编号、调整情况记录、行权情况记录、各种签章、协议日期、有关注意事项等内容。激励对象签署《激励对象承诺书》，确认激励对象的具体考核责任，明确实现股权激励计划需要达到的业绩条件，了解股权激励计划的相关制度。

限制性股票的授予环节主要有以下几步：召开董事会，由董事会审议确定授予日并向交易所提交授予申请；激励对象同意认购公司股权激励标的时，向公司银行账户支付购股资金（目前市场操作通常给员工 2～3 个月的资金筹措时间）；交易所审核同意后，向上市公司出具授予登记确认通知；上市公司接到通知后，向登记公司办理登记手续，并向交易所反馈；按规定进行信息披露；股票到账，依法锁定。

（三）股票期权的行权

上市公司股权激励计划设定的期权行权条件成就时，公司或激励对象可选择集中行权或自主行权。行权条件满足后，应召开董事会审议股权激励计划期权行权有关事宜，并刊登董事会决议公告。

公司刊登审议股权激励计划期权行权的董事会决议公告后，应向交易所提交股权激励计划股票期权行权申请书及相关材料，并与登记结算公司联系办理股权激励期权行权确认手续。

上市公司选择集中统一行权的，行权完成后，应及时披露期权行权完成公告。公告内容应包括本期股票期权行权的具体情况（行权条件、行权期间、行权数量）；激励对象行权数量与方案和在公司内部网站公示情况一致性的说明；行权资金的验资情况；本次行权股份的性质、后续安排以及股份

的上市时间，董事及高级管理人员所持股份变动锁定的情况说明；本次行权后的公司股本结构变动情况等。

选择自主行权的，股权激励计划进入行权期后，上市公司应在定期报告中或以临时报告形式披露每季度股权激励对象变化（如有）、股票期权重要参数调整情况、激励对象自主行权情况以及公司股份变动情况等信息。

（四）限制性股票解除限售

股权激励计划等待期满，如果公司达到股权激励计划方案约定的解除限售条件，并且激励对象通过了股权激励计划的绩效考核，此时进入限制性股票的解除限售环节。

上市公司召开董事会审议股权激励获得股份解除限售的有关事宜，并在每次解除限售前召开董事会审议并公告。上市公司履行了信息披露义务后，向交易所申请办理股权激励计划获得股份解除限售手续，提交《股权激励计划获得股份解除限售申请表》及相关材料。

在实践中，限制性股票解除限售环节主要分为以下几步：上市公司向交易所提交解锁申请文件，审核通过后，交易所向上市公司出具解锁确认通知书；上市公司拿到解锁确认通知书后，向登记公司办理登记手续，办理完成后，向交易所反馈；上市公司按照规定，进行信息披露；解锁完成，择机出售。

股权激励计划等待期满，如果公司达不到股权激励计划方案约定的解除限售条件，则该期股权激励计划取消，全部激励对象均被取消资格。如果公司达到了股权激励计划方案约定的解除限售条件，但是个别激励对象考核不合格，则对该个别激励对象取消本期股权激励，其他激励对象按计划解除限售。

（五）股权激励方案的调整、终止

出现调整股权激励方案的情况时（不得包括导致加速行权或提前解除限售的情形，降低行权价格或授予价格的情形）应提交董事会或股东大会审议通过，并及时披露变更前后方案的修订情况对比说明，独立董事、监事会、专业机构应就此发表意见。

终止股权激励计划方案的，经董事会或股东大会审议并通过后，上市公司应及时披露股东大会决议公告或董事会决议公告，并对终止实施股权激励的原因、股权激励已筹划及实施进展、激励对象已获授股票或股票期权的情况及后续处理措施、终止实施股权激励对上市公司的可能影响等做出说明，专业机构应发表意见并披露。履行相应审议程序后，上市公司应及时向登记结算公司申请办理限制性股票回购注销手续或期权注销手续。

（六）股票期权、限制性股票的回购注销

上市公司出现股票期权、限制性股票回购注销的情形时，应当自知悉或接到相关通知之日起 2 个交易日内，或董事会对注销条件是否成就进行审议后，披露拟对已授予限制性股票或股票期权进行注销的公告。

如需对已授予的限制性股票进行回购并注销，上市公司应在回购注销股份的股东大会决议做出之日起 10 日内通知债权人，并于 30 日内在报纸上公告。上市公司刊登并履行完成上述程序后，可提交《上市公司股权激励授予限制性股票/期权注销申请表》及相关材料。及时向登记结算公司申请确认办理完毕注销手续，并刊登注销完成公告。

结论：股权激励计划在策划及实施过程中，须符合各项政策规范。在方案策划时，要积极与控股股东及履行出资人职责的机构进行方案的预沟通，并及时按照国有控股股东和履行出资人职责机构的批复意见进行方案的完善和修改。在时间比较紧的情况下，可聘请专业机构进行协助。

参考文献

［1］赵月华：《母子公司治理结构》，东方出版社，2006。
［2］代晓洁：《国有控股上市公司实施股权激励现状及效果研究》，硕士学位论文，西南交通大学，2017。

附　录

B.11

附录一
股权激励计划会计税务处理

上市公司实施限制性股票计划时，应以被激励对象限制性股票在中国证券登记结算公司（境外为证券登记托管机构）进行股票登记日期的股票市价（指当收盘价）的平均价格乘以本批次解锁股票份数，减去被激励对象本批次解禁股份数所对应的为获取限制性股票实际支付资金数额，其差额为应纳税所得额。

股票期权价值由两个基本部分组成：内在价值和时间溢价，即，期权的价值＝内在价值＋时间溢价。股票实际行权时的公允价格与当年激励对象实际行权支付价格的差额，即期权的内在价值。因此，企业所得税上只允许扣除期权的内在价值，不允许扣除期权的时间价值。时间价值不形成暂时性的差异，不需要进行所得税会计处理。

股票增值权是指上市公司授予公司员工的，在未来一定时期和约定条件下，获得规定数量的股票价格上升所带来收益的权利。被授权人在约定条件下行权，上市公司按照行权日与授权日二级市场股票差价乘以授权股票数量的积，向被授权人发放现金。股票增值权本质上也是一种股票期权，只是结算方式从以标的股票（权益）结算变更为以现金结算。

当上市公司进行股权激励时，需要根据《企业会计准则第 11 号——股份支付》（财会〔2006〕3 号）（简称《股份支付准则》）、《〈企业会计准则第 11 号——股份支付〉应用指南》（财会〔2006〕18 号）（简称《〈股份支付准则〉应用指南》）的规定，以及所设计的方案，增加上市公司财务成本，对股权激励计划进行会计处理。

《股份支付准则》第二条规定，股份支付，是指企业为获取职工和其他服务，而授予权益工具或者承担以权益工具为基础确定的负债的交易。股份支付分为以权益结算的股份支付和以现金结算的股份支付。以股权结算的股份支付，是指企业为获取服务以股份或其他权益工具作为对价进行结算的交易。以现金结算的股份支付，是指企业为获取服务承担以股份或其他权益工具为基础计算确定的交付现金或其他资产义务的交易。以下分别以限制性股票、股票期权及股票增值权为例，对这三种激励形式的相关财务处理进行阐述。

一 限制性股票

根据《〈股份支付准则〉应用指南》规定，除立即可行权的股份支付外，无论权益结算的股份支付还是现金结算的股权支付，企业在授予日都不进行会计处理。这里强调的是，限制性股票作为结算的股份支付本身不需要进行会计处理。

（一）当授予的限制性股票来源于公司回购的情况下，上市公司应当做的会计处理

1. 回购本公司股份

借：库存股

贷：银行存款

2.将库存股授予职工

借：银行存款

  资本公积——其他资本公积

  资本公积——股本溢价

  贷：库存股

   资本公积——股本溢价

（二）当授予的限制性股票来源于定向增发的情况下，公司应当做的会计处理

借：银行存款

  贷：股本

   资本公积——股本溢价

1.所得税处理

（1）个人所得税

根据财政部、国家税务总局《关于股票增值权所得和限制性股票所得征收个人所得税有关问题的通知》（财税〔2009〕5号）、《关于个人股票期权所得征收个人所得税问题的通知》（财税〔2005〕35号）、国家税务总局《关于股权激励有关个人所得税问题的通知》（国税函〔2009〕461号），除授予后即可行权的限制股票，员工（激励对象）取得授予的限制性股票时不发生纳税义务。

实施限制性股票计划的境内上市公司，应在向中国证监会报备的同时，将企业限制性股票计划或实施方案等有关资料报送主管税务机关备案。实施限制性股票计划的境内上市公司，应在中国证券登记结算公司（境外为证券登记托管机构）进行股票登记，上市公司公示后15日内，将本公司限制性股票计划或实施方案、协议书、授权通知书、股票登记日期及当日收盘价、禁售期限和股权激励人员名单等资料报送主管税务机关备案。境外上市公司的境内机构，应向其主管税务机关报送境外上市公司实施股权激励计划的中（外）文资料备案。

根据财税〔2005〕35号文、财税〔2009〕5号文、国税函〔2009〕461号文规定，禁售期内激励对象不发生纳税义务。员工（激励对象）因拥有股权而参与企业税务利润分配的所得，应按照"利息、股息、红利所得"适用的规定计算缴纳个人所得税，参与税后利润分配取得所得的税款计算。员工因拥有股权而参与企业税后利润分配取得的股息、红利所得，除依照有关规定可以免税或减税的外，应全额按规定税率计算纳税。根据财政部、国家税务总局《关于股息红利个人所得税有关政策的通知》（财税〔2005〕102号）、《关于股息红利有关个人所得税政策的补充通知》（财税〔2005〕107号），对个人投资者从在上海证券交易所、深圳证券交易所挂牌交易的上市公司取得的股息红利所得，暂减按50%计入个人应纳税所得额，依照现行税法规定计征个人所得税。

根据税法规定，激励对象取得的限制性股票所得，按工资薪金征收个人所得税。国税函〔2009〕461号文规定，限制性股票的个人所得税纳税义务发生时间为每一批次限制性股票解锁的日期。原则上，应在限制性股票所有权归属于被激励对象时，确认其限制性股票所得的应纳税所得额。即上市公司实施限制性股票计划时，应以被激励对象限制性股票在中国证券登记结算公司（境外为证券登记托管机构）进行股票登记日期的股票市价（指当收盘价，下同）的平均价格乘以本批次解锁股票份数，减去被激励对象本批次解禁股份数所对应的为获取限制性股票实际支付资金数额，其差额为应纳税所得额。被激励对象限制性股票应纳税税所得额的计算公式为：

应纳税所得额 =（股票登记日股票市价 + 本批次解禁股票当日市价）÷ 2 × 本批次解禁股票份数 − 被激励对象实际支付的资金总额 ×（本批次解禁股票份数 ÷ 被激励对象获取的限制性股票总份数）

被激励对象为缴纳个人所得税而出售股票，其出售价格与原计税价格不一致的，按原计税价格计算其应纳税所得额和税额。个人（激励对象）在纳税年度内一次取得限制性股票所得的，应区别于所在月份的其他工资薪金所得，单独按下列公式计算扣缴其个人所得税当月应纳税款：

应纳税款＝（限制性股票形式的工资薪金应纳税所得额÷规定月份数×适用税率－速算扣除数）×规定月份数

上述公式中的规定月份数，是指员工取得来源于中国境内的限制性股票形式工资薪金所得的境内工作期间月份数，长于 12 个月的，按 12 个月计算；上述公式中的适用税率和速算扣除数，以工资薪金应纳税所得额除以规定月份数后的商，对照国家税务总局《关于贯彻执行修改后的个人所得税法有关问题的公告》（国家税务总局公告 2011 年第 46 号）所附税率表确定。个人在纳税年度内两次以上（含两次）取得限制性股票所得及同时取得股票期权、股票增值权和限制性股票等所得的，上市公司应将其纳税年度内各次股权激励所得合并，该纳税年度内首次取得股权激励形式的工资薪金所得应按上述公式计算应纳税款，本年度内以后每次取得股权激励形式的工资薪金所得税，应按以下公式计算应纳税款：

应纳税款＝（本纳税年度内取得的股权激励形式工资薪金所得累计应纳税所得额÷规定月份数×适用税率－速算扣除数）×规定月份数－本纳税年度内股权激励形式的工薪薪金所得累计已纳税款

上述公式中的本纳税年度内取得的股权激励形式工资薪金所得累计应纳税所得额，包括本次及本次以前各次取得的股权激励形式工资薪金所得应纳税所得额；上述公式中的适用税率和速算扣除数，以本纳税年度内取得的股权激励形式工资薪金所得累计应纳税所得额除以规定月份数后的商，对照国家税务总局《关于贯彻执行修改后的个人所得税法有关问题的公告》（国家税务总局公告 2011 年第 46 号）所附税率表确定；上述公式中的本纳税年度内股权激励形式的工资薪金所得累计已纳税款。上述公式中的规定月份数，是指员工来源于中国境内的股权激励形式工资薪金所得的境内工作期间月份数，长于 12 个月的，按 12 个月计算；员工多次取得或者一次取得多项来源于中国境内的股权激励形式工资薪金所得，而且各次或各项股权激励形式工资薪金所得的境内工作期间月份数不相同的，以境内工作期间月份数的加权平均数为公式中的规定月份数，但最长不超过 12 个月，计算公式如下：

规定月份数＝各次或各项股票期权形式工资薪金应纳税所得额与该次或

该项所得境内工作期间月份数的乘积÷各次或各项股票期权形式工资薪金应纳税所得额

具有下列情形之一的股权激励所得，不适用上述优惠计税方法，直接计入个人当期所得征收个人所得税。

除上市公司（含所属分支机构）和上市公司控股企业之外的集团公司、非上市公司员工取得的股权激励所得。其中上市公司占控股企业股份比例最低为30%。间接持股比例，按各层持股比例相乘计算，上市公司对一级子公司持股比例超过50%的，按100%计算。公司上市之前设立股权激励计划，待公司上市后取得的股权激励所得；上市公司未按照国家税务总局《关于股权激励有关个人所得税问题的通知》（国税函〔2009〕461号）第六条规定向其主管税务机关报备有关资料的，根据财务部、国家税务总局《关于上市公司高管人员股票期权所得缴纳个人所得税有关问题的通知》（财税〔2009〕40号），对上市公司董事、监事、高级管理人员等取得限制性股票在行权时，纳税确实有困难的，经主管税务机关审核，可自其限制性股票行权之日起，在不超过6个月的期限内分期缴纳个人所得税。根据财税〔2005〕35号和财税〔2009〕5号规定，激励对象行权后取得的境内上市公司股票再行转让的所得，暂不征收个人所得税；转让境外上市公司取得的股票所得，应按税法的规定计算应纳税所得额和应纳税额，依法缴纳税款。根据《中华人民共和国个人所得税法》及其实施条例、政府间税收协定和有关税收规定，在中国境内无住所的个人在华工作期间或离华后以折扣认购股票等有价证券形式取得工资薪金所得，仍应依照劳务发生地原则判定其来源地及纳税义务。上述个人来华后以折扣认购股票等形式收到的工资薪金性质所得，凡能够提供雇佣单位有关工资制度及折扣认购有价证券办法，证明上述所得含有属于该个人来华之前工作所得税。与此相应，上述个人停止在华履约或执行职务离境后收到的属于在华工作期间的所得，也应该确定为来源于我国的所得，但该项工资薪金性质所得未在中国境内的企业或机构场所负担的，可免于扣除个人所得税。个人因任职、受雇从上市公司取得限制性股票所得，由上市公司依法扣缴其个人所得税。扣缴义务人和自行申报纳税的

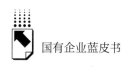
个人在代扣缴其个人所得税款申报纳税时，应在税法规定的纳税申报期限内，将个人接受或转让的股权以及认购的股票情况（包括种类、数量、施权价格、行权价格、市场价格、转让价格等）、股权激励人员名单、应纳税所得额、应纳税额等资料报送主管税务机关。

（2）企业所得税

根据国家税务总局《关于我国居民企业实行股权激励计划有关企业所得税处理问题的公告》（国家税务总局公告 2012 年第 18 号）（简称 18 号公告），除授予后即可行权的限制股票，上市公司不需要进行税务处理。

18 号公告规定，在股权激励计划可行权后，上市公司方可根据该股票实际行权时的实际行权日该股票的收盘价格与当年激励对象实际行权价格的差额及数量计算，作为当年上市公司工资薪金支出，依照税法规定进行税前扣除。企业所得税的税前扣除金额和时间与个人所得税的应纳税金额与纳税时间是不同的。限制性股票解锁（行权）上市公司除按规定代扣代缴个人所得税外，不需要进行会计处理。企业可行权日之后不再对已确认的相关成本或费用和所有者权益总额进行调整。限制性股票不满足激励计划解锁业绩条件或解锁期内未申请解锁的，由上市公司回购并注销或转让。

（3）会计处理

完成等待期内的服务或达到规定业绩条件才可行权的、换取职工服务的、以权益结算的股份支付，在等待期内的每个资产负债表日，应当以对可行权权益工具数量的最佳估计为基础，按照权益工具授予日的公允价值，将当期取得的服务计入相关成本或费用和资本公积，不确认其后续公允价值变动。在资产负债表日，后续信息表明可行权权益工具的数量与以前估计不同的，应当调整，并在可行权日调整至实际可行权的权益工具数量。限制性股票在授予日的公允价格按授予日上市公司股票在二级市场的交易价格确定，一般为收盘价。

等待期内计入成本或费用的金额 =（限制性股票授予日公允价值 - 激励对象的取得成本）×可行权限制性股票数量的最佳估计数。上市公司应当根据限制性股票的公允价值和预计可行权数量，计算截至当期累计应确认的成本费用金额，再减去前期累计已确认金额，作为当期应确认的成本费用金额。18 号公告规定，上市公司等待期内会计上计算确认的相关成本费用，不得在对应年度计算缴纳企业所得税时扣除。在股权激励计划可行权后，上市公司方可根据该股票实际行权时的公允价格与当年激励对象实际行权支付价格的差额及数量计算，作为当年上市公司工资薪金支出，依照税法规定进行税前扣除，18 号公告与《股份支付准则》的主要区别在于以下两点。

①在扣除金额上，18 号公告规定以实际行权时（限制性股票解锁后实际卖出日）的收盘价作为扣除金额的计算依据，《股份支付准则》则以授权日的公允价值作为成本费用的确认依据。

②在扣除时间上，18 号公告规定上市公司应当在激励对象实际行权时扣除，《股份支付准则》则规定在等待期内确认成本费用。会计上的确认时间早于税法规定的扣除时间。

由于上述区别，上市公司应当按照《企业会计准则第 18 号——所得税》（财会〔2006〕3 号）（简称《所得税准则》）及其应用指南（财会〔2006〕18 号）（简称《〈所得税准则〉应用指南》）规定进行限制性股票股权激励的所得税会计处理。在按照会计准则规定确认成本费用的期间，企业应当根据会计期末取得的信息估计可税前扣除的金额，计算确定其计税基础及由此产生的暂时性的差异，符合确认条件的情况下应当确认相关的递延所得税。其中预计未来可税前扣除的金额超过会计准则规定确认的与股份支付相关的成本费用，超过部分的所得税影响应直接计入所有者权益。

根据上述规定，等待期内每个资产负债表日，上市公司应当做如下会计处理。

借：管理费用等

　　贷：资本公积——其他资本公积

借：递延所得税资产

　　贷：所得税费用——递延所得税费用

　　　　资本公积——其他资本公积

上市公司向激励对象发放现金股利的，应做如下会计处理。

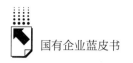

借：利润分配——应付股利

　　贷：应付股利

　　　　应交税费——应交个人所得税

借：应付股利

　　应交税费——应交个人所得税

　　贷：银行存款

上市公司向激励对象发放股票股利的，应做如下会计处理。

借：利润分配——转作股本的股利

　　贷：股本

　　　　应交税费——应交个人所得税

借：应交税费——应交个人所得税

　　其他应收款——应收代扣个人所得税

　　贷：银行存款

权益结算中支付的会计处理具体流程。权益结算方式常见的处理流程：首先，由股东大会确定股份支付方案，多为支付以本公司股份为标的股票期权，或者直接支付股票，并确定授予日、可行权日和有效日；其次，公司应在等待期内平均分摊期权费用，在可行权日后不调整已确认的期权费用；最后，在行权日，公司应当确认因行权导致的股本增加以及资本公积和银行存款的增加。

根据我国新会计准则的规定，对于可行权条件为规定服务期间的股份支付，等待期为授予日至可行权日的期间，对于可行权条件为规定的业绩的股份支付，应当在授予日根据最可能的业绩结果预计等待期的长度。完成等待期内的服务或达到规定业绩条件，才可行权换取员工权益结算的股份支付，在等待期内的每个资产负债表日，应当以对可行权权益工具数量的最佳估计为基础，按照权益工具授予日的公允价值，将当期取得的服务计入相关成本或费用和资本公积。在资产负债表日，后续信息表明可行权权益工具数量与以前估计不同的，应当进行调整，并在可行权日调整至实际可行权的权益工具数量。在行权日，企业根据实际行权的权益工具数量，按面值计算确定应计入实收资本或股本的金额，按实际收到款项的金额计入银行存款，两者差额计入资本公积。

（4）公允价值的确定

如果授予的股票期权，常常无法获得其市场价格，企业当根据股份支付的期权条款和条件，采取期权定价模型估计其公允价值。常用模型包括布莱克—斯科尔斯期权定价模型、二项式模型和蒙特卡罗模型，为包括股票、债券、货币、商品在内的新兴衍生金融市场的各种以市价变动定价的衍生金融工具的合理定价奠定了基础。

①B–S模型有7个重要的假设。

②股票价格行为服从对数正态分布模式。

③在期权有效期内，无风险利率和金融资产收益变量是恒定的。

④市场无摩擦，即不存在税收和交易成本，所有证券完全可分割。

⑤金融资产在期权有效期内无红利及其他所得（该假设后被放弃）。

⑥该期权是欧式期权，即在期权到期前不可实施。

⑦不存在无风险套利机会。

⑧证券交易是持续的。

⑨投资者能够以无风险利率借贷。

股份支付中权益工具公允价值的确定，应以市场价值为基础。但一些股份和股票期权并没有一个活跃的交易市场，此时应考虑估值技术，通常的做法是，企业按照《企业会计准则第22号——金融工具的确认和计量》的有关规定确定权益工具的公允值，并根据股份支付协议条款规定的条件进行调整。

根据《〈企业会计准则第11号——股份支付〉应用指南》，对于授予的存在活跃市场的期权等权益工具，应当按照活跃市场中的报价确定其公允价值。对授予的不存在活跃市场的期权等权益工具，应采用期权定价模型等确定其公允价值。

公司授予激励对象的限制性股票属于没有活跃市场的权益工具，因此需要借助相关估值手段确定授予日限制性股票的公允价值。

（三）以中国汽研公司为例，确定授予激励对象限制性股票的基本方法

为测算授予日中国汽研限制性股票的公允价值，假设 2017 年 8 月 28 日中国汽研向激励对象首次授予限制性股票 960 万股，授予当日股票收盘价为9.38 元/股。

中国汽研股权激励计划拟在授予日的 24 个月后、36 个月后、48 个月后分三次解除限售，每次解除限售的限制性股票比例分别为授予总量的 40%、30%、30%。

由于股权激励计划中的解除限售业绩条件体现在未来股价上，即按照股权激励计划的解除限售业绩条件作为预期中国汽研净利润增长幅度，则对解除限售日中国汽研股票的预期合理价格计算为：

中国汽研股票的预期合理价格＝中国汽研每股收益×市盈率

中国汽研每股收益＝（各年中国汽研扣除非经常性损益后归属母公司的净利润＋2016 年中国汽研非经常性损益）÷中国汽研股本总额

2016 年中国汽研非经常性损益为 5814.115039 万元，中国汽研股本总额为：96438.00 万股＋960 万股＝97398.00 万股，根据上述方法测算得出各解除限售日中国汽研的合理股价如表 1 所示。

表 1　解除限售日中国汽研的合理股价

单位：元/股

日期	股价
2018 年 6 月 12 日	10.86
2019 年 6 月 12 日	11.90
2020 年 6 月 12 日	13.05

第一，授予日中国汽研按照 6.57 元/股的价格，向激励对象定向增发960 万股股价为 9.38 元/股的股票，则在当日激励对象取得了公司支付的兑现权利受到限制的权益工具，每份上述未考虑限制性因素的权益工具在授予

日的价值为 2.81 元。

由于激励对象获授的上述权益工具需在锁定期后出售兑现，并且最终能否兑现取决于公司未来业绩增长等条件，不能简单地将未考虑限制性因素的权益工具价值（2.81 元/股）作为授予日权益工具的公允价值进行计量。

第二，在授予日对限制性股票公允价值进行估算的过程中，须考虑已授予权益工具兑现的限制性因素，该限制性因素将给激励对象带来相应的成本，即激励对象要确保未来能够按照预期合理价格出售限制性股票所需支付的成本（简称限制性因素带来的成本）。权益工具的限制性因素使激励对象要确保未来能够以预期合理价格出售限制性股票以取得收益，则每个激励对象均在授予日分别买入、卖出与操作方向相反的三对权证，即买入认沽权证、卖出认购权证。上述三对权证的行权时间与股权激励计划的三次解除限售时间相同、行权数量与其各期解除限售的限制性股票数量相同、行权价格为各期解除限售日中国汽研股票的预期合理价格。

第一对权证为激励对象买入行权价格为 2.38 元/股，到期日为 2018 年 8 月 28 日的认沽权证；同时，卖出行权价格为 1.27 元/股，到期日为 2018 年 8 月 28 日的认购权证。

第二对权证为激励对象买入行权价格为 2.99 元/股，到期日为 2019 年 8 月 28 日的认沽权证；同时，卖出行权价格为 1.09 元/股，到期日为 2019 年 8 月 28 日的认购权证。

第三对权证为激励对象买入行权价格为 3.70 元/股，到期日为 2020 年 8 月 28 日的认沽权证；同时，卖出行权价格为 0.99 元/股，到期日为 2020 年 8 月 28 日的认购权证。

第三，按照布莱克——斯科尔斯期权定价模型（B - S 模型）对上述三份权证的价值进行计算。

基本参数：波动率根据 2017 年 8 月 28 日前 4 年上证综指的历史波动率确定，如表 2 所示。

表2　波动率

单位：年，%

期限	年波动率
2	32. 80
3	27. 90
4	25. 85

无风险利率根据同期国债利率确定，三对权证根据期限不同所适用的无风险利率如表3所示。

表3　无风险利率

单位：年，%

期限	利率
2	3. 01
3	3. 02
4	3. 06

当日股票价格假设由前1个交易日中国汽研股票收盘价9.38元/股确定。

行权价格根据"假设"中各解除限售日中国汽研股票的预期合理价格确定。

估值结果：根据上述基本参数，经B－S模型估算确定上述三对权证在授予日的价格及买入、卖出三对权证的差价如表4所示。

表4　三对权证在授予日的价格及买入、卖出三对权证的差价

单位：元/股

项目	2年期	3年期	4年期
买入认沽价格	2. 38	2. 99	3. 70
卖出认购价格	1. 27	1. 09	0. 99
差价	1. 11	1. 90	2. 71

第四，授予日激励对象获授的权益工具的公允价值应当等于当日未考虑限制性因素的权益工具价值（即3.81元/股）扣除限制性因素带来的成本

（即激励对象为锁定未来合理预期收益而进行的权证投资成本），结果如表5所示。

表5　授予日激励对象获授的权益工具的公允价值

项目	2 年期	3 年期	4 年期
未考虑限制性因素的权益工具价值（元）	2.81	2.81	2.81
限制性因素带来的成本（元）	1.12	1.90	2.71
每股限制性股票的公允价值（元）	1.69	0.91	0.10
当年股权激励公允价值总额（万元）	650.21	261.98	29.61

第五，根据上述计算，授予日中国汽研向激励对象授予的权益工具公允价值总额为941.80万元，该公允价值总额作为中国汽研本次股权激励计划的总成本将在股权激励计划的实施过程中按照解除限售比例进行分期确认。因此，2017～2021年限制性股票成本摊销情况，见表6。

表6　2017～2021年限制性股票成本摊销情况

单位：万股，万元

需摊销的总费用	2017 年	2018 年	2019 年	2020 年	2021 年
941.81	117.73	353.18	290.39	133.42	47.09

二　股票期权

股票期权，是指《上市公司股权激励管理办法》中规定的上市公司按照股权激励计划授予激励对象在未来一定期限内，以预先确定的价格和条件购买本公司一定数量股票的权利。财税〔2005〕35号文第一条和国家税务总局《关于个人股票期权所得缴纳个人所得税有关问题的补充通知》（国税函〔2006〕902号）第一条规定，企业员工股票期权（简称股票期权）是指上市公司和非上市公司按照规定的程序授予本公司及控股企业员工的一项权利，授予员工在未来时间以某一特定价格购买本公司一定数量的股票。个

人所得税法的股票期权的激励对象包括上市公司控股企业的员工，而《上市公司股权激励管理办法》及相关文件则并未做出规定。

（一）所得税处理

（1）个人所得税

根据财税〔2005〕35 号文第二条、第四条和国税函〔2006〕902 号文第六条，员工接受实施股票期权计划企业授予的股票期权时，股票期权在授权时即可转让且在境内或境外存在公开市场及挂牌价格的除外，一般不作为应税所得。

员工取得可公开交易的股票期权，属于员工已实际取得有确定价值的财产，应按授权日股票期权的市场价格，作为员工授权日所在月份的工资薪金所得，并区别于所在月份的当月应纳税款：应纳税款 =（股票期权形式的工资薪金应纳税所得额÷规定月份数×适用税率－速算扣除数）×规定月份数。该公式中的规定月份数，是指员工取得来源于中国境内的股票期权形式工资薪金所得的境内工作期间月份数，长于 12 个月的，按 12 个月计算；该公式中的适用税率和速算扣除数，以股票期权形式的工资薪金应纳税所得额除以规定月份数后的商，对照国家税务总局《关于贯彻执行修改后的个人所得税法有关问题的公告》（国家税务总局公告 2011 年第 46 号）所附税率表确定。员工以折价购入方式取得股票期权的，以授权日股票期权的市场价格扣除折价购入股票期权的，可以授权日股票期权的市场价格扣除折价购买股票期权时实际支付的价款后的余额，作为授权日所在月份的工资薪金所得。

实施股票期权计划的境内企业，应在股票期权计划实施之前，将企业的股票期权计划或实施方案、股票期权协议书、授权通知书等资料报送主管税务机关，应在员工行权之前，将股票期权通知书和行权调整通知书等资料报送主管税务机关。

员工行权时，其从企业取得股票的实际购买价格低于购买日公平市场价的差额，是因员工在企业的表现和业绩情况而取得的与任职有关的所得，应按"工资、薪金所得"适用的规定计算个人所得税。对因特殊情况，在行权日之前将股票期权转让的，以股票期权的转让净收入，作为工资薪金所得征收个人所得税。

行权日所在期间的工资薪金所得，应按以下公式计算工资薪金应纳税所得额：

股票期权形式的工资薪金应纳税所得额 =（行权股票的每股市场价 − 员工取得该股票期权支付的每股价）×股票数量

应纳税额 =（股票期权形式的工资薪金应纳税额÷规定月份数×适用税率 − 速算扣除数）×规定月份数

以员工在一个公历月份中取得的股票期权形式工资薪金所得为一次。在一个纳税年度中多次取得股票期权形式工资薪金所得的，其在该纳税年度内首次取得股票期权形式的工资薪金所得应按上述规定的公式计算应纳税款。本年度内以后每次取得股票期权形式的工资薪金所得，应按以下公式计算：

应纳税额 =（本纳税年度内取得的股票期权形式工资薪金所得累计应纳税所得额÷规定月份数×适用税率 − 速算扣除数）×规定月份数 − 本纳税年度内股票期权形式的工资薪金所得累计已纳税款

根据财税〔2005〕35 号文规定，等待期内激励对象不发生纳税义务，与限制性股票不同，由于激励对象在授予日只是取得了一项将来以某一价格购买本公司一定数量股票的权利，在行权前并未取得标的股票。因此，在等待期内不会取得股息、红得所得。

（2）企业所得税

根据 18 号公告，除授予后即可行权的股票期权，上市公司不需要进行税务处理。在等待期内会计计算确认的相关成本费用，不得在对应年度计算缴纳企业所得税时扣除。

（3）会计处理

根据《〈股份支付准则〉应用指南》，除了立即可行权的股份支付，无论权益结算的股份支付还是现金结算的股份支付，企业在授予日都不进行会计处理，即股票期权作为以权益结算的股份支付，在授予日企业不进行会计

处理。

根据《股份支付准则》，股票期权属于以权益结算的股份支付，上市公司应当以对可行权股票期权数量的最佳估计为基础，按照股票期权授予日的公允价值，将当期取得的服务计入相关成本或费用和资本公积，不确认其后续公允价格变动。与限制性股票不同，股票期权在授予日一般采用布莱克—斯科尔斯—默顿期权定价公式等确定其授予日的公允价值。期权价值由两个基本部分组成：内在价值和时间溢价，即，期权的价值＝内在价值＋时间溢价。股票实际行权时的公允价格与当年激励对象实际行权支付价格的差额，这部分差额实际上是期权的内在价值。因此，企业所得税上只允许扣除期权的内在价值，不允许扣除期权的时间价值。时间价值不形成暂时性的差异，不需要进行所得税会计处理。

三　股票增值权

股票增值权是指上市公司授予公司员工在未来一定时期和约定条件下，获得规定数量的股票价格上升所带来收益的权利。被授权人在约定条件下行权，上市公司按照行权日与授权日二级市场股票差价乘以授权股票数量的积，向被授权人发放现金。股票增值权本质上也是一种股票期权，只是结算方式由以标的股票（权益）结算变更为以现金结算。

（一）税务处理

从税法的规定上看，股票增值权的税务处理在没有明确规定的情况下，适用股票期权的规定。

1. 个人所得税

应纳税所得额，股票增值权被授权人获取的收益，是由上市公司根据授权日与行权日股票差价乘以被授权股数，直接向被授权人支付的现金。上市公司应于向股票增值权被授权人兑现时依法扣缴其个人所得税。计算公式为：

股票增值权某次行权应纳税所得额＝（行权日股票价格－授权日股票

价格）×行权股票份数

纳税时间，即股票增值权个人所得税纳税义务发生时间，也是上市公司向被授权人兑现股票增值权所得的日期。

2. 企业所得税

18号公告均未对股票增值权做出专门规定，股权激励实行方式包含其他法律规定的方式，因此，股票增值权作为股票期权的一种演化形式应当可以适用18号公告的规定。即在股权激励计划可行权后，上市公司方可根据实际行日股票收盘价格与当年激励对象实际行权支付价格的差额和数量，计算确定作为当年上市公司工资薪金支出，依照税法规定进行税前扣除。

3. 会计处理

股票增值权属于以现金结算的股份支付，根据《股份支付准则》及其应用指南规定，完成等待期内的服务或达到规定业绩条件以后才可行权的以现金结算的股份支付，在等待期内的每个资产负债表日，应当以对可行权情况的最佳估计为基础，按照企业承担负债的公允价值金额，将当期取得的服务计入成本或费用相应的负债。在资产负债表日，后续信息表明企业当期承担债务的公允价值与以前估计不同的，应当进行调整，并在可行权日调整至实际可行权水平。企业在可行权日之后不再确认成本费用，在相关负债结算前的每个资产负债表日以及结算日，对负债（应付职工薪酬）的公允价值重新计量，其变动计入当期损益（公允价值变动损益）。具体会计处理如下。

授予日除即可行权的股票增值权外，一般不需要进行会计处理；等待期每个资产负债表日，借：管理费用等，贷：应付职工薪酬——股份支付，借：递延所得税资产，贷：所得税费用——递延所得税费用、资本公积——其他资本公积，当期费用＝当期累计负债－前期负债＋当期现金支付；等待期满行权的，借：应付职工薪酬——股份支付，贷：银行存款；行权有效期内每个资产负债表日及结算日，负债公允价值变动，借：公允价值变动损益——股份支付，贷：应付职工薪酬——股份支付，借：递延所得税资产，贷：所得税费用、资本公积——股份支付，当期费用＝当期累计负债－前期负债＋当期现金支付。

四 总结与对比分析

股票增值权与股票期权会计处理的主要不同之处在于：等待期内，股票增值权按照每个资产负债表日期权的公允价值重新计量确定成本费用；股票期权则以授予日期权的公允价值计入成本费用，不确认其后续是否为公允价值变动。

可行权日后，股票增值权虽不再确认成本费用，但负债（应付职工薪酬）公允价值的变动仍需计入当期损益（公允价值变动损益），股票期权在可行权日之后不再对已确认的成本费用进行调整。

有关政策参照：

《企业会计准则第 11 号——股份支付》（财会〔2006〕3 号）

《企业会计准则第 18 号——所得税》（财会〔2006〕3 号）

《〈企业会计准则第 11 号——股份支付〉应用指南》（财会〔2006〕18号）

《会计科目和主要账务处理》（财会〔2006〕18 号）

《关于〈公司法〉施行后有关企业财务处理问题的通知》（财企〔2006〕67 号）

《关于个人股票期权所得征收个人所得税问题的通知》（财税〔2005〕35 号）

参考文献

［1］《中华人民共和国证券法》，2005。

［2］《上市公司常用法律法规汇编》，2015。

［3］《国企股权激励相关法规汇编》，2012。

［4］《关于规范国有控股上市公司实施股权激励制度有关问题的通知》，国务院国有资产监督管理委员会、财政部，2008。

B.12

附录二
实施股权激励各阶段所需材料清单

一　报国资委资料

1. 关于××公司实施股票激励计划的请示

2. ××公司股票激励计划（草案）

3. ××公司股票激励计划（草案）摘要

4. ××公司股票激励计划管理办法

5. ××公司股票激励计划考核管理办法

二　首次公告材料

1. ××公司股票期权与股票激励计划（草案）

2. ××公司股票期权与股票激励计划（草案）摘要

3. ××公司第×届董事会第××次会议决议公告

4. ××公司第×届监事会第××次会议决议公告

5. ××公司独立董事关于公司股票期权与股票激励计划（草案）的独立意见

6. ××公司股权激励计划实施考核管理办法

7. 激励对象名单

8. 独立财务顾问报告（或选）

9. 上市公司股权激励激励对象自查情况

三　证监会备案

1. ××公司第×届董事会第×次会议决议公告

2. ××公司股票期权与股票激励计划（草案）

3. 股权激励计划人员名单与分配数量

4. ××公司股票期权与股票激励计划（草案）摘要

5. 公司独立董事关于公司股票期权与股票激励计划（草案）的独立意见

6. ××公司第×届监事会第×次会议决议公告

7. ××律师事务所关于北京东方国信科技公司股权激励计划（草案）的法律意见

8. ××公司关于北京东方国信科技公司股票期权与股票激励计划（草案）之独立财务顾问报告

9. ××公司股权激励计划实施考核管理办法

10. ××公司董事会薪酬与考核委员会实施细则

11. ××公司控股股东、实际控制人支持函

12. ××公司激励对象未同时参与2个或以上激励计划的声明

13. ××公司自查报告

14. 《信息披露义务人持股及变更查询证明》

15. 《股东变更明细清单》

16. 《董事、监事、高级管理人员及直系亲属名单》

17. 《激励对象及直系亲属名单》

18. 《中介机构及相关人员名单》

19. 《××激励对象个人在自查期间买卖股票的说明》（如确有买卖情况）

四　审批后董事会、股东会公告资料

1. ××公司股票期权与股票激励计划（草案修订稿）

2. ××公司股票期权与股票激励计划（草案修订稿）摘要

3. 股票期权与股票激励计划（草案）修订前后对照

4. ××公司第×届董事会第××次会议决议公告

5. ××公司第×届监事会第××次会议决议公告

6. 公司独立董事关于公司股票期权与股票激励计划（草案修订稿）的独立意见

7. 激励对象名单

8. 关于召开××年第×次临时股东大会的通知

9. 独立董事关于股权激励的投票委托征集函

10. ××律师事务所关于北京东方国信科技公司股票期权与股票激励计划的法律意见书

11. 临时股东大会决议公告

五　授予董事会公告材料

1. ××公司第×届董事会第××次会议决议公告

2. ××公司第×届监事会第××次会议决议公告

3. 关于股票期权及股票授予相关事项的公告

4. ××律师事务所关于公司股票期权与股票授予事项的法律意见书

5. 独立董事关于股票期权及股票授予相关事项的独立意见

6. 公司与激励对象签订股权激励相关协议

B.13

附录三　实施模板

××公司
实施股票激励计划的请示

××公司：

为推动××公司（以下简称公司）转型升级战略发展，深化核心人才激励机制，依据有关法律、行政法规、规章、规范性文件和《公司章程》的规定，公司拟制订股票激励计划。请示主要包括以下几个方面。

一　实施股权激励的背景和必要性

随着公司进一步转型升级，在公司董事会的指导下，以创建"××"为战略目标，公司加强了统筹规划的战略引导，股权激励是中国上市企业员工激励的重要手段，为企业员工队伍稳定和企业持续、健康、稳定发展起到了重要作用。在各类政策的利好之下，外资、民营公司凭借自身机制的灵活性，快速占领各类市场。在当前激烈的市场竞争环境中，公司能否进一步发展壮大，取决于能否建立贴近市场的决策管理和市场化的运营机制，取决于能否充分调动关键人才的积极性和创造性，取决于管理骨干和业务骨干能否长期进取、执着努力。

二　实施股权激励条件的合规性

公司大力加强内部管控体系和基础管理制度建设。其中，劳动用工方面坚持市场化导向，较好地形成了人才能进能出、能上能下的局面；薪酬激励方面体现"强激励、硬约束、市场化"的业绩导向，为推动企业快速发展发挥了重要作用。公司已具备实施股权激励的前提条件。

三　激励计划方案内容要点

1. 激励方式、股票来源、资金来源
2. 激励对象选择的主要依据、激励对象选择的方法、激励对象分布
3. 授予数量、授予价格
4. 有效期及解锁安排
5. 解锁收益

四　其他事项

为规范股权激励业绩考核，公司制定了《××公司股权激励管理办法》《××公司股权激励对象绩效考核管理办法》，并将进一步细化关于绩效考核的相关内容。

公司股票激励计划将于董事会决议通过并在《中国证券报》《上海证券报》及上海证券交易所网站披露激励计划的相关公告后，按规定由××集团公司向国资委提交该激励计划的相关材料。待国资委正式批准后，公司将按照相关规定程序和批复意见调整激励计划的相关内容。

妥否，请批示。

××公司

××年××月××日

××公司

股票激励实施计划（草案）

××年××月

声明

本公司全体董事、监事保证本激励计划不存在虚假记载、误导性陈述或

重大遗漏，并对其真实性、准确性、完整性承担个别和连带的法律责任。

特别提示

（1）本激励计划依据《中华人民共和国公司法》、《中华人民共和国证券法》、《上市公司股权激励管理办法》、《国有控股上市公司（境内）实施股权激励试行办法》（国资发分配〔2006〕175号）、《关于规范国有控股上市公司实施股权激励制度有关问题的通知》（国资发分配〔2008〕171号文）及其他有关法律、法规、规章、规范性文件和××公司（以下简称公司或××）《公司章程》制定。

（2）本计划拟向激励对象授予的股票数量不超过××万股，占公司总股本的××%。

（3）本计划股票来源为公司向激励对象定向发行的××普通股，股票的授予价格为××元/股。

（4）本计划股票激励计划的激励对象为××人，包括公司董事、高级管理人员以及经公司董事会认定的对公司经营业绩和未来发展有直接影响的核心管理、业务及技术骨干。

（5）本计划实施后，不会导致股权分布不符合上市条件要求。

释义

除非另有说明，以下简称在本文中做如下释义（见表1）。

表1 具体名词释义

上市公司、公司	××公司
股权激励计划、激励计划、本计划	××公司股权激励计划
标的股票	公司依照激励计划授予激励对象的××普通股股票，激励对象只有在公司业绩目标和个人绩效考核结果符合计划规定条件时，才可以出售股票并获益
激励对象	按照激励计划的规定，有资格获授一定数量股票的公司董事、高级管理人员以及经公司董事会认定的对公司经营业绩和未来发展有直接影响的核心管理、业务及技术骨干
授予价格	××授予激励对象在未来一定期限内以预先确定的价格和条件购买本公司一定数量A股股票的权利

上市公司、公司	××公司
《公司法》	《中华人民共和国公司法》
《证券法》	《中华人民共和国证券法》
《试行办法》	《国有控股上市公司（境内）实施股权激励试行办法》
《管理办法》	《上市公司股权激励管理办法》
《公司章程》	《××公司章程》
《考核办法》	《××公司股权激励对象绩效考核管理办法》
国务院国资委	国务院国有资产监督管理委员会
中国证监会	中国证券监督管理委员会
证券交易所	上海证券交易所
元	人民币元

注：本草案中部分合计数与各明细数直接相加之和在尾数上如有差异，是四舍五入所造成的。

一　实施股票激励计划的目的

（1）进一步完善公司治理结构，建立并不断完善股东、经营层和执行层利益均衡机制。

（2）建立股东、公司与员工之间的利益共享与约束机制，为股东带来持续的回报。

（3）充分调动核心员工的积极性，支持公司战略实现和长期稳健发展。

（4）吸引、保留和激励优秀管理者、核心业务骨干、核心技术骨干员工，倡导公司与员工共同持续发展的理念，确保公司长期稳定发展。

二　激励对象的确定依据和范围

（一）激励对象的确定依据

（1）激励对象确定的法律依据

本计划激励对象根据《公司法》、《证券法》、《试行办法》、《关于规范国有控股上市公司实施股权激励制度有关问题的通知》、《管理办法》及其他有关法律、行政法规和《公司章程》的相关规定，结合公司实际情况确定。

2.激励对象确定的职务依据

激励对象原则上限于公司董事、高级管理人员、对公司整体业绩和

持续发展有直接影响的核心管理、业务及技术骨干，不包括独立董事和监事。

3. 激励对象确定的考核依据

激励对象必须经《考核办法》考核，考核结果在基本称职以上。

（二）激励对象的确定原则

（1）激励对象原则上限于公司董事、高级管理人员、对公司整体业绩和持续发展有直接影响的核心管理、业务及技术骨干。

（2）公司独立董事、监事以及由公司控股公司以外的人员担任的外部董事，不得参与本计划；单独或合计持有上市公司5%以上的股东或实际控制人及其配偶、父母、子女，不得成为激励对象。

（3）公司控股股东的企业负责人在公司担任除监事以外职务的，可以参加公司股权激励计划，但不能参与公司控股股东控制的其他上市公司的股权激励计划。

（4）证监会规定的不得成为激励对象的人员，不得参与本计划。

（5）有下列情形之一的人员，不得作为本计划的激励对象。

①具有《公司法》规定的不得担任公司董事、高级管理人员情形的。

②法律法规规定不得参与上市公司股权激励的。

③中国证监会认定的其他情形。

如在本计划实施过程中，激励对象出现以上任何不得参与本计划的情形，公司将按本计划的规定回购已经授予该激励对象但尚未解锁的股票，并终止其参与本计划。

（三）激励对象的范围

本计划的激励对象包括公司董事、高级管理人员、中层管理人员以及董事会认为需要激励的其他核心骨干人员共计××人，但不包括监事、独立董事以及由公司控股股东以外的人员担任的外部董事。

以上被激励对象中，高级管理人员必须经公司董事会聘任，公司认为应当激励的核心技术（管理）人员须与公司或下属子公司签署劳动合同。所有的激励对象必须在股票激励计划的考核期内任职。

所有参加本激励计划的激励对象不能同时参加其他任何上市公司股权激励计划，已经参加其他任何上市公司激励计划者，不得同时参加本激励计划。同时，如在本计划实施过程中出现相关法律法规及本计划规定不能成为激励对象的情形，其将失去参与本计划的权利，并不获得任何补偿。

（四）激励对象的核实

激励对象的人员名单由薪酬与考核委员会拟定，经董事会审议通过，公司应当在召开股东大会前，通过公司网站或者其他途径，在公司内部公示激励对象的姓名和职务。监事会应当对股权激励名单进行审核，充分听取公示意见。

三　股票激励计划的股票来源和股权数量、价格与分配

（一）激励计划的股票来源

本激励计划采取由激励对象受让持股公司××公司（以下简称公司）股东的股权方式进行。

（二）股票激励计划的股票数量

（1）本激励计划拟授予的标的股票数量为××万股，标的股票占本期激励计划签署时××股本总额的比例为××%。

（2）激励对象受让持股公司股东的股权价格按照每股××元进行计价。

（3）本股权激励计划的具体分配情况。

（4）股权激励对象获授的股票分配情况（说明股票持有人持有股票的情况）。

注：

①本激励计划有效期内，激励对象股权激励收益占本期权益授予时本人薪酬总水平的最高比重不超过××%。

②本计划激励对象未同时参与两个或两个以上上市公司股权激励计划，激励对象中没有持有公司5%以上股权的主要股东或实际控制人及其配偶、直系近亲属。

③所有参与本激励计划的激励对象获授的个人权益总额未超过目前公司

总股本的1%。

④核心技术（管理）人员详细情况见附表并公告于上海证券交易所网站。

五 股票期权的授予条件、行权条件

（一）股票期权的授予条件

激励对象只有在同时满足下列条件时，才能获授股票期权。

1. 公司未发生以下任一情形

（1）最近一个会计年度财务会计报告被注册会计师出具否定意见或者无法表示意见的审计报告。

（2）最近一个会计年度财务报告内部控制被注册会计师出具否定意见或者无法表示意见的审计报告。

（3）上市后最近××个月内出现过未按法律法规、公司章程、公开承诺进行利润分配的情形。

（4）法律法规规定不得实行股权激励的。

（5）中国证监会认定的其他情形。

2. 激励对象未发生以下任一情形

（1）最近××个月内被证券交易所认定为不适当人选。

（2）最近××个月内被中国证监会及其派出机构认定为不适当人选。

（3）最近××个月内因重大违法违规行为被中国证监会及其派出机构行政处罚或者采取市场禁入措施。

（4）有《公司法》规定的不得担任公司董事、高级管理人员情形的。

（5）法律法规规定不得参与上市公司股权激励的。

（6）中国证监会认定的其他情形。

3. 公司业绩满足以下条件

相比××年，公司××年归属于上市公司股东的净利润（扣除非经常性损益）增长率不低于××%，××年主营业务收入占比不低于××%，且上述指标不低于同行业对标企业××分位值水平。

（二）股票期权的行权条件激励对象行使已获授的股票期权除满足上述条件外，必须同时满足的条件

1. 公司未发生以下任一情形

（1）最近一个会计年度财务会计报告被注册会计师出具否定意见或者无法表示意见的审计报告。

（2）最近一个会计年度财务报告内部控制被注册会计师出具否定意见或者无法表示意见的审计报告。

（3）上市后最近××个月内出现过未按法律法规、公司章程、公开承诺进行利润分配的情形。

（4）法律法规规定不得实行股权激励的。

（5）中国证监会认定的其他情形。

2. 激励对象未发生以下任一情形

（1）最近××个月内被证券交易所认定为不适当人选。

（2）最近××个月内被中国证监会及其派出机构认定为不适当人选。

（3）最近××个月内因重大违法违规行为被中国证监会及其派出机构行政处罚或者采取市场禁入措施。

（4）具有《公司法》规定的不得担任公司董事、高级管理人员情形的。

（5）法律法规规定不得参与上市公司股权激励的。

（6）中国证监会认定的其他情形。

3. 公司业绩考核要求

首次授予的股票期权各行权期业绩考核指标，见表2；预留授予的股票期权各行权期业绩考核指标，见表3。

表2　首次授予的股票期权各行权期业绩考核指标

首次授予的股票期权行权期	业绩考核目标
第一个行权期	××年净利润较××年增长率不低于××%,净资产收益率不低于××%,主营业务收入占比不低于××%,且三个指标都不低于同行业对标企业的××分位值;××年度公司现金分红比例不低于××%

续表

首次授予的股票 期权行权期	业绩考核目标
第二个行权期	××年净利润较××年增长率不低于××%,净资产收益率不低于××%,主营业务收入占比不低于××%,且三个指标都不低于同行业对标企业的××分位值;××年度公司现金分红比例不低于×× %
第三个行权期	××年净利润较××年增长率不低于××%,净资产收益率不低于××%,主营业务收入占比不低于××%,且三个指标都不低于同行业对标企业的××分位值;××年度公司现金分红比例不低于×× %

表3 预留授予的股票期权各行权期业绩考核指标

预留授予的股票 期权行权期	业绩考核目标
第一个行权期	××年净利润较××年增长率不低于××%,净资产收益率不低于××%,主营业务收入占比不低于××%,且三个指标都不低于同行业对标企业的××分位值;××年度公司现金分红比例不低于×× %
第二个行权期	××年净利润较××年增长率不低于××%,净资产收益率不低于××%,主营业务收入占比不低于××%,且三个指标都不低于同行业对标企业的××分位值;××年度现金公司分红比例不低于×× %
第三个行权期	××年净利润较××年增长率不低××%,净资产收益率不低于××%,主营业务收入占比不低于××%,且三个指标都不低于同行业对标企业的××分位值;××年度公司现金分红比例不低于×× %

注:①"净资产收益率"是指归属上市公司股东扣除非经常性损益后的加权平均净资产收益率,若公司发生再融资行为,净资产为再融资当年扣除再融资数额后的净资产值。"净利润增长率"是指归属上市公司股东扣除非经常性损益后的净利润增长率。②行权条件达成,激励对象按照计划规定行权。如公司业绩考核达不到上述条件,所有激励对象相对应行权期所获授的可行权数量由公司注销。③公司按照中国证监会行业划分标准,选取与公司业务较为相似、经营较为稳定或具备一定的行业代表性的作为同行业对标企业。在年度考核过程中,对标企业样本若出现业务结构发生重大变化或出现业绩偏离幅度过大的样本极值,公司董事将在考核时剔除或更换样本。

六 限制性股票激励计划的有效期、授予日、锁定期和解锁期

（一）限制性股票激励计划的有效期

限制性股票激励计划的有效期为自限制性股票激励计划股票授予日起的五年时间。

（二）限制性股票激励计划的授予日

本激励计划授予日在本激励计划经国务院国资委审核同意、公司股东大

会审议通过、授予条件成就后，由董事会按本激励计划规定确定。

本激励计划经股东大会审议通过后，在授予条件成就后××日内授出权益并完成公告、登记。根据《管理办法》规定上市公司不得授出权益的期间不计算在××日内。授予日必须为交易日，且不得为下列期间。

（1）定期报告公布前××日至公告后××个交易日内，因特殊原因推迟定期报告公告日期的，自原预约公告日前××日起算。

（2）年度、半年度业绩预告或业绩快报披露前××日内。

（3）重大交易或重大事项决定过程中至该事项公告后××个交易日。

（4）其他可能影响股价的重大事件发生之日起至公告后××个交易日。

（5）证券交易所规定的其他期间。

（三）限制性股票激励计划的锁定期和解锁期

限制性股票激励计划的锁定期为两年，从限制性股票的授予日起计算。

限制性股票授予后满××个月起为本计划的解锁期，在解锁期内，若达到本计划规定的解锁条件，激励对象获授的限制性股票分三次解锁，解锁安排如表4所示。

表4 解锁安排

解锁安排	解锁时间	可解锁数量占限制性股票数量比例
第一次解锁	自授予日起××个月后的首个交易日起至授予日起××个月内的最后一个交易日当日止	××%
第二次解锁	自授予日起××个月后的首个交易日起至授予日起××个月内的最后一个交易日当日止	××%
第三次解锁	自授予日起××个月后的首个交易日起至授予日起××个月内的最后一个交易日当日止	××%

七 激励对象转让股权

（一）激励对象持有的公司股权的受让者，按下列顺序优先受让

（1）董事会三分之二（2/3）以上多数通过决议批准的新聘用的公司经

营者、未持有股权的公司经营者、业务骨干、管理骨干以及其他员工。

（2）公司现有的股东。

（3）第（1）和（2）项中的受让方，以下简称"优先受让方"。

（二）本条规定的股权转让必须由董事会做出决议且必须由公司董事会三分之二（2/3）以上多数通过决议

（1）公司董事会通过股权转让的决议后××天内优先受让方未行使受让权，则视为放弃受让，转让者随后应书面通知公司其他股东该转让条款和条件。

（2）公司其他股东在收到该通知后××天内不行使优先购买权，则视为放弃，且上述转让条款和条件不再有效。

（3）激励对象向第三方转让股权，股权转让的条件不得比公司股东本次受让股权的条件优惠，否则，公司股东仍有权优先受让。

（4）激励对象转让股权时，如无受让人，且公司管理层无过错，公司一直正常经营，公司可回购该股权，以届时经审计的公司净资产与股权转让价格孰高者计价，回购决议须由公司股东会审议通过。

八 限股权转让方的保证

（1）股权转让方承诺其转让的股权拥有合法、完整的权利，其股权转让行为不构成对任何法律、法规或规范性文件的违反或对任何第三方的违约。

（2）股权转让方应确保股权受让方承担《公司章程》及公司股东间相关协议中规定的转让方的所有义务和责任。

（3）所转让股权的当年红利权益由当年年末的股权受让方所有。

（4）股权转让方应当协助股权受让方办理工商登记备案手续。

九 公司与激励对象的权利和义务

（一）公司的权利和义务

（1）若激励对象不能胜任所聘工作岗位或者考核不合格，经公司董事会薪酬与考核委员会批准并报公司董事会审议通过后，有权回购激励对象尚未解锁的股票。

（2）若激励对象违反《公司法》《公司章程》等所规定的义务，或因触犯法律、违反职业道德、泄露公司机密、失职或渎职等行为损害公司利益或声誉，未解锁的股票将由公司回购，情节严重的，董事会有权追回其已解锁获得的全部或部分收益。

（3）公司根据国家税收法规的规定，代扣代缴激励对象应缴纳的个人所得税及其他相关税费。

（4）公司不得为激励对象依股票计划获取有关股票或解锁提供贷款以及其他任何形式的财务资助，包括为其贷款提供担保。

（5）公司应当根据股票计划及证监会、证券交易所、登记结算公司等的有关规定，积极配合满足解锁条件的激励对象按规定解锁。但若因证监会、证券交易所、登记结算公司的原因造成激励对象未能按自身意愿解锁并给激励对象造成损失的，公司不承担责任。

（6）法律、法规规定的其他相关权利义务。

（二）激励对象的权利和义务

（1）激励对象应当按公司所聘岗位的要求，勤勉尽责、恪守职业道德，为公司的发展做出应有贡献。

（2）激励对象保证按照本计划规定解锁的资金来源为激励对象自筹合法资金。

（3）激励对象有权且应当按照本计划的规定解锁，并遵守本计划规定的相关义务。

（4）激励对象获授的股票不得转让或用于担保或偿还债务。

（5）激励对象因参与本计划获得的收益应按国家税收法规缴纳个人所得税及其他相关税费。

（6）法律、法规规定的其他相关权利义务。

十　公司及激励对象发生异动的处理

（1）激励对象在公司内发生正常职务变更，其受让的股权按照本计划

265

相关规定进行。

（2）激励对象持股期间如因出现以下情形之一而失去参与本计划的资格，以股权转让价格与届时经审计的公司净资产计价的孰低原则计价，并在当期会计年度结束一年后再予以兑现。

①有《公司法》规定的不得担任公司董事、监事、高级管理人员情形的。

②因不能胜任岗位工作、触犯法律、违反执业道德、泄露公司机密、失职或渎职等行为损害公司利益或声誉的职务变更，或因上述原因公司解除与激励对象劳动关系的。

③因辞职或公司裁员而离职的。

④公司董事会认定的其他严重违反公司规定或严重损害公司利益的情形。

（3）激励对象持股期间，如因出现以下情形之一而终止参与本计划，以股权转让价格与届时经审计的公司净资产计价孰高原则计价，并在当期会计年度结束一年后再予以兑现。

①激励对象在职期间丧失劳动能力。

②激励对象在职期间身故且其代理人拒绝股权转让或公司回购股权。

③激励对象承诺接受公司董事会三分之二（2/3）以上多数要求其转让全部或部分所持公司股权的决议，并按照规定转让其持有的公司股权；转让价格按照届时经审计的公司净资产价格或董事会三分之二（2/3）以上多数决议通过的价格计算。

④其他未说明的情况由董事会认定，并确定其处理方式。

十一　股权转让的费用及税务

本计划下的股权转让发生的各种管理费用由公司承担，计入公司管理费用；本计划下的激励对象取得收益时应根据国家法律、法规的相关规定依法纳税。

十二　实施程序

（1）董事会薪酬与考核委员会负责拟定股权激励计划草案。

（2）董事会审议通过股权激励计划草案，独立董事发表独立意见；监事会核实激励对象名单；公司聘请律师对股权激励计划出具法律意见书。

（3）董事会审议通过的股权激励计划草案提交国务院国资委审核同意。

（4）股权激励计划报中国证监会备案无异议后，公司发出召开股东大会的通知。

（5）独立董事就股权激励计划的相关议案向所有股东征集委托投票权。

（6）股东大会审议股权激励计划，监事会应当就激励对象名单核实的情况在股东大会上进行说明。

（7）股东大会批准股权激励计划后，本激励计划即可实施。自股东大会审议通过股权激励计划之日起××日内，公司应当按相关规定召开董事会对激励对象进行授予，并完成登记、公告等相关程序。

十三　信息披露

公司对外披露股票激励计划草案时，激励对象为董事、高管人员的，须披露其姓名、职务、获授数量。除董事、高管人员外的其他激励对象，须通过上海证券交易所网站披露其姓名、职务。同时，公司须发布公告，提醒投资者关注上海证券交易所网站披露内容。

十四　附则

（1）本计划由公司董事会审议，并报公司股东会审议通过后生效，并由董事会负责解释。

（2）本计划未尽的相关事宜，公司可制定其他的类似安排，其他类似安排与本计划具有同等的法律效力。

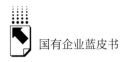

（3）本计划的任何条款或规定如在任何法律管辖的任何情况下无效或不能强制执行，不影响本计划的其他条款或规定的有效性或可强制执行性，也不影响该条款或规定在其他情况下或其他司法管辖区的效力或可强制执行性。

（4）因履行本计划而产生的争议，均应首先通过友好协商解决。如协商未果，则任何一方均有权在该等争议发生后，向上海市浦东新区人民法院提起诉讼。

××公司

××年××月

××公司
股票激励计划管理办法
××年××月

一 股票激励计划的组织单位

（一）参与管理及实施股票激励计划（简称激励计划）的机构及部门包括股东大会、董事会、薪酬与考核委员会、监事会、董事会办公室、人力资源部、财务部、审计法律部等。

（二）各机构和部门的主要职责有以下几种。

1. 股东大会负责审批激励计划的实施、变更和终止；审批在激励对象符合条件时向激励对象授予股票；审批激励对象的解锁资格和解锁条件；审批激励对象是否可以解锁；就激励计划的具体事宜对董事会进行授权，授权董事会作为激励计划的执行机构处理具体相关事宜，其中第2至第4的职权可授予公司董事会审批。

2. 董事会负责审议激励计划的实施、变更和终止，并提请股东大会表决；审议股权激励计划管理办法，并提请股东大会表决；审议公司股权激励对象绩效考核管理办法，并提前股东大会表决；依据股东大会的授权，审批与股权激励相关的其他事宜。

3. 薪酬与考核委员会负责组织拟订激励计划、本办法和《××公司股权激励对象绩效考核管理办法》，报公司董事会审议；负责提名激励对象名单并审核解锁资格和解锁条件；受董事会委托对激励对象进行考核。

4. 监事会负责审核激励计划的激励对象名单；对《激励计划》的实施是否符合相关法律、行政法规、部门规章和证券交易所业务规则进行监督。

5. 董事会办公室负责激励计划和本办法批准与实施过程中公司董事会、股东大会的组织筹划、议案准备、信息披露与投资者关系管理工作；负责向中国证监会、上海证券交易所等监督机构报送公司股权激励计划的审核与备案材料，并跟踪相关事项进展情况；负责办理授权、登记、解锁、签订相关协议等日常工作。

6. 人力资源部负责草拟激励计划、本办法和《××公司股权激励对象绩效考核管理办法》；负责按照激励计划测算股权激励额度、授予数量等；负责提供激励对象的收入情况；在薪酬与考核委员会的领导下，负责组织相关职能与业务部门实施激励计划；负责制作股权激励对象管理名册。

7. 财务部负责激励计划相关财务指标的测算，激励计划实施过程中涉及的会计核算工作；负责激励计划实施的资本金收取、验资（扣除必要发行费用后）等相关工作；协助激励对象办理相关税收申报、缴纳工作。

8. 审计法律部负责对激励计划和本办法实施过程中的合规性提出意见，审核激励计划和本办法制定与实施过程中公司签订的协议、合同等法律文件，处理激励计划实施过程中出现的法律问题或法律纠纷。

二　一般规定

（三）上市公司具有下列情形之一的，不得实行股权激励。

1. 最近一个会计年度财务会计报告被注册会计师出具否定意见或者无法表示意见的审计报告。

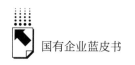

2. 最近一个会计年度财务报告内部控制被注册会计师出具否定意见或无法表示意见的审计报告。

3. 上市后最近××个月内出现过未按法律法规、公司章程、公开承诺进行利润分配的情形。

4. 法律法规规定不得实行股权激励的。

5. 中国证监会认定的其他情形。

（四）激励对象可以包括上市公司的董事、高级管理人员、核心技术人员或者核心业务人员，以及公司认为应当激励的对公司经营业绩和未来发展有直接影响的其他员工，但不应当包括独立董事和监事。在境内工作的外籍员工任职上市公司董事、高级管理人员、核心技术人员或者核心业务人员的，可以成为激励对象。单独或合计持有上市公司××%以上股份的股东或实际控制人及其配偶、父母、子女，不得成为激励对象。下列人员也不得成为激励对象。

1. 最近××个月内被证券交易所认定为不适当人选。

2. 最近××个月内被中国证监会及其派出机构认定为不适当人选。

3. 最近××个月内因重大违法违规行为被中国证监会及其派出机构行政处罚或者采取市场禁入措施。

4. 具有《公司法》规定的不得担任公司董事、高级管理人员情形的。

5. 法律法规规定不得参与上市公司股权激励的。

6. 中国证监会认定的其他情形。

（五）上市公司依照本办法制订股权激励计划的，应当在股权激励计划中载明下列事项。

1. 股权激励的目的。

2. 激励对象的确定依据和范围。

3. 拟授出的权益数量，拟授出权益涉及的标的股票种类、来源、数量及占上市公司股本总额的百分比；分次授出的，每次拟授出的权益数量、涉及的标的股票数量及占股权激励计划涉及的标的股票总额的百分比、占上市公司股本总额的百分比；设置预留权益的，拟预留权益的数量、涉及标的股票数量及占股权激励计划的标的股票总额的百分比。

4. 激励对象为董事、高级管理人员的，其各自可获授的权益数量、占股权激励计划拟授出权益总量的百分比；其他激励对象（各自或者按适当分类）的姓名、职务、可获授的权益数量及占股权激励计划拟授出权益总量的百分比。

5. 股权激励计划的有效期，限制性股票的授予日、限售期和解除限售安排，股票期权的授权日、可行权日、行权有效期和行权安排。

6. 限制性股票的授予价格或者授予价格的确定方法，股票期权的行权价格或者行权价格的确定方法。

7. 激励对象获授权益、行使权益的条件。

8. 上市公司授出权益、激励对象行使权益的程序。

9. 调整权益数量、标的股票数量、授予价格或者行权价格的方法和程序。

10. 股权激励会计处理方法、限制性股票或股票期权公允价值的确定方法、涉及估值模型重要参数取值合理性、实施股权激励应当计提费用及对上市公司经营业绩的影响。

11. 股权激励计划的变更、终止。

12. 上市公司发生控制权变更、合并、分立以及激励对象发生职务变更、离职、死亡等事项时股权激励计划的执行。

13. 上市公司与激励对象之间相关纠纷或争端解决机制。

14. 上市公司与激励对象的其他权利义务。

（六）上市公司应当设立激励对象获授权益、行使权益的条件。拟分次授出权益的，应当就每次激励对象获授权益分别设立条件；分期行权的，应当就每次激励对象行使权益分别设立条件。激励对象为董事、高级管理人员的，上市公司应当设立绩效考核指标作为激励对象行使权益的条件。

（七）效考核指标应当包括公司业绩指标和激励对象个人绩效指标。相关指标应当客观公开、清晰透明，符合公司的实际情况，有利于促进公司竞争力的提升。上市公司可以公司历史业绩或同行业可比公司相关指标作为公

司业绩指标对照依据，公司选取的业绩指标可以包括净资产收益率、每股收益、每股分红等能够反映股东回报和公司价值创造的综合性指标，以及净利润增长率、主营业务收入增长率等能够反映公司盈利能力和市场价值的成长性指标。以同行业可比公司相关指标作为对照依据的，选取的对照公司不少于3家。激励对象个人绩效指标由上市公司自行确定。上市公司应当在公告股权激励计划草案的同时披露所设定指标的科学性和合理性。

（八）拟实行股权激励的上市公司，可以下列方式作为标的股票来源。

1. 向激励对象发行股份。

2. 回购本公司股份。

3. 法律、行政法规允许的其他方式。

（九）股权激励计划的有效期从首次授予权益日起不得超过××年。

（十）上市公司可以同时实行多期股权激励计划。同时实行多期股权激励计划的，各期激励计划设立的公司业绩指标应当保持可比性，后期激励计划的公司业绩指标低于前期激励计划的，上市公司应当充分说明其原因与合理性。上市公司全部在有效期内的股权激励计划所涉及的标的股票总数累计不得超过公司股本总额的××％。非经股东大会特别决议批准，任何一名激励对象通过全部在有效期内的股权激励计划获授的本公司股票，累计不得超过公司股本总额的××％。

（十一）相关法律、行政法规、部门规章对上市公司董事、高级管理人员买卖本公司股票的期间有限制的，上市公司不得在相关限制期间内向激励对象授出限制性股票，激励对象也不得行使权益。

（十二）上市公司启动及实施增发新股、并购重组、资产注入、发行可转债、发行公司债券等重大事项期间，可以实行股权激励计划。

（十三）上市公司发生本办法规定的情形之一的，应当终止实施股权激励计划，不得向激励对象继续授予新的权益，激励对象根据股权激励计划已获授但尚未行使的权益应当终止行使。在股权激励计划实施过程中，出现本办法第八条规定的不得成为激励对象情形的，上市公司不得继续授予其权益，其已获授但尚未行使的权益应当终止行使。

（十四）激励对象在获授限制性股票或者对获授的股票期权行使权益前后买卖股票的行为，应当遵守《证券法》《公司法》等相关规定。

（十五）上市公司应当与激励对象签订协议，确认股权激励计划的内容，并依照本办法约定双方的其他权利义务。上市公司应当承诺，股权激励计划相关信息披露文件不存在虚假记载、误导性陈述或者重大遗漏。所有激励对象应当承诺，上市公司因信息披露文件中有虚假记载、误导性陈述或者重大遗漏，导致不符合授予权益或行使权益安排的，激励对象应当自相关信息披露文件被确认存在虚假记载、误导性陈述或者重大遗漏后，将由股权激励计划所获得的全部利益返还公司。

（十六）激励对象参与股权激励计划的资金来源应当合法合规，不得违反法律、行政法规及中国证监会的相关规定。上市公司不得为激励对象依股权激励计划获取有关权益提供贷款以及其他任何形式的财务资助，包括为其贷款提供担保。

三　限制性股票

（十七）本办法所称限制性股票是指激励对象按照股权激励计划规定的条件，获得的转让等部分权利受到限制的本公司股票。限制性股票在解除限售前不得转让、用于担保或偿还债务。

（十八）上市公司在授予激励对象限制性股票时，应当确定授予价格或授予价格的确定方法。授予价格不得低于股票票面金额，且原则上不得低于下列价格较高者。

1. 股权激励计划草案公布前××个交易日的公司股票交易均价的××％。

2. 股权激励计划草案公布前××个交易日、××个交易日或者××个交易日的公司股票交易均价之一的××％。上市公司采用其他方法确定限制性股票授予价格的，应当在股权激励计划中对定价依据及定价方式做出说明。

3. 限制性股票授予日与首次解除限售日之间的间隔不得少于××个月。

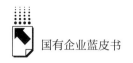

4. 在限制性股票有效期内，上市公司应当规定分期解除限售，每期时限不得少于××个月，各期解除限售的比例不得超过激励对象获授限制性股票总额的××%。

（十九）上市公司应当在本办法相关规定的情形出现后及时召开董事会审议回购股份方案，并依法将回购股份方案提交股东大会批准。回购股份方案包括但不限于以下内容。

1. 回购股份的原因。

2. 回购股份的价格及定价依据。

3. 拟回购股份的种类、数量及占股权激励计划所涉及的标的股票的比例、占总股本的比例。

4. 拟用于回购的资金总额及资金来源。

5. 回购后公司股本结构的变动情况及对公司业绩的影响。律师事务所应当就回购股份方案是否符合法律、行政法规、本办法的规定和股权激励计划的安排出具专业意见。

四　股票期权

（二十）本办法所称股票期权是指上市公司授予激励对象在未来一定期限内以预先确定的条件购买本公司一定数量股份的权利。激励对象获授的股票期权不得转让、用于担保或偿还债务。

（二十一）上市公司在授予激励对象股票期权时，应当确定行权价格或者行权价格的确定方法。行权价格不得低于股票票面金额，且原则上不得低于下列价格较高者。

1. 股权激励计划草案公布前××个交易日的公司股票交易均价。

2. 股权激励计划草案公布前××个交易日、××个交易日或者××个交易日的公司股票交易均价之一。上市公司采用其他方法确定行权价格的，应当在股权激励计划中对定价依据及定价方式做出说明。

3. 股票期权授权日与获授股票期权首次可行权日之间的间隔不得少于××个月。

4. 在股票期权有效期内，上市公司应当规定激励对象分期行权，每期时限不得少于××个月，后一行权期的起算日不得早于前一行权期的届满日。每期可行权的股票期权比例不得超过激励对象获授股票期权总额的××%。

（二十二）股票期权各行权期结束后，激励对象未行权的当期股票期权应当终止行权，上市公司应当及时注销。

五　股票激励计划的实施流程。

（二十三）激励对象确定流程。

1. 提名：根据股票激励计划规定和公司业务发展重点，人力资源部初步提出激励对象范围，并提交薪酬与考核委员会审议。

2. 确认：公司董事会根据薪酬与考核委员会审议结果审定激励范围。

3. 核实：公司监事会对激励对象名单予以核实。

（二十四）激励额度确定流程。

股票激励计划中激励对象的数量及拟授予每位激励对象的限制性股票数量由公司董事会根据岗位价值、绩效考核结果确定。

（二十五）授予流程。

1. 确定授予日：公司董事会办公室提请董事会确定授予日，并进行相关披露。

2. 资格审核流程：激励对象相关资格的审核由公司人力资源部按照限制性股票激励计划的相关规定在授权日前完成，并由监事会核实，如果需要还需请律师对激励对象的相关资格进行审核并出具独立的意见书。

3. 签订限制性股票协议流程：资格审核完毕后，公司人力资源部向审核通过的激励对象发送《限制性股票授予协议》，约定双方的权利和义务。激励对象在××个工作日内确认是否接受协议，并返还书面协议。如员工在规定的期限内未能按上述要求回复或回复放弃接受授予，则视为自动弃权。

4. 验资确认流程：激励对象将认购限制性股票的资金按照公司要求缴付于公司指定账户，并经注册会计师验资确认；公司根据激励对象签署协议

情况制作限制性股票激励计划管理名册，记载激励对象姓名、授予数量、授予日、《限制性股票授予协议书》及《限制性股票授予通知书》编号等内容；公司董事会根据国务院国资委、证监会、证券交易所、登记结算公司的有关规定办理实施限制性股票激励计划的相关事宜。

六 股票激励计划的日常管理流程

（二十六）沟通、咨询与投诉处理：人力资源部负责沟通材料的更新和发布，以及咨询答疑工作。审计法律部负责处理法律纠纷等工作。

（二十七）授予和解锁通知以及员工股票变动跟踪：人力资源部负责相关通知的发放和变动情况的记录。

（二十八）账务处理：财务部负责授予、解锁、税务处理和资金收付等行为时的账务处理和对账。

（二十九）监督、审批、信息披露和备案：由董事会办公室完成各项监督、审批、信息披露和备案等工作。

七 股票激励计划的内部控制程序

（三十）制度和流程控制程序。

1. 董事会为股票激励计划的最终解释和审定机构。

2. 按职能设置各级专门机构负责专项事务。考核和资格审定等各项重要事务由不同的部门负责，互相监督。

（三十一）实施过程的控制。

通过培训、咨询和投诉机制，保证计划的有效性和正确性。

八 激励对象业绩考核

（三十二）对激励对象的考核管理办法如下。

××公司的董事、监事、高级管理人员参照由董事会薪酬与考核委员会负责考核；公司核心技术、管理骨干人员根据《考核办法》制定执行，由人力资源部负责绩效管理工作。

（三十三）个人绩效等级与股票解锁。

激励对象的个人业绩考核分为三档：良好及以上、基本称职和不称职。

在授予前一年度，个人绩效考核等级为不合格的激励对象不能参与股票的授予。

每一解锁年度当公司经营业绩满足股票解锁业绩条件时，个人绩效等级与个人实际可解锁股票占本批应解锁股票的比例关系如表5所示。

表5　个人绩效等级与股票解锁

个人绩效考核等级	个人实际可解锁股票占本批应解锁股票的比例
优秀	××%
良好	××%
基本称职	××%
不称职	××%

九　附则

本办法自股东大会通过之日起施行，由董事会负责解释及修订。

××公司

××年××月

B.14

附录四　股权激励协议书

甲方：

乙方：

身份证号：

甲、乙双方本着平等、自愿的原则，根据《××公司章程》及相关法律、法规的规定，就甲方授予乙方在××公司的股权期权及其相关事宜，达成如下协议：

第一条　甲方及公司

甲方为××公司（以下简称公司）的登记股东。公司现有注册资本为人民币××万元，其中：甲方认缴出资额为人民币××万元，已实缴出资额为人民币××万元，甲方持有公司注册资本的××%，是公司的实际控制人。

第二条　期权授予及认购预备期

1. 为公司能够长远发展、体现公司的分享文化，激励人才、留住人才，甲方授予乙方在符合本协议约定条件的情况下，以优惠价格认购甲方所持有的公司××%的股权（对应出资额为人民币××元）。

2. 乙方对甲方上述股权的认购预备期共为××年，自本协议签订之日起计算。

第三条　预备期内甲乙双方的权利

在股权预备期内，本协议所指的公司股权仍属甲方所有，乙方不具有股东资格，也不享有相应的股东权利。但甲方同意乙方以股东身份享有对公司的知情权。

第四条　股权认购行权期

1. 乙方持有的股权认购权，自预备期满后即进入行权期，行权期内，乙方亦享有对公司的知情权。

2. 行权期限为××年。超过本协议约定的行权期，乙方仍不认购股权的，乙方丧失认购权，同时也不再享有股东对公司的知情权。

第五条　乙方的行权选择权

乙方所享有的股权认购权，在行权期间，可以选择行权，也可以选择放弃行权，甲方不得干预。

第六条　行权期的考核标准

1. 乙方被公司聘任为董事、监事和高级管理人员、核心技术人员、骨干销售人员等的，应当保证公司经营管理状况良好，每年年度净资产收益率不低于××%或者实现净利润不少于人民币××万元或者〔具体的业务指标〕。

2. 甲方对乙方的考核每年进行一次，乙方如在行权期内每年均符合考核标准，即具备行权资格。

第七条　乙方丧失行权资格的情形

协议约定的行权期到来之前或者乙方尚未实际行使股权认购权（包括预备期及行权期），乙方出现下列情形之一，即丧失股权行权资格。

1. 因辞职、辞退、离职等原因与公司解除劳动关系的。

2. 丧失劳动能力或民事行为能力或者死亡的。

3. 刑事犯罪被追究刑事责任的。

4. 执行职务时，存在违反《公司法》或者《公司章程》，损害公司利益的行为。

5. 执行职务时的错误行为，致使公司利益受到重大损失的。

6. 没有达到规定的业务指标、盈利业绩，或者经公司认定对公司亏损、经营业绩下降负有直接责任的。

7. 不符合本协议第六条约定的考核标准或者存在其他重大违反公司规章制度行为的。

第八条　行权价格及认购权行使

1. 在行权期内，每半年乙方可行使一次认购权，认购总额不超过全部

认购权××的，之前未行使的认购权，可在之后的半年届满时一并行使。

2. 认购价格为甲方的每一元原始出资额对应购买价格××元。

3. 若在预备期及行权期内，公司有增减注册资本等变动情况，导致本协议约定的总认购权对应的股权比例发生变化的，以相应变化后对应的股权比例为准。

第九条　股权转让协议

1. 乙方同意在行权期内认购股权的，甲乙双方应当签订正式的股权转让协议，乙方按本协议约定向甲方支付股权认购款后，乙方成为公司的正式股东，依法享有相应的股东权利。

2. 甲乙双方应当向工商部门办理变更登记手续，公司向乙方签发股东权利证书。

第十条　乙方转让股权的规定

乙方受让甲方股权成为公司股东后，其股权转让应当遵守以下约定。

1. 乙方转让其股权时，甲方具有优先购买权，即甲方拥有优先于公司其他股东及任何外部人员的权利，其转让价格有以下两种情况。

（1）乙方受让甲方股权后，××年内（含××年）转让该股权的，股权转让价格为××元。

（2）乙方受让甲方股权后，××年以上转让该股权的，每××%股权转让价格依公司前××个月财务报表中的每股净资产为准。

2. 甲方放弃优先购买权的，乙方有权向其他股东或股东以外的人转让，转让价格由乙方与受让人自行协商，甲方及公司均不得干涉。

3. 甲方及其他股东接到乙方的股权转让事项书面通知之日起满三十日未答复的，视为放弃优先购买权。

4. 乙方不得以任何方式将公司股权用于设定质押、担保、交换、还债等。

第十一条　关于聘用关系的声明

甲方与乙方签署本协议不构成甲方或公司对乙方聘用期限和聘用关系的任何承诺，公司对乙方的聘用关系仍按劳动合同的有关约定执行。

第十二条　关于免责的声明

属于下列情形之一的，甲、乙双方均不承担违约责任。

1. 甲、乙双方签订本协议是依照协议签订时的国家现行政策、法律法规制定的。如果本协议履行过程中遇法律、政策等的变化致使甲方无法履行本协议的，甲方不负任何法律责任。

2. 本协议约定的行权期到来之前或者乙方尚未实际行使股权认购权，公司因破产、解散、注销、吊销营业执照等原因丧失民事主体资格或者不能继续营业的，本协议可不再履行。

3. 公司因并购、重组、改制、分立、合并、注册资本增减等原因致使甲方丧失公司实际控制人地位的，本协议可不再履行。

第十三条　争议的解决

本协议在履行过程中如果发生任何纠纷，甲乙双方应友好协商解决，协商不成，任何一方均可向公司注册地的人民法院提起诉讼。

第十四条　附则

1. 本协议自双方签字或盖章之日起生效。

2. 本协议未尽事宜由双方另行签订补充协议，补充协议与本协议具有同等效力。

3. 本协议一式二份，甲乙双方各执一份。

（以下为签字页，无正文）

甲方：　　　　　　　　　　　乙方：

日期：××年××月××日　　　日期：××年××月××日

××公司
第××届监事会第××次会议决议公告

本公司及全体董事、监事、高级管理人员保证公告内容真实、准确和完整，没有虚假记载、误导性陈述或者重大遗漏。

××公司第×届监事会第××次会议于××年××月××日以电子邮件和书面传真方式向全体监事发出会议通知，根据通知，本次会议于××年××月××日以通讯方式召开。本次会议应出席监事×人，实际参加表决×人，会议的组织符合《公司法》及《公司章程》的规定。会议以通讯表决的方式审议通过了以下议案。

一　审议通过《关于调整××年股票计划激励对象名单及授予数量的议案》

经审核，鉴于×名激励对象离职，根据公司《××公司××年股票激励计划（草案修订稿)》的相关规定，取消其参与本次激励计划的资格。激励对象人数××人调整为××人，授予激励对象的股票总数由××万股调整为××万股。

除前述部分激励对象因离职未获得授予外，公司本次股权激励计划授予激励对象人员名单与公司××年第×次临时股东大会批准的股权激励计划中规定的激励对象相符。

表决结果：××票同意、××票反对、××票弃权。

二　审议通过《关于向××年股票计划激励对象授予股票的议案》

经审议，通过了《关于向××年股票计划激励对象授予股票的议案》，认为：本次授予的激励对象具备《中华人民共和国公司法》《中华人民共和国证券法》《××公司章程》等法律、法规和规范性文件规定的任职资格，不存在最近三年内因重大违法违规行为被中国证监会予以行政处罚的情形，符合《上市公司股权激励管理办法》规定的激励对象条件，其作为公司本次股权激励计划的激励对象的主体资格合法、有效。

表决结果：××票同意、××票反对、××票弃权。

特此公告。

××公司董事会

××年××月××日

××公司
第××届董事会第××次会议决议公告

本公司及全体董事、监事、高级管理人员保证公告内容真实、准确和完整，没有虚假记载、误导性陈述或者重大遗漏。

××公司第××届董事会第××次会议于××年××月××日以电子邮件和书面传真方式向全体董事和监事发出会议通知，根据通知，本次会议于年××月××日以通讯方式召开。本次会议应出席董事，实际参加表决董事××名，会议的召开符合《公司法》、《上海证券交易所股票上市规则》和《公司章程》的规定。会议以通讯表决的方式审议通过了以下议案。

一　审议通过《关于调整××年股票计划激励对象名单及授予数量的议案》

经审核，鉴于×名激励对象离职，根据公司《××公司××年股票激励计划（草案修订稿)》的相关规定，取消其参与本次激励计划的资格。激励对象人数××人调整为××人，授予激励对象的股票总数由××万股调整为××万股。

除前述部分激励对象因离职未获得授予外，公司本次股权激励计划授予激励对象人员名单与公司××年第××次临时股东大会批准的股权激励计划

中规定的激励对象相符。

公司董事长××及副董事长××为本次激励计划的关联董事，已回避对该议案的表决，由其余××名董事表决通过。

公司监事会对调整后的激励对象名单进行了核实，公司独立董事就《关于调整××年股票计划激励对象名单及授予数量的议案》发表了独立意见。

表决结果：××票同意、××票反对、××票弃权。

二　审议通过《关于向××年股票计划激励对象授予股票的议案》

根据公司××年第××次临时股东大会的授权，公司董事会认为公司股权激励计划规定的授予条件已经成就，同意确定××年××月××日为授予日，向××名激励对象授予××万股股票。

公司董事长××及副董事长××为本次激励计划的关联董事，已回避对该议案的表决，由其余××名董事表决通过。

公司独立董事就《关于向××年股票计划激励对象授予股票的议案》发表了独立意见。

表决结果：××票同意、××票反对、××票弃权。

特此公告。

××公司董事会

××年××月××日

B.15
附录五 典型案例分析

案例一：华侨城股权激励

一 公司简介

深圳华侨城股份有限公司（以下简称华侨城），原名深圳华侨城控股股份有限公司，是由国务院国资委直属的华侨城经济发展总公司（即华侨城集团公司）于1997年9月2日，经过重组其部分优质旅游及旅游配套资产独家发起设立的、从事旅游业及相关产业的股份有限公司。截至2016年底，华侨城集团公司持股53.47%。1997年9月10日，华侨城5000万社会公众股在深圳证券交易所挂牌上市，股票代码：000069。

华侨城是中国主题公园产业的开创者和领跑者。经过多年发展，旅游业务在经营规模、产业链布局和市场影响力方面处于行业龙头地位。旗下拥有多个知名品牌，其中"欢乐谷"品牌是中国主题公园行业唯一的中国驰名商标。

华侨城于2000年后开始走出深圳，目前已在北京、上海、天津、重庆、成都、武汉、南京等十余个城市开发建设了文化旅游综合项目。华侨城在优质项目拓展、重点项目建设、经营模式创新、金融领域探索等方面，围绕"文化＋旅游＋城镇化"和"旅游＋互联网＋金融"的创新发展模式，都取得了良好进展，总体上呈现增长较快、效益较好的良好态势。2016年末总资产为1463.45亿元，总股本为82.06亿股，完成营业收入354.81亿元，实现净利润68.88亿元，分别比上年增长10.07%和48.44%。

二 背景分析

华侨城是投资控股型企业，在2005年，投资领域主要涉及旅游和房地

产业。主营业务以旅游业为主，旗下主题公园在 2005 年接待的游客数达 827 万人次，深圳欢乐谷全年入园人次突破 300 万人，世界之窗、锦绣中华、中旅社的业务持续增长。旅游业务在 2005 年全年实现主营业务收入 65579.37 万元，实现主营业务利润 30265.32 万元。与 2004 年同期相比，主营业务收入增长了 16.29%，主营业务毛利率增长了 1.98%，主营业务利润提高了 21.65%。自 2005 年成立"成都天府华侨城实业发展有限公司"和"上海华侨城投资发展有限公司"以来，华侨城已经在上海、成都、深圳、北京和三峡形成了东西南北中的战略发展态势，初步完成了旅游地产的布点、布局工作，为华侨城未来发展奠定了坚实的基础。

华侨城在 2005 年业绩表现良好，主题公园的经营保持稳定增长是华侨城旅游主业的根基。主营业务全部来源于深圳地区，但华侨城的业务发展，并不仅仅局限于深圳地区，北京世纪华侨城项目、深圳东部华侨城项目、成都华侨城项目和上海华侨城项目将成为华侨城后续发展中重要的利润来源。

为适应华侨城未来跨区域发展的要求，资金的支持是必不可少的。华侨城为募集建设资金，原计划推行认股权证的发行工作，拟通过高管股权激励计划，使华侨城高管层以每张权证行权价 7 元/股的价格，免费获得 5000 万股认证权证，但并未获得监管部门的支持。在此背景下，华侨城主动修改了股权激励实施方式，取消认股权证，开展了华侨城第一期限制性股票激励计划。

华侨城在第一期股权激励计划成功实施后，总体经济状况平稳，但下行压力依然较大，以互联网为核心的新技术催生各种新的市场空间和商业模式，消费模式和经营手段不断变革，"跨界"竞争愈加激烈，带来了更大的不确定性，整体上发展机遇与挑战并存。房地产市场库存高企，未来销售难度将进一步加大，平均周转速度和利润率进一步走低，现金流也会进一步趋紧。然机会与挑战并存，在经济新常态下，旅游业可以拉动消费和投资，从而成为稳增长的重要引擎。进入大资本、大项目推动阶段，市场竞争变得更加激烈，从某个局部市场的客流争夺演变为大范围、全方位、多层次的竞争，资源、渠道、人才都是竞争的对象。在此背景下，筹集资金进一步深化华侨城的核心竞争力，有效保留和激励人才，成为华侨城发展的重中之重。由此，华侨城于 2015 年启动了第二期限制性股票激励计划。

三　实施方案

华侨城实施两期股权激励计划。

（一）第一期限制性股票实施方案

华侨城于 2006 年 4 月公布了限制性股票激励草案，2006 年 5 月公布了限制性股票股权激励计划修订稿，2008 年 8 月对股权激励计划进行了再次修订。华侨城第一期限制性股票股权激励计划所筹集的资金主要用于上海华侨城主题旅游综合项目的建设。

1. 授予价格、禁售期、解锁期等

第一期限制性股票实施中，华侨城以发行新股的方式，向华侨城及其参控股下属公司的董事（不含独立董事）、高级管理人员及主要业务骨干授予 5000 万股限制性股票，限制性股票数量占华侨城 A 股股本总额的 4.5%，限制性股票的授予价格为 7 元/股。认购资金由激励对象个人自筹。

实施期限为 8 年，其中禁售期 2 年，解锁期 6 年。禁售期为股权激励计划获得 2006 年第一次临时股东大会批准实施之日起的 2 年，禁售期内，激励对象不得转让根据本计划认购的限制性股票。解锁期为禁售期满后的 6 年，解锁期内任一年度，若达到解锁条件，激励对象可以申请按 6 年期限匀速解锁。若未达到解锁条件，当年不得申请解锁。解锁期满仍未达到解锁条件的，由华侨城以认购成本价购回注销。

2. 授予条件

自本股权激励计划获得华侨城 2006 年第一次临时股东大会批准实施之日起 1 年内，在华侨城公司及激励对象未发生违反股权激励实施的相关法律、法规的情形下，经薪酬与考核委员会考核，在扣除非经常性损益后，华侨城 2006 年加权平均净资产收益率不低于 12%，净利润增长率不低于 20%，主营业务收入增长率不低于 20%，激励对象 2006 年绩效考核合格时，激励对象方可获授限制性股票；若未能同时满足上述条件，股权激励计划则自然终止。

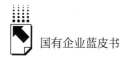

3. 解锁条件

解锁期内，在华侨城公司及激励对象未发生违反股权激励实施的相关法律、法规的情形下，在扣除非经常性损益后，业绩指标同时达到以下条件时，激励对象方可申请解锁：上一会计年度加权平均净资产收益率不低于12%；以2005年经审计的主要财务指标为基准，净利润年平均增长率不低于20%；以2005年经审计的主要财务指标为基准，主营业务收入年平均增长率不低于20%；根据《实施考核办法》，激励对象上一年度绩效考核合格。

为保护股东利益，解锁时股票市场价格（前5个交易日公司标的股票交易均价）应当不低于授予时股票公平市场价格。未达到的，可以延长解锁期，直至符合上述条件。

4. 《实施考核办法》主要内容

考核内容包括：素质、能力、业绩。

考核得分 = 素质、能力得分 × 40% + 业绩得分 × 60%。考核得分采取100分制。

（1）素质、能力得分

取激励对象年度综合考评中的素质、能力得分；未实施综合考评的，由薪酬与考核委员会工作小组按如下规则组织考核（见表1）。

表1　素质、能力得分

激励对象类别	考核主体及权重		
	上级70%	同级15%	下级15%
公司及参控股企业的董事	董事长	其他董事	部门负责人2人
高级管理人员	董事长	同级2人	部门负责人2人
主要业务骨干	公司总裁	同级2人	下属2人

（2）业绩得分

业绩得分 = 公司业绩得分 × 50% + 所在企业业绩得分 × 50%。公司业绩得分根据公司年度经营业绩考核成绩确定，所在企业业绩得分按如下办法确定（见表2）。

表2 业绩得分

企业类型	指标			占企业业绩分权重
运营期企业	财务指标	基本指标	营业收入	50%
			利润总额	
		分类指标	根据实际确定	
	重大经营活动计划			50%
建设期企业	财务指标			30%
	重大经营活动计划			70%

注：分类指标根据被考评单位特点及年度战略重点确定，原则上选取一个指标作为分类指标。

经薪酬与考核委员会确认，激励对象在考核期间对华侨城经营发展做出重大贡献的，可获得额外加分（原则上不超过5分）。出现重大差错或失误造成重大经济损失，收受回扣、贪污等严重违纪行为的情形时，视情节予以扣分处理，最少扣5分，直至取消业绩得分。

（3）考核结果应用

年度绩效考核结果是股权激励计划的解锁依据。激励对象只有在上一年度绩效考核满足条件的前提下，才能部分或全额解锁当期权益，具体比例依据激励对象个人绩效考核结果确定。解锁期内考核结果为"优秀"及"良好"的，可以解锁当期全部份额；考核结果为"合格"的，则解锁80%；考核结果为"不合格"的，则不允许解除锁定相应限制性股票。当年未解除锁定的限制性股票由公司统一回购注销。具体如表3所示。

表3 分数等级划分

考核得分	90分以上	80~89分	60~79分	60分以下
等级	优秀	良好	合格	不合格

考核结果作为激励对象限制性股票解锁依据。考核结果为"优秀"及"良好"的，允许解除锁定100%的相应额度限制性股票；考核结果为"合格"的，允许解除锁定50%的相应额度限制性股票；考核结果为"不合格"的，不允许解除锁定相应限制性股票。

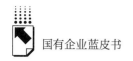

（二）第二期限制性股票激励计划

自 2015 年 3 月 18 日，华侨城先后审议通过了限制性股票激励计划（草案）及摘要、限制性股票激励计划考核办法、调整股权激励计划授予对象、授予数量及授予价格的议案等。

1. 授予价格、禁售期、解锁期等

华侨城本期激励计划拟授予的限制性股票数量为 9100 万股，占本激励计划草案摘要公告日公司股本总额 727134 万股的 1.25%，一次性授予，无预留部分。股票来源为华侨城向激励对象定向发行的华侨城 A 股普通股。

2015 年 11 月 9 日，华侨城办理完成限制性股票的授予登记工作，授予日为 2015 年 10 月 19 日，授予股份的上市日为 2015 年 11 月 9 日，授予对象为 271 人，授予数量为 8265 万股，授予价格为 4.66 元/股。激励对象包括在华侨城任职的高级管理人员、中层管理干部及核心管理、技术骨干。激励计划中任何一名激励对象所获授限制性股票数量未超过提交股东大会审议之前股本总额的 1%。

华侨城第二期限制性股票股权激励计划有效期为自限制性股票授予日起 6 年。在授予日后 24 个月为限制性股票的锁定期。锁定期满后为解锁期，分四次匀速解锁。

2. 授予条件

华侨城公司及激励对象未发生违反股权激励实施的相关法律、法规的情形下，满足下列条件时方可授予：授予时前一个财务年度的归属于上市公司股东的扣除非经常性损益的加权平均净资产收益率不低于 14%，销售净利率不低于 14%，归属上市公司股东的扣除非经常性损益的净利润增长率不低于 8%；且上述考核指标不低于同行业可比公司同期指标的 50 分位值。

3. 解锁条件

解锁期内，华侨城公司及激励对象未发生违反股权激励实施的相关法律、法规的情形下，业绩同时满足下列条件时方可解锁。

在每一个解锁年度的前一财务年度，本公司的考核指标不低于表 4 所述的目标值。

表 4　各批次解锁条件

考核指标	第一批解锁	第二批解锁	第三批解锁	第四批解锁
归属上市公司股东的扣除非经常性损益的加权平均净资产收益率	解锁年度的前一个完整财务年度（即2016年）不低于12.5%	解锁年度的前一个完整财务年度（即2017年）不低于12.5%	解锁年度的前一个完整财务年度（即2018年）不低于12.5%	解锁年度的前一个完整财务年度（即2019年）不低于12.5%
销售净利率	解锁年度的前一个完整财务年度（即2016年）不低于16%	解锁年度的前一个完整财务年度（即2017年）不低于16%	解锁年度的前一个完整财务年度（即2018年）不低于16%	解锁年度的前一个完整财务年度（即2019年）不低于16%
归属上市公司股东的扣除非经常性损益的净利润三年复合增长率	解锁年度的前一个完整财务年度（即以2013年为基数计算2016年度）不低于10%	解锁年度的前一个完整财务年度（即以2014年为基数计算2017年度）不低于10%	解锁年度的前一个完整财务年度（即以2015年为基数计算2018年度）不低于10%	解锁年度的前一个完整财务年度（即以2016年为基数计算2019年度）不低于10%

注：如果公司当年实施因发生公开/非公开发行或并购重组等产生影响净资产的行为，则新增加的净资产值、净利润值不计入该年度及下一年度公司上述考核指标中涉及的净资产、净利润计算。

同时，上述考核指标不低于同行业可比公司同期指标的 75 分位值。

四　实施效果

（一）第一期实施效果

华侨城第一期股权激励计划分六期解锁，每期分别解锁 16662100 股、16662100 股、16662100 股、29991780 股、38833470 股、39053430 股，分别占华侨城总股本的 0.636%、0.636%、0.536%、0.536%、0.534%、0.537%。

在第一期股权激励计划第六次解锁时，扣除非经常性损益后，2012 年加权平均净资产收益率为 21.23%（考核条件为不低于 12%）；2005 年净利润为 4.8 亿元，2012 年归属上市公司股东的净利润为 38.28 亿元，净利润年平均增长率为 34.53%（考核条件为不低于 20%）；2005 年主营业务收入为 6.56 亿元，2012 年主营业务收入为 221.92 亿元，主营业务收入年平均增长率为 65.38%（考核条件为不低于 20%）。

在核心竞争力方面，华侨城形成了独特的成片综合开发模式。各业务板块相互融合，文化旅游景区、酒店、住宅和商业类地产以多种形式组成有机整体，在业态布局、产品功能、盈利与资金回收等方面形成紧密联系和相互补充，产生明显的协同效应和集群优势。华侨城依靠商业模式和产品创新，于 2000 年开始走出深圳，加快全国拓展的战略布局，在北京、上海等全国一线城市和区域中心城市开发建设大型文化旅游综合项目。实施战略布局增加了优质资源储备，抢占了市场先机，夯实了华侨城未来发展基础。

（二）第二期实施效果

根据华侨城第二期激励计划规定，激励对象自限制性股票授予之日起 24 个月内为锁定期（即 2015 年 10 月 19 日至 2017 年 10 月 18 日），分四次进行解锁，即第一次解锁时间为 2017 年 10 月 19 日以后，可解锁数量为获授限制性股票总数的 25%，公司 2015 年激励计划限制性股票授予日为 2015 年 10 月 19 日，截至 2017 年 10 月 19 日，限制性股票第一期锁定期届满。

2016 年，华侨城完成了激励计划所规定的业绩考核要求，且在加权平均净资产收益率、销售利润率及净利润三年复合增长率、EVA 上表现出色。考核目标与实际完成情况对比，见表 5。

表 5　考核目标与实际完成情况对比

考核目标		实际完成情况		
指标	目标值	2016 年实际值	同行业对标分位值	考核结果
归属上市公司股东的扣除非经常性损益的加权平均净资产收益率	解锁年度的前一个完整财务年度（即 2016 年）不低于 12.5%	15.02%	行业 94 分位值	达标
销售净利率	解锁年度的前一个完整财务年度（即 2016 年）不低于 16%	同行业可比公司同期 75 分位值	20.61%	行业 85 分位值	达标
归属上市公司股东的扣除非经常性损益的净利润三年复合增长率	解锁年度的前一个完整财务年度（即以 2013 年度为基数计算 2016 年度）不低于 10%	16.06%	行业 79 分位值	达标
EVA	16.47 亿元	—	39.53 亿元	—	达标

解锁时股票市场价格（前 5 个交易日股票交易均价）不低于授予时股票公平市场价格。

总体而言，自华侨城实施股权激励以来，总资产和净利润增长迅速（见图 1、图 2）。华侨城第一期股权激励计划的成功开展，为华侨城的发展注入了更多活力。2015 年以来开展的第二期股权激励计划的效果，我们拭目以待。

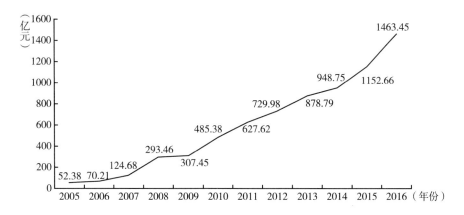

图1　总资产增长情况

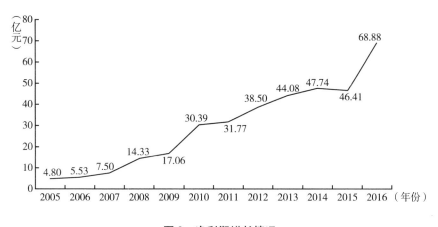

图2　净利润增长情况

案例二：海康威视案例分析

一　公司简介

（一）基本情况

海康威视是一家国有控股的高科技企业，公司位于杭州，主营业务为国

防及家庭用视频监控产品的制造、销售，目前是我国国防服务业的顶尖企业。公司于2010年5月在深交所中小板上市，是我国安防行业上市市值最大的公司。

在科研技术方面：拥有大数据、云计算、双目识别以及九大核心技术，在技术方面有着全球领先水平。在科研产品方面拥有千余系列和近万款产品，同时，针对不同行业，不仅提供了针对行业特性的专业化产品，同时包含更加人性、智能化方案。海康威视自成立以来，发展迅猛，规模不断扩大，截至2015年底，海康威视已在我国35个城市设立分公司，同时，在香港、荷兰、印度、美国、巴西等21个国家建立子公司。

（二）业务资产

海康威视拥有业内领先的自主核心技术和可持续研发能力，提供摄像机/智能球机、光端机、DVR/DVS/板卡、BSV液晶拼接屏、网络存储、视频综合平台、中心管理软件等安防产品，并针对金融、公安、电讯、交通、司法、教育、电力、水利、军队等众多行业提供合适的细分产品与专业的行业解决方案。这些产品和方案面向全球100多个国家和地区，在北京奥运会、大运会、亚运会、上海世博会、60年国庆大阅兵、青藏铁路等重大安保项目中得到广泛应用。

海康威视自2010年上市以来，资产、负债和净资产都在稳定增长，净资产在行业中的排名自上市以来一直在前五名，经过6年的发展，2016年海康威视资产已经达到413.39亿元，是2010年上市当年的近7倍，2016年海康威视净资产达到242.88亿元，是2010年净资产的近5倍。同时，从行业排名来看，海康威视始终保持在行业前列。

（三）股本规模

海康威视是一家国有控股的高科技企业，股权较为集中且前几大股东的持股比例较为稳定，目前总股本为9228865114股，流通股为7257651014股。截至2017年9月30日，前五大股东情况如表6所示。

表 6　前五大股东情况

股东	持股数量	持股比例(%)	股份性质
中电海康集团有限公司	3653674956	39.590	流通 A 股
龚虹嘉	1385056700	15.010	流通 A 股,流通受限股份
香港中央结算有限公司	861640362	9.340	流通 A 股
新疆威讯投资管理有限合伙企业	549720876	5.960	流通 A 股,流通受限股份
新疆普康投资有限合伙企业	192346874	2.080	流通 A 股,流通受限股份

（四）人员结构

截至 2015 年底，公司拥有员工 15222 人，科研技术人员 7181 人，占据了总人数的 47.18%；而截至 2016 年底，公司在职员工总人数已达到 20013 人，2016 年净增人数 4791 人，增加比例达到了 31.47%。

由表 7、表 8 可知，海康威视极为重视科研及自身员工学历水平，尽管处于高速发展、人员极速膨胀的阶段，仍然能够保持 46.80% 的科研工作人员，达到总人数近 50% 的研发人员规模，研发人员年净增 2185 人。

表 7　2016 年人员结构

单位：人

专业构成	
专业构成类别	专业构成人数
管理人员	293
研发人员	9366
营销人员	4061
职能人员	589
生产人员	5704
合　　计	20013

表 8　2016 年人员的受教育程度

单位：人

受教育程度	
受教育程度类别	数量
硕博以上	2535
本　科	10315
专　科	1890
其　他	5273
合　　计	20013

二 股权激励实施背景分析

海康威视目前已进行了两期股权激励，分别在2012年和2014年。2012年的股权激励已顺利完成了前两期的解锁，2014年的股权激励方案目前正处于锁定期。

如表9所示，海康威视2011年的净资产收益率为23%，高于15%的水平，2011年营业收入增长率为45.10%，高于30%的水平，且两个指标都高于标杆公司50分位值水平，公司处于一个高速发展的阶段，满足限制性股票的获授条件。

表9　2011年实施股权激励之前的海康威视业绩

单位：%

指标	海康威视	对标公司2010年50分位值	对标公司2011年50分位值	对标公司2008~2010年50分位值	对标公司2009~2011年50分位值
2011年净资产收益率	23	12.1	8.0	8.6	9.4
2009~2011年营业收入	58	—	—	30	30

在2014年开展股权激励之前，2012年股权激励方案已顺利完成第一期的解锁，公司财务指标良好且增速迅猛，故在2014年将相关解锁的业绩指标进一步提高，更加严格，以期公司业绩有进一步的提升。

三 股权激励方案操作

海康威视截至目前已经进行了两次股权激励计划的实施，分别为2012年和2014年。2010年海康威视在深交所上市后，于2012年进行了第一期的股权激励计划，目前已经顺利解锁了前两期的股票；2014年海康威视又进行了第二期的股权激励计划，目前还全部处于锁定期。下面将分别对2012年和2014年两期股权激励的具体情况进行分析。

（一）2012年海康威视第一期股权激励方案基本情况

2012年4月22日，海康威视董事会通过了公司《关于公司〈限制性股票计划（草案）〉及摘要的议案》，本次股票激励计划方案概要如下。

1. 激励方式：限制性股票

2. 激励数量

公司以定向发行新股的方式向激励对象授予 9247000 股限制性股票，授予数量占公司总股本的 0.46%。

3. 股票来源：定向发行的 A 股普通股票

4. 锁定期与解锁期情况

在授予日的 24 个月后分三次解锁，解锁期为 36 个月。

5. 锁定与解锁方式

在授予日后的 24 个月为标的股票锁定期，激励对象根据本计划持有的标的股票将被锁定且不得以任何形式转让。

限制性股票授予后（包括锁定期内）的 24 个月至 60 个月为解锁期，在解锁期内，若达到本股权激励计划规定的解锁条件，授予的限制性股票分三次解锁：第一次解锁期为授予日 24 个月后至 36 个月内，解锁数量是当次获授标的股票总数（包括激励对象出资购买的标的股票）的 1/3；第二次解锁期为授予日 36 个月后至 48 个月内，解锁数量是当次获授标的股票总数（包括激励对象出资购买的标的股票）的 1/3；第三次解锁期为授予日 48 个月后至 60 个月内，解锁数量是当次获授标的股票总数（包括激励对象出资购买的标的股票）的 1/3。

6. 公司层面解锁条件

限制性股票解锁前一个财务年度公司净资产收益率在各批次解锁时需达成以下条件。

第一次解锁：解锁时点前一年度净资产收益率不低于 15%，且不低于标杆公司前一年度 75 分位值水平。

第二次解锁：解锁时点前一年度净资产收益率不低于 16%，且不低于标杆公司前一年度 75 分位值水平。

第三次解锁：解锁时点前一年度净资产收益率不低于 17%，且不低于标杆公司前一年度 75 分位值水平。

净资产收益率指扣除非经常性损益后扣除股权激励成本的加权平均净资产收益率。同时，若公司发生再融资行为，净资产为再融资当年扣除再融资数额后的净资产值。

限制性股票解锁前一个财务年度公司营业收入增长率在各批次解锁时需达成以下条件。

第一次解锁：解锁时点前一年度相比授予时点前一年度的复合营业收入增长率不低于30%，且不低于标杆公司同期75分位值增长率水平。

第二次解锁：解锁时点前一年度相比授予时点前一年度的复合营业收入增长率不低于30%，且不低于标杆公司同期75分位值增长率水平。

第三次解锁：解锁时点前一年度相比授予时点前一年度的复合营业收入增长率不低于30%，且不低于标杆公司同期75分位值增长率水平。

7. 授予价格：10.65元/股

8. 授予对象情况

激励对象均为对公司整体业绩和持续发展有直接影响的管理人员、核心技术人员和业务骨干；公司董事、监事及高级管理人员，持股5%以上的主要股东或实际控制人及其配偶、直系近亲属均未参与本计划，授予对象情况见表10。

表10 第一期股权授予对象情况

单位：股，%

激励对象	授予股数	占首次授予总量的比例	占总股本的比例
总监层级员工32人	1026000	11.91	0.05
中层管理相关员工171人	2685900	31.19	0.13
业务骨干387人	4899711	56.90	0.24
总计590人	8611611	100.00	0.42

（二）2014海康威视第二期股权激励方案基本情况

海康威视于2014年10月24日召开的第二届董事会二十七次会议审议通过了《关于调整2014年限制性股票计划激励对象名单及授予数量的议案》《关于向2014年限制性股票计划激励对象授予限制性股票的议案》，本次股票激励计划方案概要如下。

1. 激励方式：限制性股票

2. 激励数量

公司拟向激励对象授予总量为 53315082 股的限制性股票，约占目前公司股本总数 4017223222 股的 1.33%。

3. 股票来源：定向发行的 A 股普通股票

4. 锁定期与解锁期情况

在授予日的 24 个月后分三次解锁，解锁期为 36 个月。

5. 锁定与解锁方式

在授予日后的 24 个月为标的股票锁定期，激励对象根据本计划持有的标的股票将被锁定且不得以任何形式转让。

限制性股票授予后（包括锁定期内）的 24 个月至 60 个月为解锁期，在解锁期内，若达到本股权激励计划规定的解锁条件，授予的限制性股票分三次解锁：第一次解锁期为授予日 24 个月后至 36 个月内，解锁数量是当次获授标的股票总数（包括激励对象出资购买的标的股票）的 40%；第二次解锁期为授予日 36 个月后至 48 个月内，解锁数量是当次获授标的股票总数（包括激励对象出资购买的标的股票）的 30%；第三次解锁期为授予日 48 个月后至 60 个月内，解锁数量是当次获授标的股票总数（包括激励对象出资购买的标的股票）的 30%。

6. 公司层面解锁条件

限制性股票解锁前一个财务年度公司净资产收益率在各批次解锁时需达成以下条件。

第一次解锁：解锁时点前一年度净资产收益率不低于 20%，且不低于标杆公司前一年度 75 分位值水平。

第二次解锁：解锁时点前一年度净资产收益率不低于 20%，且不低于标杆公司前一年度 75 分位值水平。

第三次解锁：解锁时点前一年度净资产收益率不低于 20%，且不低于标杆公司前一年度 75 分位值水平。

净资产收益率指扣除非经常性损益后扣除股权激励成本的加权平均净资产收益率。同时，若公司发生再融资行为，净资产为再融资当年扣除再融资数额后的净资产值，净利润为剔除再融资因素影响后的净利润。

限制性股票解锁前一个财务年度公司营业收入增长率在各批次解锁时需达成以下条件。

第一次解锁：解锁时点前一年度较授予前一年复合营业收入增长率不低于35%，且不低于标杆公司同期75分位值增长率水平。

第二次解锁：解锁时点前一年度较授予前一年复合营业收入增长率不低于30%，且不低于标杆公司同期75分位值增长率水平。

第三次解锁：解锁时点前一年度较授予前一年复合营业收入增长率不低于26%，且不低于标杆公司同期75分位值增长率水平。

在限制性股票锁定期内，各年度归属于上市公司股东的净利润及归属于上市公司股东的扣除非经常性损益的净利润均不得低于授予日前最近三个会计年度的平均水平且不得为负。

7. 授予价格：9.25元/股

授予对象情况见表11。

表11　第二期股权授予对象情况

单位：股，%

激励对象		人均授予股数（近似值）	授予股数合计	占本次授予总量的比例	占股本总额的比例
高级管理人员10人		96000	960000	1.80	0.02
其他激励对象	中层管理人员17人	111882	1902000	3.57	0.05
	基层管理人员743人	50912	37827712	70.95	0.94
	核心骨干员工364人	34685	12625370	23.68	0.31
	小计1124人	46578	52355082	98.20	1.30
授予合计1134人		47015	53315082	100.00	1.32

（三）海康威视股权激励方案操作分析

1.2012年股权激励方案

首先，2012年海康威视股权激励对象不包括高级管理层，2012年海康威视第一次提出股权激励计划方案时，正是在深交所上市两年之时，此时的海康威视正处于高速成长阶段，需要对公司实现重要战略发展目标的关键领域人才提供股权激励，因此，海康威视的第一次股权激励计划方案激励对象不包含高级管理层。

其次，海康威视是一家集生产、销售及研发于一体的国有控股高科技公司，截至2012年12月31日，公司及全资子公司在职员工总数8074人，其中研发人员3450人，本次股权激励共授予对象590人，其中，业务骨干员工387人，总监级员工32人，约占2/3的名额，关键领域的中层管理人员171人。相对于海康威视2012年的员工总人数而言，股权激励人数较少，激励对象的激励范围重点集中于核心技术员工和业务骨干员工上，这符合海康威视公司自身发展阶段特点和《国有控股上市公司（境内）实施股权激励试行办法》等法律规定的要求，股权激励对象的设定是合规的。

最后，2012年海康威视股权激励对象数量的设定，符合《上市公司股权激励管理办法（试行）》第十二条有关授予数量的规定，即股权激励计划所涉及的股票总数不超过公司股本总数的10%，任一单一激励对象所获授的股票总数不超过公司股本总额的1%。本次股权激励数量的股票总数占总股本的比例为0.43%，远低于10%的要求上限，且任一激励对象所获授的股票数也远低于1%的要求上限。

2.2014年股权激励方案

首先，2014年海康威视股权激励共计授予对象1128人，是第一次股权激励授予对象人数的近2倍。本次股权激励授予对象包含高级管理人员10人，而2012年海康威视股权激励的激励对象是不包含高级管理人员的，这是因为2014年海康威视的发展已经步入成熟阶段，公司从规模、人员结构及营业收入、净利润等都属于行业的佼佼者，此时对公司具有突出贡献的高级管理人员进行股权激励有利于公司稳定，同时也有利于公司的进一步成

长，是符合国资委对国有控股高科技上市公司股权激励对象要求的。

其次，2014 年海康威视股权激励的激励对象的重点在基层管理人员和核心骨干技术人员，激励人数分别为 738 人和 390 人，共计占本次股权激励人数的 97% 以上。相比 2012 年海康威视股权激励对象的授予范围，本次股权激励范围更加广泛，更加注重对基层业务骨干和技术人员的激励。截至 2014 年 12 月 31 日，公司及全资子公司在职员工总数为 11984 人，其中，研发人员 5333 人，本次股权激励的对象范围的设定与海康威视 2014 年人员构成情况是成正比的。

最后，2014 年股权激励数量的授予同样符合《上市公司股权激励管理办法（试行）》第十二条有关授予数量的规定，股权激励计划所涉及的股票总数不超过公司股本总数的 10%，任一单一激励对象所获授的股票总数不超过公司股本总额的 1%。10 名高管人员授予股票的总数仅占股本总数的 0.2%，其他激励对象授予股票的总数占股本总数的 1.29%，都远低于 10% 的要求上限。单一激励对象所获授的股票数也都远低于规定要求的 1% 的上限。

四　实施效果

由于 2014 年实施的股权激励计划目前仍在锁定期，故仅对 2012 年已解锁两期的股权激励方案实施效果进行分析，数据取值从 2010 年到 2015 年。

（一）经济增加值（EVA）分析

经济增加值作为一种以价值创造为核心的指标，是一种全新的财务管理体系，能够有效克服传统财务指标缺陷的经济增加值从股东的立场来衡量企业的价值，在评价企业业绩时充分考虑了权益资本成本，能比较准确地反映企业为投资者所创造的财富，可避免企业不计股权资本成本、盲目投资、忽视投资者回报的现象，可更全面地评价企业的经营业绩，更好地促进企业发展。海康威视在证监会行业分类中属于计算机、通信和其他电子设备制造业，通过观察海康威视自 2010 年在深圳中小板上市以来至 2015 年，尤其是提出股权激励计划方案以来，其经济增加值与行业均值做对比，衡量股权激励对公司长期经营业绩的影响。经济增加值是指企业的税后净营业利润减去包括股权和债务的全部投入资本的机会成本后的所得。经济增加值计算公式为：$EVA = 税后净营业利润 -$

全部资本成本=税后净营业利润-资本总额×加权平均资本成本率。

从表12可以看出，海康威视2010~2015年的经济增加值一直在稳定提高，由2010年的5.17亿元到2015年的37.14亿元，短短6年的时间，增长了7倍之多，尤其在整体行业EVA平均增幅下降的对比下，海康威视的EVA能够保持稳定的增长，足以说明公司良好的管理体系和稳定增长的经营业绩，且海康威视在2012年首次提出股权激励计划方案的3年时间内，经济增加值（EVA）保持在每年50%以上的增长幅度，而行业均值始终在负值水平。这跟海康威视采用股权激励计划方案，吸收和维系管理层和核心技术员工，将目标集中在公司的价值创造上有很大关系。同时，海康威视的发展战略是轻资产模式，着重利用自身资源和间接利用外部资源，以最低的投入来实现股东价值最大化，也证明了实施股权激励计划对公司经营绩效的增长是有帮助的。由于受全球经济低迷的影响和行业竞争的加剧，海康威视发展速度受到影响，2015年经济增加值的增幅相比前几年有所下降，但是影响甚微，相比整个行业，海康威视在2012年实行股权激励方案以来，经济增加值都远远高于行业平均值，证明了股权激励方案对公司经营绩效的提升是有帮助的。

表12 经济增加值分析

单位：亿元，%

年份	2010	2011	2012	2013	2014	2015
经济增加值	5.17	7.87	7.87	20.79	30.94	37.14
增幅比例	—	0.52	0.73	0.52	0.48	0.20

（二）营业收入增长率

营业收入增长率衡量企业经营状况和市场占有率，预测企业经营发展的重要指标，该指标越高，表明企业增长速度越快，企业市场前景越好。由表13可看出海康威视自2012年提出股权激励方案以来，呈现较好的上升趋势，而大华股份则在2012年之后呈现下滑趋势，且与海康威视差距逐渐增大，海康威视营业收入增长率远高于行业平均水平，整体说明股权激励的实施有利于海康威视业绩的增长。

表 13　营业收入增长率分析

单位：%

年份		2010	2011	2012	2013	2014	2015
营业收入 增长率	海康威视	71.57	45.10	37.89	48.96	60.37	46.64
	大华股份	81.39	45.44	60.13	53.21	45.52	37.45
	行业均值	45.36	19.35	26.05	22.19	34.04	36.36

（三）总资产增长情况

总资产增长率表明一个企业规模增长得快，会给企业持久发展带来强大动力。该指标越高，表明企业发展能力越强。由表 14 看出海康威视 2010 年总资产增长率远远高出其他年份，是由于海康威视 2010 年在深交所上市，当年总资产迅速增长，从而导致 2010 年总资产增长率水平远远高于其他年份，2011～2015 年海康威视每年的总资产增长额处于相对稳定增长的趋势，并始终处于行业均值之上。相比之下，大华股份在 2013 年之后出现显著下滑，这表明海康威视股权激励的实施有利于企业长期稳定发展。

表 14　总资产增长情况分析

单位：%

年份		2010	2011	2012	2013	2014	2015
总资产 增长率	海康威视	198.10	26.98	27.33	32.88	51.30	42.39
	大华股份	53.22	27.65	49.73	77.41	32.56	43.97
	行业均值	36.97	18.88	16.06	16.49	39.65	46.64

案例三：烽火通信股权

一　公司简介

烽火通信公司于 1999 年 12 月 25 日成立，注入资金为人民币 4.1 亿元，2001 年 8 月于上交所成功上市 8800 万 A 股（股票代码：600498）。该公司专注研发核心层与接入层之间的通信网络的整体解决方案，并拥有大量光通信领域的核心技术，同时具备较强的科研实力和较高的研究成果转化率。该公司主营业务立足于光通信，并深入拓展至信息技术与通信技术融合而生的广泛领域，已跻身全球光传输与网络接入设备、光纤光缆最具竞争力企业10强。2009年4月，烽火通信就推出了首期股票期权型激励方案，方案通过股东大会的审议，这也是股权激励政策下发后，国企中首个获准实施该方案的。

二　背景分析

经过这些年的发展，中国通信设备制造行业已经发展为一个较完整的产业体系，产业链不断完善，自主创新研发能力得到显著提高，出现了中兴、华为等具有国际竞争力的大公司，在电子信息产业中占据重要地位。通信设备制造业作为高科技行业，其人才是高科技企业最关键的核心资源。由于该行业的工作需要其员工具有很强的自制力以及创新能力，工作成效包含很多无形的技术方面的创新，所以其所具备的价值需要较久的时间来考量，即不能简单地计算当前的直接效应。另外，基于很强的专业素养和适应能力，该行业的员工存在不稳定性，即频繁发生流动，因人才流失而带来相关成本及损失不断增大。固有的工薪制度不能与该行业员工的特性相适应，故要使用更为敏捷科学的激励制度。2007年中国的通信市场处于稳健复苏的状态。基于宽带业务的增长、3G产业的拉动等综合因素的影响，运营商投资及市场需求规模出现扩增。同时，集中采购模式成为通信建设市场中普遍的采购模式，激烈的市场竞争存在于通信设备供应商之间。2007年，烽火通信的通信系统实现收入10.8亿元，实际完成的国内光网络产品的销售收入为13亿元左右，占国内整个市场容量110亿元的12%，被华为（超过50%）、中兴（约15%～20%）甩在后面。烽火通信市场份额的落后与其市场化能力欠佳、整体解决方案能力的偏低有关。其实施股权激励计划，在一定程度上可以减轻制约公司发展的机制问题，

有助于提高其市场化竞争力，扩大市场容量，最大限度地享受行业发展所带来的红利。2008 年以后，受到国际性金融危机的冲击，通信设备制造业出口受挫，相关经济指标的增长幅度下降。但 2009 年以来，国家相关政策刺激该行业快速回暖。烽火通信的首期激励方案在 2009 年正式实施。

烽火受到了竞争对手如华为、中兴这样的龙头企业的激烈打压，利润空间不断缩小。我国对外战略不断推出，一方面为烽火通信的发展提供了广阔的空间，另一方面，也必须看到，其面临的巨大市场竞争压力，烽火通信必须从内部进行改革，优化内部结构，实施股权激励，提升竞争实力。

三 实施方案

（一）烽火通信股权激励方案的主要内容

由于烽火通信先后实施了股票期权和限制性股票，所以先以股票期权为例，重点讲述股票期权内容，之后再以限制性股票讲述实施的效果。

1. 激励方式：股票期权

2. 激励对象

烽火通信的董事（外部董事除外）、高管及关键岗位人员。其中董事及高级管理人员共 11 人，关键管理科技技术岗位共 138 人，共计 149 人，约占公司骨干员工的 3%。

3. 标的股票数量

标的股票数量为 236 万股，占烽火通信总股份 4.1 亿股的 0.576%。

4. 授予日：2009 年 4 月 29 日

5. 行权有效期：方案效用期为 10 年，限制期为 2 年

6. 股票期权的行权价

授予的行权价是 17.76 元，同时行权价在该期权有效期内随股本拆细或缩股、发放股票式红利等进行相应的调整。

7. 股票来源：定向发行

8. 资金来源：由激励对象自筹

9. 获授前提及行权前提的具体要求

获授前提：股票期权获授的前一年度被审计确定的净利润的增长比率≥20%，同时不低于行业均值；股票期权获授前一年被审计确定的新物品的销售收入与主业收入的比率≥15%，新物品销售收入的上涨比率≥20%。

行权前提：行权有效期内，业绩指标的具体要求：2010年，净资产收益率≥8.2%；2011年，净资产收益率≥10%；2012年，净资产收益率≥10%；2013年，净资产收益率≥10%。

激励对象被授予的股票期权为236万份，自授权日（记为 t 日）起满2年后，达到行权条件的，就可以行权。该激励方案规定以25%比率按四期匀速行权，每期的行权有效期均为3年。

依据绩效考核办法对被激励人员进行考评计分，确定其在各行权期内能够行权的额度，有A、B、C、D四个层级的行权分数，按考核结果的四个层级确认行权比例（见表15）。

表 15　股权激励计划绩效考核要求

层级	A	B	C	D
加权分数	$X \geq 90$	$80 \leq X < 90$	$70 \leq X < 80$	$X < 70$
行权比例	100%	80%	50%	不行权

被激励人员当年获授却因考评未达标不能行权的部分将被注销。除此之外，被激励人员所获授的在行权期内未行权完毕的部分也将被注销。

四　解锁完成条件

解锁完成条件见表16。

表 16　解锁完成条件

限制性股票计划第二期解锁条件	是否满足解锁条件的说明
解锁期安排:第二次解锁自授予起 36 个月后的首个交易日起至授予日起 48 个月内的最后一个交易日当止,可解锁数量占限制性股票数量的 1/3	本次限制性股票激励的授予日为 2014 年 11 月 18 日,自激励对象获授限制性股票之日起 24 个月内为锁定期。2017 年 11 月 18 日达到限制性股票第二次解锁的时间要求
公司层面业绩考核要求:可解锁日前一年度净资产收益率不低于 9.5%,且不得低于公司同行业平均业绩(或对标企业 75 分位值)水平;可解锁日前一年度较方案公布前一年度净利润年复合增长率不低于 15%,且不得低于公司同行业平均业绩(或对标企业 75 分位值)水平;解锁日前一年度新产品销售收入占主营业务收入比例不低于 15%;限制性股票锁定期内,各年度归属上市公司股东的净利润及归属上市公司股东的扣除非经常性损益的净利润,均不得低于授权日前最近三个会计年度的平均水平且不得为负	公司业绩成就情况:公司可解锁日前一年度(即 2016 年度)扣除非经常性损益的加权平均净资产收益率为 9.72%,高于 9.5% 且高于公司同行业平均业绩(3.63%);可解锁日前一年度较方案公布前一年度净利润年复合增长率为 15.11%,高于 15% 且高于公司同行业平均业绩(12.89%);可解锁日前一年度新产品销售收入占主营业务收入的 24.63%,不低于 15%;限制性股票锁定期内,各年度归属上市公司股东的净利润(539705455.01 元、657377767.16 元)及归属上市公司股东的扣除非经常性损益的净利润(509608001.31 元、614793377.50 元),均高于授权日前最近三个会计年度平均水平(410357453.22 元、487170769.60 元)且不为负
解锁时股票市场价格要求:解锁时股票市场价格(前五个交易日公司标的股票交易均价)应不低于限制性股票授予价格的定价基准,未达到的可延长解锁期,直至符合上述条件。若公司发生派息、资本公积转增股本、派发股票红利、股份拆细或缩股、配股、派发现金红利等事宜,则定价基准做相应调整	解锁时股票市场价格:解锁时股票市场价格为 35.76 元/股(2017 年 11 月 13 日至 17 日公司股票交易均价)。公司 2014 年每股派发现金红利 0.25 元;2015 年每股派发现金红利 0.34 元;2016 年每股派发现金红利 0.34 元。依照公司《激励计划管理办法》的相关规定,本次股权激励计划的定价基准调整为:11.91 − 0.25 − 0.34 − 0.34 = 10.98 元。本次解锁时股票市场价格不低于限制性股票授予价格的定价基准
公司未发生如下情形:最近一个会计年度的财务会计报告被注册会计师出具否定意见或者无法表示意见的审计报告;最近一年内因重大违法违规行为被证监会予以行政处罚;国资委、证监会认定的不能实行限制性股票计划的其他情形	公司的审计机构天职国际会计师事务所(特殊普通合伙)对公司 2016 年财务报表出具了标准无保留意见的天职业字〔2017〕8658 号《审计报告》,公司不存在“最近一个会计年度的财务会计报告被注册会计师出具否定意见或者无法表示意见的审计报告”,此外公司也不存在“最近一年内因重大违法违规行为被证监会予以行政处罚”及“国资委、证监会认定的不能实行限制性股票计划的其他情形”

限制性股票计划第二期解锁条件	是否满足解锁条件的说明
激励对象未发生如下任一情形:最近三年内被交易所公开谴责或宣布为不适当人选;最近三年内因重大违法违规行为被证监会予以行政处罚;具有《公司法》规定的不得担任公司董事、高级管理人员情形的;公司董事会认定其他严重违反公司有关规定的	经董事会薪酬与考核委员会核查,激励对象未发生相关任一情形,满足解锁条件

五 解锁后的影响情况

本次限制性股票解锁后并未造成股份总额的变化。从烽火通信实行限制性股票计划的整体来看,股权激励起到了一定正向作用,为企业员工队伍稳定和企业持续、健康、稳定发展起到了重要作用,也对公司的经营和长期发展起到了重要的推动作用。这反映出,实施限制性股票,让员工自己掏钱,让其感受到压力,激励绑定效果更好。

案例四:安泰科技股份有限公司股权激励

一 公司总体情况

安泰科技股份有限公司(以下简称安泰科技或公司,其股票代码为000969)是一家大型国有控股公司。它成立于1998年12月,于2000年5月上市,是国家科技部及中科院联合认定的国家高技术企业,主要发起人是中国钢研科技集团有限公司。中国钢研科技集团公司为国有独资企业,其前身是原国家级大型科研院所钢铁研究总院。

安泰科技以先进金属材料为主要产业,涉及纳米晶带材及制品、发电与储能材料及制品、难熔材料及制品、粉末材料及制品、磁性材料及制品、焊接材料及制品、生物医用材料及制品、工程技术及装备、高速工具钢及人造金刚石工具十个材料领域。

二 公司背景介绍

安泰科技拟实施股权激励时，其总体经营情况、发展状况良好。2008年为公司成立的第十年，面临国际、国内经济形式给公司带来的巨大挑战。面对挑战，公司积极研究对策，通过开拓主流市场，稳定高端客户；依靠技术进步，进行结构调整；开发拳头产品，降低生产成本；提升生产效率，加快存货周转等一系列有力的措施，确保了年度经营目标的完成。公司经营业绩连续第十年实现了稳步增长，营业收入首次突破30亿元，同比增长15.31%，利润总额超过2亿元，扣除非经常性损益的净利润增长15.90%，为实现公司中长期发展战略目标奠定了更加坚实的基础。

公司紧密围绕战略方向，协同多方力量，确保公司各个重点投资项目建设的推进，同时，根据战略规划目标，公司优化各种资源配置，积极推动业务的发展和调整，通过内部机构调整，对磁性材料业务单元进行了有效整合；围绕非晶业务发展规则，推动上下游业务的拓展，将进一步强化其产业竞争优势，公司与德国合作伙伴共同开发的薄膜太阳能电池用于北京奥林匹克公园示范项目。通过不断完善体系建设，公司的技术创新工作也得到了进一步加强，公司也顺利通过了北京市首批"高新技术企业"重新认证的评审工作。获得国家"863计划"等政府科研项目支持15项，申报专利19项，专利受理25项，获得授权19项。公司软磁合金产品成功应用于"神州七号"载人飞船。

通过创新企业文化建设，促进企业与员工和谐发展，公司的经营发展形成良性循环，有利于公司中长期激励计划的实施，对公司健全薪酬激励与约束机制、促进规范运作与可持续发展有着重要的意义。

三 股票期权实施计划

为进一步完善安泰科技的法人治理结构，促进公司建立、健全激励约束机制，充分调动公司高层管理人员及核心员工的积极性、责任感和使命感，有效地将股东利益、公司利益和经营者个人利益结合在一起，共同关注公司的长远发展，并为之共同努力奋斗，根据《中华人民共和国公司法》、《中华人民共和国证券法》、国务院转发中国证监会《关于提高上市公司质量意见的通知》（国发〔2005〕34号）、中国证监会等五部委联合发布的《关于上市公司股权分置改革的指导意见》、国务院国有资产监督管理委员会《国有控股上市公司（境内）实施股权激励试行办法》（国资发分配〔2006〕175号）、《关于规范国有控股上市公司实施股权激励制度有关问题的通知》（国资发分配〔2008〕171号）、中国证监会《上市公司股权激励管理办法（试行）》（证监公司字〔2005〕151号）等有关规定，结合执行的薪酬体系和绩效考核体系等管理制度，制订了股权激励计划。

（一）股票期权整体计划

安泰科技计划为股票期权计划，首期计划授予激励对象股票期权总额为公司总股本的1.7144%，即756.49万份期权（根据国务院国资委意见，将原总授予比例从占总股本的1.9%调整为1.7144%）。

整个计划有效期为自首期股票期权日起10年，原则上每3年授予一次，首期授予的股票期权有效期为自首期股票期权授权日起的5年，激励对象在授权日之后的第3年开始分3年匀速行权。授予的股票期权的行权价格为17.52元。

（二）激励对象

首期激励对象包括上市公司董事、高级管理人员以及董事会认为需要以此方式激励的其他人员共计106人。本计划拟授予的股票期权对应的股票总量，与公司其他股权激励计划涉及的公司股票数量之和不超过公司股本总额的10%。

（三）股票来源

通过向激励对象定向发行股票作为本计划的股票来源，行权限制期为股票期权自授权日至股权生效日（可行权日）止的期限。首期计划激励对象获授的股票期权行权限制期为2年，在限制期内不可以行权。行权有效期为股权生效日至股权失效日，首期计划股票期权行权有效期为3年。超过行权有效期的，其行权权利自动失效，并不可追溯行使。

（四）行权条件

激励对象可以自授权日起两年后开始行权，可行权日必须为交易日，且在行权有效期内。激励对象应当在上市公司定期报告公布后第 2 个交易日，至下一次定期报告公布前 10 个交易日内行权，但不得在下列期间行权。

①年度、半年度业绩预告或业绩快报披露前 10 日内。

②重大交易或重大事项决定过程中至该事项公告后 2 个交易日。

③其他可能影响股价的重大事件发生之日起至公告后 2 个交易日。

（五）激励计划的有效期

整个计划有效期为自首期股票期权的授权日起 10 年，原则上每 3 年授予一次。首次授予的股票期权有效期为自首期股票期权授权日起的 5 年。本次股票期权激励计划授权日在本计划报国务院国资委审核批准、中国证监会备案且无异议、安泰科技股东大会审议批准后一个月内，公司应当按相关规定召开董事会对激励对象进行授权，并完成登记、公告等相关程序。授权日必须为交易日，且不得为下列期间。

①定期报告公布前 30 日。

②年度、半年度业绩预告或业绩快报披露前 10 日。

③重大交易或重大事项决定过程中至该事项公告后 2 个交易日。

④其他可能影响股价的重大事件发生之日起至公告后 2 个交易日。

行权限制期为股票期权自授权日至股权生效日（可行权日）止的期限。首期计划激励对象获授的股票期权行权限制期为 2 年，在限制期内不可以行权。行权有效期为股权生效日至股权失效日，首期计划股票期权行权有效期为 3 年。超过行权有效期的，其行权权利自动失效，并不可追溯行使。激励对象可以自授权日起两年后开始行权，可行权日必须为交易日，且在行权有效期内。激励对象应当在上市公司定期报告公布后第 2 个交易日，至下一次定期报告公布前 10 个交易日内行权，但不得在下列期间行权。

①年度、半年度业绩预告或业绩快报披露前 10 日内。

②重大交易或重大事项决定过程中至该事项公告后 2 个交易日。

③其他可能影响股价的重大事件发生之日起至公告后 2 个交易日。

（六）股票期权行权期

第一个可行权期：在满足规定的行权条件下，激励对象自授权日起满两年后的第一个交易日至首次授予的股票期权有效期止，可行权总量为249.6424万股，占可行权的标的股票总数的33%。

第二个可行权期：在满足规定的行权条件下，激励对象自授权日起满三年后的第一个交易日至首次授予的股票期权有效期止，累计可行权总量为499.2847万股，占可行权的标的股票总数的66%。

第三个可行权期：在满足规定的行权条件下，激励对象自授权日起满四年后的第一个交易日至首次授予的股票期权有效期止，累计可行权总量为756.49万股，占可行权的标的股票总数的100%。

（七）禁售期情况

禁售期是指对激励对象行权后所获股票进行售出限制的时间段。本次股票期权激励计划的禁售规定按照《公司法》和《公司章程》执行，具体规定如下。

①激励对象为公司董事、高级管理人员的，其任职期间每年转让的股份不得超过其所持有本公司股份总数的25%；在离职后半年内，不得转让其所持有的本公司股份。

②激励对象为公司董事和高级管理人员的，将其持有的本公司股票在买入后6个月内卖出，或者在卖出后6个月内又买入，由此所得收益归本公司所有，本公司董事会将收回其所得收益。

③在本次股票期权激励计划的有效期内，如果《公司法》对公司董事和高级管理人员持有股份转让的有关规定发生了变化，则这部分激励对象转让其所持有的公司股票应在转让时符合修改后的《公司法》和《公司章程》的规定。

（八）业绩考核情况

按照《安泰科技股票期权激励计划实施考核管理办法》分年进行考察，激励对象个人业绩考察达标。具体可参考公司的考核相关制度。

四　实施效果评估

（一）背景情况

安泰科技是第一家行权取得正收益的上市央企，作为央企中第一家实施股权激励的上市公司，实施股权激励在安泰科技从传统科研院所向高新科技企业转化的过程中，发挥了重要且积极的作用。制订股权激励计划是一个系统工程，需要持续性安排，依靠科学合理的策略，同时配合企业经营理念和思想上的变化，才能最大限度地发挥股权激励的积极效果。

从设计的方案看，首先被激励对象并不一定能够获得固定数量的股票，而是只有通过勤勉尽责的工作来满足相应的条件（公司业绩增长、股价上涨），才有机会行使获得的权利。其次，首期授予的股票期权有效期为 5 年，激励对象在授权日之后的第 3 年开始分 3 年匀速行权，且必须满足前两年的条件。这就从制度上保证了被激励对象必须在不短于 5 年的周期内，着眼公司长远的成长发展。最后，从业绩考核条件看，不仅有自身对标，包括净利润的稳步增长，净资产收益率的不断提高以及行业对标的各项指标不得低于同行业平均水平。方案充分体现了公司的行业特点，公司薪酬制度在业界更具竞争力，有助于安泰科技稳定员工，吸引优秀人才加盟，实现人力资源管理目标。

股权激励方案是以公司利益最大化为目标来选择激励对象，首期激励对象共计 106 人，不仅包括公司董事、高级管理人员，还包括中层管理团队、重要岗位骨干员工等；其中核心骨干 96 人，获授数量占授予总量的 84.2%，有助于整个股权激励计划更好地发挥效果。虽然金融危机将在短期内给公司业务带来冲击，但不会改变公司长期增长的趋势。公司在当前较为艰难的市场环境中继续推进股权激励工作，体现了公司克服金融危机影响，对自身未来保持业绩持续稳定增长的坚定信心。

（二）业绩指标情况

国资委 2006 年开始推行国有企业股权激励，在方案实施中，安泰科技成为第一家实施股票期权激励的央企上市公司。安泰科技股权激励涉及公司管理部门、技术岗位以及核心团队人员 106 人，占总人数的 4.62%，授予股票期权 756.49 万份，占总股本的 1.71%，定价为 17.52 元/股。行权条件要求公司 2008～2011 年净资产收益率分别不低于 7.2%、7.5%、8% 和 10%，且均不低于同行业样本平均值；2008～2011 年净利润增长率分别不低于 15%、32%、52% 和 75%。首期授予的股票期权有效期为 5 年，激励对象在授权日之后的第 3 年开始，分 3 年匀速行权，且必须满足前两年的有关条件。

（三）实施效果

"十一五"期间，公司通过不断的技术研发和市场开拓，获得快速发展。从 2006 年到 2010 年公司年营业收入从 21 亿元增长到 35 亿元，增长了 67%，其中 2010 年营业收入同比增加 12.57%，归属母公司股东净利润从 1.1 亿元增长到 2.2 亿元，增长了 100%。其中 2010 年净利润合每股收益 0.26 元，同比增长 28.09%。总体来看，公司近年来业绩整体呈持续增长态势。

根据公司"十二五"战略，公司焊接业务将通过自主投资、业务重组和收购兼并等模式，实现业务规模迅速扩张，股权激励进入行权期，确保公司业绩增长。2009 年 1 月 22 日，公司第四届董事会第八次会议审议通过股票期权激励计划，授权日为 2009 年 1 月 22 日。股票期权授予上一年度年净资产收益率，净资产收益率指标为扣除非经常性损益后的加权平均净资产收益率指标不低于 7%，相比上一年度扣除非经常性损益后的净利润增长率不低于 15%。各年度财务业绩考核具体目标为：公司 2008 年净资产收益率不低于 7.2%，2009 年净资产收益率不低于 7.5%，2010 年净资产收益率不低于 8%，2011 年净资产收益率不低于 10%。从行权期来看，首期授予的股票期权有效期为 5 年，激励对象在授权日之后的第 3 年开始分 3 年匀速行权。整个激励过程是一个长达 5 年的周期，公司 2008～2010 年净资产收益率都满足行权条件。2011 年第一季度，公司年化净资产收益率为 5.69%。受公司行权条件的限制，公司 2011 年全年净资产收益率将超过 10%，可确保公司业绩增长。

2011 年进入股权激励行权期，根据其激励方案，公司业绩将呈高增长

态势。按公司2015年营收规模达到100亿元的规划目标，5年的营收年均复合增长率为23%以上。公司2011年实现每股收益0.40元，业绩同比增长50%以上。2012年、2013年每股收益分别为0.52元、0.66元，作为国内技术优势最为明显的新材料行业上市公司，其长期发展趋势值得期待。

综上，安泰科技实施股权激励后，从最终实施后的结果及当下的时间点看，总体情况尚可。从最后行权结果分析来讲，在2011年和2012年分别顺利行权，而在2013年，由于安泰科技的业绩未能达标，以及国资委相关规定等多方面原因，最终没有行权。在2013年，主要是由于2011年业绩未达到第三个行权期行权条件，最终将93名激励对象已授予但未满足行权条件的共计403.404万份股票期权予以注销。外因是公司业绩没达标，而就内因分析来看，假设第三次能够行权，收益也将超过国资委规定的不能超过薪资收入40%的红线，因此也不能行权。

关于以上提到的，股票收益40%的红线问题，主要是指2008年国务院国资委颁布的《关于规范国有控股上市公司实施股权激励制度有关问题的补充通知》（国资发分配〔2008〕171号），规定在行权有效期内，激励对象股权激励收益占本期股票期权（或股票增值权）授予时薪酬总水平（含股权激励收益）的最高比重，境内上市公司及境外H股公司原则上不得超过40%，境外红筹公司原则上不得超过50%。股权激励实际收益超出上述比重的，尚未行权的股票期权（或股票增值权）不再行使。实际上，在2012年，安泰科技第二次行权时涉及40%的红线问题，这也可能是无法进行行权的原因。

通过以上资料分析，安泰科技实施的股票期权计划分析来看，在设计上市公司的股权激励计划时，应关注涉及的相关政策、法律法规等，为计划方案的后续实施将提供有力的保障。特别是要实时关注国家的动态的相关政策文件，研究相关法规。以下为中长期激励方案设计时的几点思考。

关于股权激励后续的几点思考，国企股权激励政策的调整需要解决三方面问题：经营决策效率低、沟通链条长、激励力度不足。首先，针对目前如火如荼推进的国企改革做出相关解释，通过混合所有制改革，利用产权多元化的经营格局，来加快包括股权激励在内的经营决策效率。其次，沟通链条长的问题有望得到缓解，据悉，国务院国资委正在研究把国企股权激励的审核备案权限下放到各地方国资委，相关法律法规有望颁布。然而审核备案权限包含哪些内容，政策红线是否有所调整还都是未知数。最后，激励力度不足的问题十分突出，是当前亟待解决的核心问题。

现有的国企股权激励政策红线必须打破。首次实施的股权数量原则上不超过股本总额1%，股权激励收益占薪酬总水平不得超过40%，股权激励计划股票总数累计不得超过公司股本总额的10%。以上这些股权激励的政策要求与当前的市场竞争环境有所不适。与民营企业相比，国有企业要不断提高管理效率，完善资源配置体制，这需要配以必要的、合理的激励机制。

案例五：深圳燃气集团股份有限公司股权激励

一　公司简介

深圳市燃气集团股份有限公司（以下简称深圳燃气或公司）是一家以城市管道燃气供应、液化石油气批发、瓶装液化石油气零售和燃气投资为主的大型燃气企业，公司创立于1982年，1995年由深圳市煤气公司和深圳市液化石油气管理公司合并重组为深圳市燃气集团有限公司，2004年引入香港中华煤气和新希望集团等战略投资者，实现了混合所有制合资经营，2009年12月在上海证券交易所挂牌上市，股票代码为601139。

深圳燃气是一家具有国有资产属性、主要从事公共事业的上市公司，目前取得了29个城市或区域的管道燃气业务特许经营权，运营燃气管道超过1万公里，拥有管道天然气客户达254万户，瓶装石油气客户达125万户，覆盖人口超过1300万，总资产超过170亿元，年销售收入近100亿元。截至2017年第三季度，深圳燃气总股本为22.14亿股，流通股本为21.84亿股，占总股本的98.6%。第一大股东为深圳市人民政府国有资产监督管理委员会，占总股本的50.04%，前十大股东占比为89.15%。2016年公司营

业收入为 85.09 亿元，同比增长 6.79%；归母公司净利润 7.72 亿元，同比增长 17.03%。

二 背景分析

（一）公司经营模式及行业情况

根据深圳燃气年报内容及公开披露信息，公司经营模式主要分为城市管道燃气业务、液化石油气批发以及瓶装液化石油气零售三类。

1. 城市管道燃气业务

城市管道燃气业务为特许经营业务，2017 年第三季度，公司在广东、广西、江西、安徽、湖南、江苏、浙江 7 省（区）拥有 29 个城市（区）管道燃气特许经营权。目前公司管道燃气的气源均为天然气，在深圳地区，公司从中石油、广东大鹏等气源方采购天然气向用户销售；在深圳以外地区，公司从中石油、所在省管网公司等气源方采购天然气向用户销售。燃气销售价格和相关服务价格受所在地政府物价监管部门的监管。公司拥有燃气管网总长超过 5900 公里，管道燃气用户达 254 万户。

2. 液化石油气批发

由子公司华安公司从国际市场采购进口液化石油气通过槽船和槽车，批发销售给客户。

3. 瓶装液化石油气零售

由子公司深燃石油气公司将采购的液化石油气运送到储配站后进行储存、灌瓶后分送给深圳市的居民客户和工商客户。液化石油气批发和零售业务均为完全市场化业务，价格随行就市。

针对城市管道燃气行业情况分析，近年来随着大气污染的不断加重，政府和公众对于雾霾等环境污染问题也愈发关注和重视，相关环境治理政策不断加强。以天然气为主的清洁能源对传统煤炭燃料、重油等高污染燃料进行替代，是解决目前空气污染问题的有效方式之一，天然气销售量保持持续增长。城市管道燃气作为城市居民生活的必需品和工商业热力、动力来源，行业周期性弱。城市管道燃气作为城市化的主要标志之一，城市管道燃气随着中国城市化步伐加快、消费升级、用户结构改变等因素，行业整体的利润水平将持续提升。近年来，越来越多的境内外资本看好国内城市燃气行业广阔的发展前景，热衷投资国内城市管道天然气项目，投资项目争夺十分激烈。

针对液化石油气行业情况分析，随着深圳、广州、东莞、惠州、佛山等城市的管道燃气用户逐步由使用液化石油气转为使用天然气，对华安公司的批发业务将造成一定的冲击，华安公司未来的市场拓展方向为尚未引进管道天然气的城镇以及城市燃气管网覆盖不到的区域。随着深圳市天然气利用工程和高压输配工程的逐步完成，深燃石油气公司瓶装气市场将向未开通管道燃气的区域转移。根据日本、中国台湾、中国香港等国家和地区城市燃气发展经验，液化石油气作为一种燃料和石油化工的原料将长期存在。

（二）公司核心竞争力

1. 供应链完整及气源稳定优势

公司经营业务涵盖气源供应到终端销售的全部环节，业务链较为完整，抗风险能力较强。在气源供应方面，公司拥有广东液化天然气项目广东大鹏公司10%股权，拥有宣城深燃、求雨岭天然气液化工厂，还投资兴建年周转能力为10亿立方米的深圳市天然气储备与调峰库。公司分别与广东大鹏公司签订了25年稳产期年供27.1万吨照付不议的天然气采购合同，与中石油签订了稳产期年供40亿立方米天然气采购协议。公司全资子公司华安公司拥有库容16万立方米、周转能力为96万吨的低温常压液化石油气储存基地，华安公司是中国最大的进口液化石油气批发商之一。公司拥有稳定并保持持续增长的终端客户资源，管道燃气用户超过254万户，覆盖人口超过1000万。

2. 区位优势

公司总部所在的深圳市是我国改革开放前沿，经济总量保持持续快速增长，注重低碳绿色发展，对天然气需求强劲。公司目前还在江西、安徽、广西等28个深圳以外地区城市（区域）开展管道燃气业务经营，随着当地经济的发展和居民生活水平的提高以及业务经营规模的不断扩大，公司经营效益将稳步提升。

3. 行业管理优势、技术优势及品牌优势

公司管理层及技术人员具有多年的城市燃气从业经历，积累了丰富的生产运营管理经验。公司在燃气专业化管理、客户服务和技术研究等方面取得了多项创新成果，并广泛应用于安全生产，提高了安全和服务工作的技术含量。公司是国家统计局服务业调查中心和中国行业企业信息发布中心共同评选的"中国企业 500 强"之一；被中国企业联合会评为"中国影响力品牌"；被中国质量协会、全国用户委员会评为"全国用户满意企业"；2009年公司荣获"全国五一劳动奖状"称号；2010 年公司投资建设的"深圳天然气利用工程"荣获我国土木工程建设领域最高荣誉奖项之一"中国土木工程詹天佑奖"，并入选中国土木工程学会"百年百项杰出土木工程"；2011 年，公司荣获 2010 年度国家审计署"全国内部审计先进集体"称号；2012 年公司荣获"2011 年度深圳市市长质量奖"；自 2004 年以来，公司连续十二年荣获全国"安康杯"竞赛优胜奖，2012 年公司被国家安监总局命名为"全国安全文化建设示范企业"。2014 年、2015 年度连续两年获得"中国最佳呼叫中心运营奖"，2016 年获得亚太顾客服务协会（APCSC）颁发的亚太地区"最佳公共服务奖"。

4. 公司治理优势

2004 年公司通过国际招标、招募引进了城市燃气行业知名企业香港中华煤气有限公司和全国最大的民营企业之一新希望集团有限公司，形成国资、外资、民资混合所有制，实现股东结构优化，建立了良好的公司治理机制。2012 年 7 月，公司成为上交所公司治理板块成分股。2012 年 12 月，公司荣获上海证券交易所"2012 年度上市公司董事会奖"。公司 2012 年 9 月成功推出了股权激励计划，向公司 68 名中高层管理人员及核心骨干授予股票期权并实现行权；2016 年 8 月，公司再次推出限制性股票激励计划，319名管理人员及核心骨干授予限制性股票。

5. 特许经营优势

公司在国内 29 座城市（区域）取得管道燃气业务特许经营权。公司瓶装液化石油气零售业务拥有国家技术监督局批准的 12 公斤专用钢瓶，在全国唯一以橙色12公斤钢瓶充装液化石油气，具有显著的大众识别功能，核心竞争能力突出。

三　股权激励实施方案情况

（一）股票期权激励计划

深圳燃气于2012年9月计划实施了股票期权激励计划，主要目的是建立与公司业绩和长期战略紧密挂钩的股权激励机制，从而完善整体薪酬结构体系，为公司的业绩长期持续发展奠定人力资源的竞争优势。期望通过建立股权激励机制把公司高级管理人员和关键岗位员工的薪酬收入与公司业绩表现相结合，使被激励人员的行为与公司的战略目标保持一致，促进公司长远战略目标的实现；通过股权激励把股东和公司高级管理人员的利益紧密联系起来，促进股东价值的最大化，实现国有资产保值增值；确保在国内人才市场上能够提供具有竞争力的整体薪酬，吸引、保留和激励实现公司战略目标所需要的关键岗位人员。

1. 股票期权授予总量、对象及分配情况

公司本次股票期权授予股数为1232.7万股，占授予时公司发行总股本的0.93%，激励对象包括公司部分董事、高级管理人员、公司关键管理人员（中层管理人员）共68人，不包括独立董事、监事，不包括公司持股5%以上股东或实际控制人，不包括持股5%以上股东或实际控制人的配偶及直系亲属。其中，348万股授予11名董事及高管，占授予方案的28.23%，占公司发行股本的0.264%；884.7万股授予除董事及高管之外的57名激励对象，占授予方案的71.77%，占公司发行股本的0.67%。

2. 股票期权的有效期、行权价格

本次股票期权计划的有效期为5年，自股票期权授予之日起计算。本次股票期权失效日为自股票期权授予日起满5年，已失效的股票期权不能行权。

授予的股票期权的行权价格采取方案草案公布前一个交易日的公司股票收盘价11.31元，以及公布前30个交易的公司股票算术平均收盘价11.32元两者价格较高者，即每股11.32元。

3. 股票期权的行权条件

本次股票期权激励对象行使已获授的股票期权须同时满足以下四类条件。

（1）公司未发生如下任一情形

最近一个会计年度的财务会计报告被注册会计师出具否定意见或者无法表示意见的审计报告；最近一年内因重大违法违规行为被证券监管部门予以行政处罚；证券监管部门认定不能实行股权激励计划的其他情形。

（2）公司业绩达到如下条件

在每个行权期首个可行权日的前一年度，公司归属上市公司股东的扣除非经常性损益净利润增长率不低于目标值，且不低于对标企业75分位值。第一个行权期，2013年的归属上市公司股东的扣除非经常性损益净利润较2011年增长不低于50%；第二个行权期，2014年的归属上市公司股东的扣除非经常性损益净利润较2011年增长不低于75%；第三个行权期，2015年的归属上市公司股东的扣除非经常性损益净利润较2011年增长不低于100%。

在每个行权期首个可行权日的前一年度，公司扣除非经常性损益的加权平均净资产收益率不低于目标值，且不低于对标企业75分位值。第一个行权期，扣除非经常性损益的加权平均净资产收益率较2013年实际达成值不低于12%；第二个行权期，扣除非经常性损益的加权平均净资产收益率较2014年实际达成值不低于12%；第三个行权期，扣除非经常性损益的加权平均净资产收益率较2015年实际达成值不低于12%。

在每个行权期首个可行权日的前一年度，公司主营业务利润占营业利润总额的比重不低于90%。

股票期权等待期内，各年度归属上市公司股东的净利润及归属上市公司股东的扣除非经常性损益的净利润均不得低于授予日前最近三个会计年度的平均水平且不得为负。

（3）激励对象未发生如下任一情形

最近3年内被证券交易所公开谴责或宣布为不适当人选；最近3年内因重大违法违规行为被证券监管部门予以行政处罚；有《中华人民共和国公

司法》规定的不得担任公司董事、监事、高级管理人员情形的。

（4）若被授予人前一年度绩效考核结果为良好及以上，依据公司业绩情况及行权时间表的相关规定，被授予人能够按照当期应行权股票期权的100%行权；若被授予人前一年度绩效考核结果为合格，依据公司业绩情况及行权时间表的相关规定，被授予人能够按照当期应行权股票期权的70%行权；若被授予人前一年度绩效考核结果未达到合格，则被授予人当期应行权股票期权全部作废。

4. 股票期权的行权安排

授予的股票期权从授予日开始，经过两年的行权限制期，在满足行权条件前提下，按40%、30%、30%的行权比例分三批行权，激励对象可以在股票期权行权有效期内，按照计划确定的行权价格进行行权。

行权限制期为自授予日起至授予日起24个月内的最后一个交易日当日止；第一个行权期为自授予日起24个月后的首个交易日起至股票期权有效期止，授予对象个人可行权数量需根据其上一年度个人绩效考核结果进行调节，但实际可行权数量不得超过个人本次获授总量的40%；第二个行权期为自授予日起36个月后的首个交易日起至股票期权有效期止，授予对象个人可行权数量需根据其上一年度个人绩效考核结果进行调节，但实际可行权数量不得超过个人本次获授总量的30%；第三个行权期为自授予日起48个月后的首个交易日起至股票期权有效期止，授予对象个人可行权数量需根据其上一年度个人绩效考核结果进行调节，但实际可行权数量不得超过个人本次获授总量的30%。

高级管理人员的权益根据任期考核结果行权或者兑现。授予的股票期权，应当有不低于授予总量的20%留到任期考核合格后行权。在行权有效期内，激励对象股权激励收益占本期股权激励授予时薪酬总水平的最高比例原则上不得超过40%。激励对象本次获授股权激励行权收益上限的核算中，授予时薪酬总水平为本次授予之后3年的薪酬总水平（含股权激励收益）。股权激励实际收益超出规定行权收益上限的，尚未行使的股票期权不再行使并将超额行权收益上缴上市公司。

（二）限制性股票激励计划

公司在 2012 年实施股票期权激励计划后，于 2016 年 8 月再次计划实施限制性股票激励计划，目的与 2012 年股票期权激励计划大体保持一致，主要是提升股东价值，维护所有者权益；深化公司薪酬制度改革，形成股东、公司与员工之间的利益共享与风险共担机制，充分调动公司高级管理人员、中层管理人员和核心管理骨干的积极性；帮助管理层平衡短期目标与长期目标，支持公司战略实现和长期可持续发展；吸引和保留高级管理人员、中层管理人员和核心管理骨干，确保公司长期发展。

1. 限制性股票授予总量、对象及分配情况

公司本次限制性股票激励计划授予的限制性股票数量为 3219 万股，占授予时公司发行总股本的 1.48%。激励对象包括公司董事（不含独立董事以及未在公司任职的董事）、高级管理人员、中层管理人员以及部分三级机构核心管理骨干共 319 人，不包括监事及持股 5% 以上的股东或实际控制人及其配偶、父母、子女。所有激励对象均在公司或公司下属控股及全资公司任职，已与公司或公司下属控股及全资公司签署劳动合同。其中，243 万股授予 9 名董事及高管，占授予限制性股票总数的比例为 7.55%，占总股本的 0.114%；1197.5 万股授予 81 名中层管理人员，占授予限制性股票总数的比例为 37.21%，占总股本的 0.55%；1778.5 万股授予 229 名部分三级机构核心管理骨干，占授予限制性股票总数的比例为 55.24%，占总股本的 0.816%。授予对象与分配数量较 2012 年股票期权计划有一定差别。

2. 限制性股票的授予价格

本次授予的限制性股票有效期为 5 年，自授予之日起计算。本次激励计划的股票来源为上市公司向激励对象定向增发的公司股票。限制性股票的授予价格为每股 4.57 元，即满足授予条件后，激励对象可以该价格购买公司向激励对象定向增发的公司股票。

3. 限制性股票的锁定期和解锁期

本次限制性股票自授予日起的 24 个月为锁定期。在锁定期内，激励对象根据本激励计划获授的限制性股票不得转让、用于担保或偿还债务。激励

对象因获授的限制性股票而取得的资本公积转增股本、派息、派发股票红利、股票拆细等股份和红利按本激励计划同时锁定，且该股份禁售的截止日期与限制性股票相同。激励对象因获授的限制性股票而取得的现金股利由公司代管，作为应付股利在解锁时向激励对象支付。

本次授予的限制性股票在公司满足相关解锁条件的情况下，按下述安排分批解锁：第一次解锁为自授予日起 24 个月后的首个交易日起至授予日起 36 个月内的最后一个交易日当日止，解锁比例为 40%；第二次解锁为自授予日起 36 个月后的首个交易日起至授予日起 48 个月内的最后一个交易日当日止，解锁比例为 30%；第三次解锁为自授予日起 48 个月后的首个交易日起至授予日起 60 个月内的最后一个交易日当日止，解锁比例为 30%。

4. 限制性股票的解锁条件

本次限制性股票的解锁须同时满足以下四类条件。

（1）公司未发生以下任一情形

最近一个会计年度财务会计报告被注册会计师出具否定意见或者无法表示意见的审计报告，最近一个会计年度财务报告内部控制被注册会计师出具否定意见或无法表示意见的审计报告，上市后最近 36 个月内出现过未按法律法规、公司章程、公开承诺进行利润分配的情形，法律法规规定不得实行股权激励的，中国证监会认定的其他情形。

（2）激励对象未发生以下任一情形

最近 12 个月内被证券交易所认定为不适当人选，最近 12 个月内被中国证监会及其派出机构认定为不适当人选，最近 12 个月内因重大违法违规行为被中国证监会及其派出机构行政处罚或者采取市场禁入措施，最近一年内未出现廉政、环保和安全生产等重大责任事故或事项，在本激励计划实施前一年度绩效考核结果为不合格，有《公司法》规定的不得担任董事、高级管理人员情形的，法律法规规定不得参与上市公司股权激励的；中国证监会认定的其他情形。

（3）公司达到以下业绩条件

工作业绩与解锁条件见表 17。

表 17　工作业绩与解锁条件

业绩指标	指标选取理由	第一批解锁	第二批解锁	第三批解锁
归属母公司股东的净资产收益率	该指标能较好地反映公司主营业务的盈利状况，体现公司价值创造成果和上市公司股东回报	解锁前一年度（即2017年）深圳燃气归属母公司股东的净资产收益率不低于10%，且不低于A股上市燃气生产和供应业企业平均值	解锁前一年度（即2018年）深圳燃气归属母公司股东的净资产收益率不低于10%，且不低于A股上市燃气生产和供应业企业平均值	解锁前一年度（即2019年）深圳燃气归属母公司股东的净资产收益率不低于10%，且不低于A股上市燃气生产和供应业企业平均值
归属母公司股东的扣除非经常性损益后的净利润增长率	该指标为体现公司持续成长能力的重要指标，可综合反映公司的经营效益	解锁前一年度（即2017年）较2015年深圳燃气归属母公司股东的扣除非经常性损益后的净利润增长率不低于20%，且不低于A股上市燃气生产和供应业企业平均值	解锁前一年度（即2018年）较2015年深圳燃气归属母公司股东的扣除非经常性损益后的净利润增长率不低于30%，且不低于A股上市燃气生产和供应业企业平均值	解锁前一年度（即2019年）较2015年深圳燃气归属母公司股东的扣除非经常性损益后的净利润增长率不低于40%，且不低于A股上市燃气生产和供应业企业平均值
应收账款周转率	该指标反映了公司的资金利用效率，是公司收益质量的良好衡量指标	解锁前一年度（即2017年）深圳燃气应收账款周转率不低于20次，且不低于A股上市燃气生产和供应业企业平均值	解锁前一年度（即2018年）深圳燃气应收账款周转率不低于20次，且不低于A股上市燃气生产和供应业企业平均值	解锁前一年度（即2019年）深圳燃气应收账款周转率不低于20次，且不低于A股上市燃气生产和供应业企业平均值

（4）激励对象层面考核

若激励对象前一年度绩效考核结果为良好及以上，依据公司业绩情况及解锁时间表的相关规定，激励对象当期应解锁限制性股票完全解锁；若激励对象前一年度绩效考核结果为合格，依据公司业绩情况及解锁时间表的相关规定，激励对象当期应解锁限制性股票解锁70%；若激励对象前一年度绩效考核结果未达到合格，则当期应解锁部分不得解锁，由公司统一按照授予价格与当时股票市价的孰低值回购注销。

四　实施效果及评估

深圳燃气于2016年8月实施限制性股票激励计划，目前正在锁定期内，暂不对其实施效果进行分析和评估。

深圳燃气于 2012 年 9 月实施股票期权激励计划，授予数量为 1232.7 万份，股票期权行权价格为每股 11.32 元；因公司 2012 年度以资本公积转增股份为 66015 万份，上述股票期权数量相应地调整为 1849.05 万份，股票期权行权价格相应地调整为每股 7.46 元；2013 年 8 月 13 日，公司第二届董事会第八次会议审议通过了《关于调整股票期权激励计划行权价格的议案》，同意对本公司股票期权激励计划行权价格做出调整，调整后股票期权行权价格由每股 7.46 元变更为每股 7.324 元；2014 年 8 月 13 日，公司第三届董事会第六次会议审议通过了《关于调整股权激励计划激励对象名单、期权数量及行权价格的议案》，同意将激励对象由 68 名调整为 66 名，股票期权行权价格由每股 7.324 元变更为每股 7.18 元；2015 年 8 月 17 日，公司第三届董事会第十一次会议审议通过了《关于调整股权激励计划激励对象名单、期权数量及行权价格的议案》，同意将激励对象由 66 名调整为 62 名，股票期权行权价格由每股 7.18 元变更为每股 7.04 元；2016 年 3 月 29 日，公司第三届董事会第六次会议审议通过了《关于股权激励计划第一期第三个行权期不符合行权条件的议案》，由于公司 2015 年度业绩未达到《股权激励计划》规定的行权条件，激励对象获授的第三个行权期对应的股票期权作废，公司董事会注销已授予激励对象的第三个行权期对应的 528.885 万份股票期权；2016 年 8 月 8 日，公司第三届董事会第七次会议，审议通过了《关于调整股票期权激励计划行权价格的议案》，同意将股权激励计划行权价格由每股 7.04 元调整为每股 6.94 元。

由表 18 可见，公司除 2015 年受国际 LNG 市场价格下降对天然气液化工厂销售冲击所导致指标有一定幅度下降，总体呈平稳上升状态。2016 年较 2011 年实施股票期权计划之前，公司利润总额增长近一倍，但由于第三个行权期不符合行权条件，使得激励对象获授的第三个行权期对应的股票期权作废，并注销已授予激励对象的第三个行权期对应的股票期权，该情况未损害公司及全体股东的权益，不会对公司的财务状况和经营成果产生重大实质性影响。

表18 汇总2011~2016年公司主要财务指标和数据

主要数据	2011年	2012年	2013年	2014年	2015年	2016年
营业总收入(亿元)	81.12	89.67	85.75	95.31	79.67	85.09
利润总额(亿元)	5.15	6.92	9.36	9.29	8.62	10.18
总资产(亿元)	92.51	96.79	120.81	132.62	152.68	172.43
基本每股收益(元/股)	0.33	0.27	0.36	0.36	0.31	0.35
加权平均净资产收益率(%)	14.73	13.29	16.06	13.85	10.51	10.42
资产负债率(%)	55.51	53.64	56.48	56.52	51.20	53.26

整体而言,深圳燃气股票期权计划从计划设计、实施过程、实施效果各个环节来看,对于公司的盈利能力、管理运营能力的提高都起到了积极的作用,提升了公司产品竞争力和市场占有率,公司整体水平高于行业均值,使投资者与经营者的利益目标达成一致,并通过对经营者股权激励来实现投资者利益最大化,股权激励起到了一定正向作用。但从行权条件的设置来看,一方面对公司的发展状况预估有所偏差,对内外部风险管控准备不足,行权条件设置有待优化完善;另一方面公司经营业绩增长不如预期,股票期权激励计划未完全达到预期的效果。

案例六:东方明珠股权激励

一 公司简介

东方明珠新媒体股份有限公司(股票代码:SH.600637)是上海广播电视台、上海文化广播影视集团有限公司(SMG)所属的统一的产业平台和资本平台。所属行业为广电服务业,总股数为262653.862万股,目前市值约470亿元。公司大概有7000名员工。

公司前身为上海广播电视(集团)公司,1992年6月1日,经上海市经济委员会沪经企(1992)第382号批准,改制为上海广电股份有限公司。2001年6月28日,上海广电股份有限公司更名为上海广电信息产业股份有限公司。

2011 年 12 月 23 日，公司名称由"上海广电信息产业股份有限公司"变更为"百视通新媒体股份有限公司"；公司英文名称由"SVA Information Industry Co.，Ltd."变更为"Bestv New Media Co.，Ltd."。2015 年 6 月，公司名称由"百视通新媒体股份有限公司"变更为"上海东方明珠新媒体股份有限公司"，英文名称由"BesTV New Media Co.，Ltd."变更为"Shanghai Oriental Pearl Media Co.，Ltd."。2017 年 8 月，公司名次由"上海东方明珠新媒体股份有限公司"变更为"东方明珠新媒体股份有限公司"。英文名称由"Shanghai Oriental Pearl Group Co.，Ltd."变更为"Oriental Pearl Group Co.，ltd."。

东方明珠拥有国内最大的多渠道视频集成与分发平台及知名的文化旅游资源，可以为用户提供丰富多元、特色鲜明的视频内容服务及一流的视频购物、文化娱乐旅游、影视剧、数字营销及游戏等传媒和娱乐产品。东方明珠致力于围绕用户数据化经营，提供优质产品体验，拓展线上线下渠道，加快成为国内领先的传媒娱乐创意者和提供商。

二　背景分析

东方明珠于 2015 年中旬由原上海东方明珠股份有限公司和原百视通新媒体股份公司吸收合并成立，重组后的东方明珠新媒体，着力推进传统媒体向新兴媒体的融合转型。整合重组在为上市公司带来资产规模和业务发展平台提升的同时，也对引进人才、留住人才方面提出了新的要求和挑战。公司认为实施股权激励计划是留住核心人才的有效手段之一。随着互联网行业竞争加剧，公司所处行业的人才流动持续变高，人才的保留难度不断提高。2015 年、2016 年公司的核心人才离职率有所上升。经过了解，不少核心人才的离职与竞争对手公司提供高额的股权激励有着密切联系。公司因此认为要有效保留核心人才，光靠工资和短期奖金是远远不够的，必须完善市场化的激励手段，配套实施股权激励计划。

百视通股权激励计划因当时面临重组，计划暂时终止。公司大股东在重组过程中对市场和员工做出承诺，在完成重组后将重新启动股权激励计划。公司管理层推出股权激励，并认为是股东与公司核心团队之间建立长期绑定

事业共同体的最佳工具，有助于提升资本市场对公司的信心，促进核心团队稳定。

另外，公司一直通过各种战略举措走在文化产业市场化改革的前列，未来可预期的发展潜力较大，相信能够有效支撑激励解锁条件需要的高增长要求。重组后的东方明珠新媒体体量和行业跨度相对百视通都要大，公司旗下事业群，公司都有各自不同的目标，导致新股权激励方案和原来有很大的不同。

三　实施方案

2016年9月，重组一年三个月的东方明珠进行公告，拟向激励对象授予的限制性股票总数不超过1812万股，占公司股本总额的0.69%。其中首批授予总数为1631万股，占激励总量的90%；另外在授予总数中设有预留股份，预留的股票数量占激励总量的10%。

此次激励计划首批授予的激励对象总数为574人，占员工总数的9.3%。激励对象包括公司高管、核心管理人员、核心业务骨干和核心技术骨干。首批授予限制性股票的授予价格为12.79元/股，即计划草案公告前1个交易日公司股票交易均价25.58元的50%。限制性股票的锁定期为3年，锁定期满后分三批解锁，对应的解锁比例为33%、33%、34%。2016年11月11日，东方明珠新媒体股份有限公司临时股东大会以较高票数通过了其9月份公告的A股限制性股票激励方案。

根据公告信息，公司第一个解锁期的经济效益指标是2018年较2015年营业收入复合增长率不低于10%；2018年归属母公司的扣除非正常性损益每股收益不低于0.91元。在社会效益指标设定上，共分为3个目标。第一是政治导向：2018年公司未发生造成严重影响的政治性差错、重大技术性差错和严重泄密；第二是受众反应指标：2018年相较2015年公司智能终端用户年复合增长率不低于10%；第三是社会影响指标：2018年保持全国文化企业30强的称号。按照东方明珠的设计，其后两个解锁期的解锁条件中，经济效益指标逐年加强。比如2019年要较2015年营业收入复合增长率不低于 11%；2020 年则较 2015 年营业收入复合增长率不低于 12%；归属母公司的每股收益亦逐年增加。2019 年归属母公司的扣除非正常性损益每股收益要不低于 1.01 元，2020 年归属母公司的扣除非正常性损益每股收益则不低于 1.12 元。

可见公司承诺的 2016～2020 年各年度经济指标业绩考核标准具有较高的挑战性。2015 年公司实现营业收入 211 亿元，比前三年平均营业收入增长 54.58%，营收规模已经较高。2018～2020 年相较 2015 年度营业收入复合增长率不低于两位数增长的要求，是在一个较高基点上的增长要求，通过简单测算，预计 2018～2020 年公司分别要实现约 281 亿元、320 亿元和 372 亿元的营业收入，这个要求是比较高的，实现有较大难度。

东方明珠的激励方案是典型的限制性股票激励方案，其激励方案有如下特点。

第一，在授予总数中设有预留股份，预留的股票数量为激励总量的 10%，用于优秀人才的吸引与激励，预计激励对象为 43 人，主要为计划新增的核心管理人员、核心技术骨干等，该部分预留股份将在授予日后的 1 年内授出。这是公司结合本身所在产业的高流动性做出的考虑，可以在一定程度上调整激励对象。

第二，本计划首批授予的激励对象总数为 574 人，占员工总数的 9.3%，这个比例是比较高的，超过了一般的 5%。

第三，计划下限制性股票的锁定期为 3 年，自激励对象获授限制性股票完成登记之日起算，锁定期满后的 3 年为限制性股票解锁期。这个锁定期比一般的两年要长，拉长了对激励对象的绑定时间。

第四，在授予和解锁指标设计上，公司结合自身行业特点有创新之处，除了两个经济效益指标营业收入增长率和归属母公司的扣除非正常性损益每股收益以外，还增加了社会效益指标。在政治导向指标上，2019 年公司未发生造成严重影响的政治性差错、重大技术性差错和严重泄密事故，同时坚持公益媒体发布和公益性节目建设不断加强；在受众反应指标上，2019 年较 2015 年公司智能终端用户年复合增长率不低于 10%；在社会影响指标

上，2019 年保持全国文化企业 30 强的称号。这与广电行业国有企业的使命是密切相关的，除了盈利为目的，还需要创造一定的社会效益。而后两项社会效益类似于 OKR 的指标设计方式，是公司在社会效益目标上为自己设计的有挑战性工作。总体上看，东方明珠的业绩考核指标相对较高。

四　实施效果

根据 2017 年第三季度财报，东方明珠营业收入为 121.98 亿元，同比 2016 年下降 5.68%，基本每股收益为 0.3843 元，同比 2016 年下降了 47.69%，净利润为 10.13 亿元，同比 2016 年下降 47.52%，经营形式并不乐观，其股票价格也由授予时的 25 元每股下降到 18 元左右每股。尽管公司提出三年锁定期时间较长，仍有后起空间，但是东方明珠后续实现每年 10% 的营业收入复合增长率压力还是非常大的。具体实施效果有待解锁期到期时再具体评价。

B.16
后　记

"国有企业蓝皮书"系列丛书的第一本《国有上市公司股权激励实践报告（2018）》终于和大家见面了。本书从设想、策划、撰写、编辑到出版的全过程，无一不凝聚着航天智库中心全体成员的心血与付出，历时近一年的努力终于开花结果，开启了我们真正意义上的国有企业改革研究之路。在这里，我代表本书编者衷心感谢参与本册蓝皮书写作、编辑、修订、校稿的所有同志。对本册皮书的指导委员会、编写委员会和研创支撑单位表达诚挚的敬意。在这里，我们要衷心感谢陈凤玲、秦勇、庄亚明三位老师，感谢他们在本书的编写过程中给予的指导建议。在这里衷心感谢航天信息股份有限公司和南京航天管理干部学院的领导和同事们，是在他们的支持和关怀下才有了本册皮书的研创。最后，我们还要特别感谢张娟、李昕远老师，他们为本书的编辑校对给予了大力支持。

编辑出版"国有企业蓝皮书"系列丛书是航天智库中心的一项探索性工作，我们立足国企发展实践，聚焦改革，摸索研究，发挥智库功能。在编写过程中不可避免地出现挂一漏万、值得商榷的地方，我们真诚地希望大家批评指正。

丁　磊

2018 年 10 月 15 日

权威报告·一手数据·特色资源

皮书数据库
ANNUAL REPORT(YEARBOOK)
DATABASE

当代中国经济与社会发展高端智库平台

所获荣誉

- 2016年，入选"'十三五'国家重点电子出版物出版规划骨干工程"
- 2015年，荣获"搜索中国正能量 点赞2015""创新中国科技创新奖"
- 2013年，荣获"中国出版政府奖·网络出版物奖"提名奖
- 连续多年荣获中国数字出版博览会"数字出版·优秀品牌"奖

成为会员

通过网址www.pishu.com.cn访问皮书数据库网站或下载皮书数据库APP，进行手机号码验证或邮箱验证即可成为皮书数据库会员。

会员福利

- 使用手机号码首次注册的会员，账号自动充值100元体验金，可直接购买和查看数据库内容（仅限PC端）。
- 已注册用户购书后可免费获赠100元皮书数据库充值卡。刮开充值卡涂层获取充值密码，登录并进入"会员中心"—"在线充值"—"充值卡充值"，充值成功后即可购买和查看数据库内容（仅限PC端）。
- 会员福利最终解释权归社会科学文献出版社所有。

社会科学文献出版社 皮书系列
SOCIAL SCIENCES ACADEMIC PRESS (CHINA)
卡号：818153286599
密码：

数据库服务热线：400-008-6695
数据库服务QQ：2475522410
数据库服务邮箱：database@ssap.cn
图书销售热线：010-59367070/7028
图书服务QQ：1265056568
图书服务邮箱：duzhe@ssap.cn

基本子库
SUB DATABASE

中国社会发展数据库（下设 12 个子库）

全面整合国内外中国社会发展研究成果，汇聚独家统计数据、深度分析报告，涉及社会、人口、政治、教育、法律等 12 个领域，为了解中国社会发展动态、跟踪社会核心热点、分析社会发展趋势提供一站式资源搜索和数据分析与挖掘服务。

中国经济发展数据库（下设 12 个子库）

基于"皮书系列"中涉及中国经济发展的研究资料构建，内容涵盖宏观经济、农业经济、工业经济、产业经济等 12 个重点经济领域，为实时掌控经济运行态势、把握经济发展规律、洞察经济形势、进行经济决策提供参考和依据。

中国行业发展数据库（下设 17 个子库）

以中国国民经济行业分类为依据，覆盖金融业、旅游、医疗卫生、交通运输、能源矿产等 100 多个行业，跟踪分析国民经济相关行业市场运行状况和政策导向，汇集行业发展前沿资讯，为投资、从业及各种经济决策提供理论基础和实践指导。

中国区域发展数据库（下设 6 个子库）

对中国特定区域内的经济、社会、文化等领域现状与发展情况进行深度分析和预测，研究层级至县及县以下行政区，涉及地区、区域经济体、城市、农村等不同维度。为地方经济社会宏观态势研究、发展经验研究、案例分析提供数据服务。

中国文化传媒数据库（下设 18 个子库）

汇聚文化传媒领域专家观点、热点资讯，梳理国内外中国文化发展相关学术研究成果、一手统计数据，涵盖文化产业、新闻传播、电影娱乐、文学艺术、群众文化等 18 个重点研究领域。为文化传媒研究提供相关数据、研究报告和综合分析服务。

世界经济与国际关系数据库（下设 6 个子库）

立足"皮书系列"世界经济、国际关系相关学术资源，整合世界经济、国际政治、世界文化与科技、全球性问题、国际组织与国际法、区域研究 6 大领域研究成果，为世界经济与国际关系研究提供全方位数据分析，为决策和形势研判提供参考。

法律声明

"皮书系列"（含蓝皮书、绿皮书、黄皮书）之品牌由社会科学文献出版社最早使用并持续至今，现已被中国图书市场所熟知。"皮书系列"的相关商标已在中华人民共和国国家工商行政管理总局商标局注册，如LOGO（📑）、皮书、Pishu、经济蓝皮书、社会蓝皮书等。"皮书系列"图书的注册商标专用权及封面设计、版式设计的著作权均为社会科学文献出版社所有。未经社会科学文献出版社书面授权许可，任何使用与"皮书系列"图书注册商标、封面设计、版式设计相同或者近似的文字、图形或其组合的行为均系侵权行为。

经作者授权，本书的专有出版权及信息网络传播权等为社会科学文献出版社享有。未经社会科学文献出版社书面授权许可，任何就本书内容的复制、发行或以数字形式进行网络传播的行为均系侵权行为。

社会科学文献出版社将通过法律途径追究上述侵权行为的法律责任，维护自身合法权益。

欢迎社会各界人士对侵犯社会科学文献出版社上述权利的侵权行为进行举报。电话：010-59367121，电子邮箱：fawubu@ssap.cn。

社会科学文献出版社